北大版留学生本科汉语教材·语言知识系列

现代汉语语法教程

丁崇明 著

图书在版编目(CIP)数据

现代汉语语法教程/丁崇明著. —北京：北京大学出版社,2009.1
(北大版留学生本科汉语教材·语言知识系列)
ISBN 978-7-301-14129-8

Ⅰ. 现…　Ⅱ. 丁…　Ⅲ. 汉语—语法—对外汉语教学—教材　Ⅳ. H195.4

中国版本图书馆 CIP 数据核字(2008)第 117648 号

书　　　　名：现代汉语语法教程
著作责任者：丁崇明　著
责 任 编 辑：邓晓霞
标 准 书 号：ISBN 978-7-301-14129-8/H·2047
出 版 发 行：北京大学出版社
地　　　　址：北京市海淀区成府路 205 号　100871
网　　　　址：http://www.pup.cn
电 子 信 箱：zpup@pup.pku.edu.cn
电　　　　话：邮购部 62752015　发行部 62750672　出版部 62754962
　　　　　　　编辑部 62752028
印 刷 者：河北滦县鑫华书刊印刷厂
经 销 者：新华书店
　　　　　　　787 毫米×1092 毫米　16 开本　23 印张　538 千字
　　　　　　　2009 年 1 月第 1 版　2022 年 8 月第 6 次印刷
定　　　　价：56.00 元

未经许可,不得以任何方式复制或抄袭本书之部分或全部内容。
版权所有,侵权必究
举报电话：010-62752024　电子信箱：fd@pup.pku.edu.cn

前　言

本书是为外国来华留学的汉语言本科专业大学生所写的一本汉语语法书，是我在北京师范大学为汉语言本科专业四年级上学期的留学生教授《现代汉语》（下）所写的教材（每周四课时）。在中国大学中文系为中国学生讲《现代汉语》（下）应讲两个部分，一部分是语法，另一部分是修辞。我开始为留学生讲授此课之前，向原来为留学生讲授该课程的老师了解往届学生的学习情况。据她调查，外国留学生对修辞部分不感兴趣。根据这一情况，考虑到课时有限，每周仅有四节课，更重要的是我认为留学生学习本课程的主要目的在于提高汉语水平，所以我决定为留学生讲授的《现代汉语》（下）时只讲授语法，不讲授修辞。因此本书定名为《现代汉语语法教程》。

本书不同于为以汉语为母语的中国人写的语法书，本书有以下主要特点：

第一，我认为外国学生学习语法主要目的在于提高汉语水平，其次才是学会分析汉语语法结构。本书不把分析句子成分或者短语的结构层次作为重点，只是对其进行一般性的介绍，重点介绍外国人学习汉语时语法的难点、重点和语法中应当注意的一些问题。本书很大篇幅讲各种实词和虚词的用法以及外国学习者运用中应当注意的问题。

第二，本书花了比较大的篇幅介绍汉语的特殊句式和特殊结构。例如，"把"字句种类多，使用情况复杂，很多外国人由于不知道汉语各种"把"字句的使用情景，所以不会使用或者回避"把"字句。本书除了描写各种"把"字句的构成之外，还介绍了这些句式的使用情境，并通过句式变换来展示这些句式与其他相关句式的关系，目的在于帮助外国学生学会使用这些特殊句式。

第三，重视介绍外国人习得汉语过程中一些比较难掌握的语法功能词。例如汉语"就"、"也"、"才"、"都"等副词的用法以及汉语的动态的表达方式（动态助词、虚化的趋向动词以及某些副词等）等我们花了一定的篇幅来介绍。

第四，为了帮助外国学生提高汉语的能力，我们设计了一定数量的练习，让学生用学过的句式或者特殊的格式造句或造短语；也设计了一些练习帮助他们掌握用法复杂的副词和一些重要的虚词。练习中既有相当数量用初级汉语词汇来完成的语法练习，也有从《人民日报》上选择的原始语料编制成的语法练习，目的是让学生把阅读中国报刊真实语言材料与语法学习结合起来。一方面通过练习掌握语法难点，一方面通过练习提高阅读水平，这样可以使学生获得一些成就感。

第五，书中的例句既有相当数量初级词汇的语法例句，后面也有一些选自现当代作家作品中的例句。这样做一方面是考虑到语法书一般应尽量使用简单的词汇说明语法规律和词的用法，另一方面也希望学习者能够在语法学习的过程中接触到风格多样的作家的语言，体验到汉语文学语言的魅力，同时给语法学习增加一些情趣。

第六，本书所使用的语法体系是比较通行的教学语法体系，同时也尽量与《外国留学生汉语语法教学大纲》在术语上保持一致。例如很多为中国人写的语法书把不能做谓语的形容词（即非谓形容词）独立出来，称为"区别词"，而本书则仍然把它们归入形容词中，只是在讲形容词时，首先介绍形容词的分类，然后在讲形容词的用法时说明各种不同类别的形容词在语法功能上的差别。

本书把标点符号用法作为附录放在后面，一是考虑到标点符号的用法实际上与语法密切相关，另一方面，有的留学生曾专门要求我在语法课中给他们讲授标点符号的用法。2008在我赴西班牙进行教师培训之前，就有多位西班牙汉语老师要求讲授标点符号的用法。这说明外国学生和汉语老师有学习标点符号知识需求，所以我把它作为附件放入书中。

另外，我想对使用本书为外国学生进行教学的教师提一个建议。让外国学生比较系统地学习语法主要是想让他们在语法学习的过程中提高语言能力，通过学习把他们过去学过的零散的语法知识更加系统化、进一步深化。所以我建议重要的部分要边讲边带学生操练，通过操练来掌握汉语语法。这样学生才学得扎实，才能让他们把充满理性但又有些枯燥的语法知识变为他们自己的知识和语言技能，另外学习中也会有一些乐趣。

  本书不仅可以作为外国学生的汉语语法教材，也可以作为汉语教师的培训教材，还可以作为汉语教学的参考书。在最近的四年中，本书有的章节我在国家留学基金委和国家汉办在北京师范大学举办的暑期外国汉语教师进修团中讲授过，在2006年国家汉办举办的赴新加坡中小学华语教师培训班以及2007年北京国际汉语学院中小学对外汉语教师培训班上也讲过。2008年5月，国家汉办派遣我和北京大学的施正宇副教授赴英国曼彻斯特大学孔子学院、西班牙瓦伦西亚大学孔子学院、马德里孔子学院举办的汉语教师培训班进行教师培训。我负责讲授汉语语法及其教学，本书中有的章节是我讲课的主要内容。神州学习网和上海侨务网等多家网站上报道国家汉办在西班牙举办汉语教师培训班的消息时主要引用的是西班牙《欧华报》的报道，其中有这么一句话："在20日上午，来自北京师范大学的丁崇明教授给大家讲解了非常有用的语法知识。"2008年7月国家汉办让我到廊坊清华科技园为即将出国任教的60多名汉语教师讲授54课时的《汉语知识》课程，其中语法部分大部分讲的就是本书内容。很多老师在汉办的调查表中，把我讲的课列为对他们最有用的课程。

  本书也可以作为语言学及应用语言学专业对外汉语教学方向硕士研究生和汉语国际教育硕士专业学位研究生的参考书。我在北京师范大学为对外汉语教学方向硕士研究生讲授硕士学位基础课《汉语语法学》（北京师范大学硕士研究生精品课程）以及为汉语国际教育硕士专业学位研究生讲授《汉语语言学导论》时，也讲授了本书中的部分内容。虽然，大学本科为中文系的研究生大多数都在本科学习过《现代汉语》课程，但是其中的语法部分不会像本书这样讲得那么细，所以本书对于这些研究生日后教授外国人学习汉语是有帮助的。

编 者

目 录

第一章 语法概说
- 1.1 什么是语法 …………………………………………………… (1)
- 1.2 语法单位 ……………………………………………………… (1)
  - 1.2.1 语素 …………………………………………………… (2)
  - 1.2.2 词 ……………………………………………………… (2)
  - 1.2.3 短语 …………………………………………………… (3)
  - 1.2.4 句子 …………………………………………………… (3)
- 1.3 四级语法单位的关系 ………………………………………… (3)
- 1.4 语素和汉字的关系 …………………………………………… (5)
- 思考与练习（1）………………………………………………… (7)
- 1.5 现代汉语语法特点 …………………………………………… (8)
  - 1.5.1 现代汉语主要的语法特点 …………………………… (8)
  - 1.5.2 汉语的词类和句子成分不存在简单的对应关系 …… (10)
  - 1.5.3 汉语有丰富的量词 …………………………………… (11)
- 思考与练习（2）………………………………………………… (11)
- 1.6. 汉语的词类 …………………………………………………… (12)
  - 1.6.1 词类划分的依据 ……………………………………… (12)
  - 1.6.2 词类概观 ……………………………………………… (12)
  - 1.6.3 词的兼类和词类的活用 ……………………………… (14)
- 思考与练习（3）………………………………………………… (17)
- 1.7 短语 …………………………………………………………… (17)
  - 1.7.1 短语的结构类型 ……………………………………… (18)
  - 1.7.2 短语的功能分类 ……………………………………… (26)
  - 1.7.3 复杂短语 ……………………………………………… (27)
  - 1.7.4 短语结构层次分析 …………………………………… (28)

  1.7.5 歧义短语（多义短语）……………………………………(31)
 思考与练习（4）………………………………………………………(33)
 1.8 句子成分 ………………………………………………………(37)
  1.8.1 主语和谓语 ………………………………………………(37)
  1.8.2 述语和宾语 ………………………………………………(38)
  1.8.3 定语 ………………………………………………………(40)
  1.8.4 状语 ………………………………………………………(42)
  1.8.5 补语 ………………………………………………………(43)
  1.8.6 中心语 ……………………………………………………(43)
  1.8.7 独立成分 …………………………………………………(43)
 思考与练习（5）………………………………………………………(44)
 1.9 句子的分类 ……………………………………………………(46)
  1.9.1 句型 ………………………………………………………(46)
  1.9.2 句式 ………………………………………………………(46)
  1.9.3 句类 ………………………………………………………(47)
 思考与练习（6）………………………………………………………(47)

第二章 实词的特征、应注意的用法及部分相关句式

 2.1 名词及其应注意的用法和部分相关句式 ……………………(48)
  2.1.1 名词主要的语法特征 ……………………………………(48)
  2.1.2 名词的类别 ………………………………………………(49)
  2.1.3 名词及相关词语的使用应注意的问题 …………………(50)
 思考与练习（7）………………………………………………………(52)
 2.2 动词及动词运用应注意的问题 ………………………………(53)
  2.2.1 动词的语法特征 …………………………………………(53)
  2.2.2 助动词的运用 ……………………………………………(54)
  2.2.3 趋向动词及应注意的问题 ………………………………(59)
  2.2.4 离合词 ……………………………………………………(62)
  2.2.5 动词重叠式在运用中应注意的问题 ……………………(66)
  2.2.6 "有"构成的句子 …………………………………………(67)
  2.2.7 心理动词及其句式 ………………………………………(69)
  2.2.8 不及物动词运用应注意的问题 …………………………(70)
 思考与练习（8）………………………………………………………(70)

2.3 形容词及比较句 (76)
2.3.1 形容词 (76)
2.3.2 形容词运用应注意的问题 (78)
2.3.3 比较句 (81)

思考与练习（9） (95)

2.4 数词 (98)
2.4.1 基数词 (98)
2.4.2 序数词及不同意义序数的表示方式 (99)
2.4.3 倍数的表示 (101)
2.4.4 分数的表示 (102)
2.4.5 概数的表示 (102)
2.4.6 "两"与"二"的运用 (105)

思考与练习（10） (107)

2.5 量词及运用中应注意的问题 (108)
2.5.1 量词的分类 (108)
2.5.2 量词的语法特征 (109)
2.5.3 注意量词与名词意义的联系 (110)
2.5.4 名量词与名词的组合 (111)
2.5.5 兼名量和动量的量词 (112)
2.5.6 不定量词"点儿"与"些" (113)

思考与练习（11） (115)

2.6 代词 (116)
2.6.1 人称代词 (116)
2.6.2 指示代词 (118)
2.6.3 疑问代词及运用中应注意的问题 (119)

思考与练习（12） (121)

2.7 副词及某些副词的运用 (123)
2.7.1 副词的种类 (123)
2.7.2 副词的语法特征 (124)
2.7.3 副词和形容词的区别 (125)
2.7.4 部分副词的基本用法及相关句式 (126)

思考与练习（13） (136)

第三章　虚词的特征、应注意的用法及部分相关句式

- 3.1　介词及与介词相关的句式 ………………………………… (144)
  - 3.1.1　介词的语法特征 ……………………………………… (144)
  - 3.1.2　某些介词的用法 ……………………………………… (145)
  - 3.1.3　"连"字句 …………………………………………… (152)
- 思考与练习（14）………………………………………………… (155)
- 3.2　连词及其运用中应注意的问题 ……………………………… (159)
  - 3.2.1　连词的分类 …………………………………………… (159)
  - 3.2.2　连词的语法特征 ……………………………………… (160)
  - 3.2.3　连词和介词的兼类 …………………………………… (160)
  - 3.2.4　连词"并"及副词"并" ……………………………… (161)
  - 3.2.5　连词的省略 …………………………………………… (162)
- 思考与练习（15）………………………………………………… (163)
- 3.3　助词 …………………………………………………………… (165)
  - 3.3.1　什么是助词 …………………………………………… (165)
  - 3.3.2　助词的分类 …………………………………………… (165)
  - 3.3.3　助词的使用 …………………………………………… (165)
- 思考与练习（16）………………………………………………… (166)
- 3.4　语气词 ………………………………………………………… (167)
  - 3.4.1　语气词及其特点 ……………………………………… (167)
  - 3.4.2　语气词的分类 ………………………………………… (167)
- 思考与练习（17）………………………………………………… (171)

第四章　动态

- 4.1　动态助词和语气词表示动态 ………………………………… (172)
  - 4.1.1　"了"的运用 ………………………………………… (172)
- 思考与练习（18）………………………………………………… (177)
  - 4.1.2　"着"的运用 ………………………………………… (178)
- 思考与练习（19）………………………………………………… (181)
  - 4.1.3　"过"的运用 ………………………………………… (182)
- 思考与练习（20）………………………………………………… (186)
- 4.2　副词"在、正、正在"表示动态 …………………………… (188)
- 4.3　虚化的趋向动词表示动态 …………………………………… (189)

  4.3.1 "起来"表示动态 ······(189)
  4.3.2 "下来、下去"表示动态 ······(190)
 思考与练习（21） ······(191)

第五章 补语及其种类

 5.1 补语与中心语 ······(193)
 5.2 充当补语的词语 ······(193)
  5.2.1 补语主要由动词、形容词性词语充当 ······(193)
  5.2.2 介词短语也可以充当补语 ······(194)
  5.2.3 少数程度副词也可以充当补语 ······(194)
  5.2.4 量词短语也常常充当补语 ······(194)
 5.3 补语的语义分类 ······(194)
  5.3.1 结果补语 ······(194)
  5.3.2 状态补语 ······(196)
  5.3.3 程度补语 ······(199)
  5.3.4 趋向补语 ······(200)
  5.3.5 可能补语 ······(202)
  5.3.6 动量补语 ······(205)
  5.3.7 时段补语 ······(207)
  5.3.8 时点补语 ······(208)
  5.3.9 处所补语 ······(209)
 思考与练习（22） ······(209)

第六章 部分特殊句式和特殊格式

 6.1 "被"字句 ······(213)
  6.1.1 "被"字句的语义 ······(213)
  6.1.2 "被"字句的构成 ······(214)
 思考与练习（23） ······(228)
 6.2 "把"字句 ······(230)
  6.2.1 "把"字句的句式语义 ······(230)
  6.2.2 "把"字句的构成及其运用 ······(230)
 思考与练习（24） ······(244)
 6.3 比况短语 ······(245)

   6.3.1 ……＋似的 ·· (245)
   6.3.2 动词"像/好像/仿佛/跟……似的"构成的
      比况短语 ·· (248)
   6.3.3 比况短语的句法功能 ································· (251)
   6.3.4 比况短语的表义分析 ································· (258)
  思考与练习 (25) ·· (260)

第七章 复句

 7.1 复句概说 ·· (262)
   7.1.1 什么是复句 ·· (262)
   7.1.2 复句中的主语 ··· (262)
   7.1.3 复句中的关联词语 ···································· (263)
 7.2 复句的分类 ··· (263)
   7.2.1 联合复句 ··· (264)
   7.2.2 偏正复句 ··· (269)
 7.3 多重复句 ·· (273)
 7.4 紧缩复句 ·· (274)
   7.4.1 成对的关联词语构成的紧缩复句 ················· (274)
   7.4.2 单个关联词语构成的紧缩复句 ···················· (275)
   7.4.3 没有关联词语的紧缩复句 ·························· (276)
  思考与练习 (26) ·· (276)

附录一 参考答案 ··· (278)
附录二 标点符号的用法 ·· (309)
附录三 常用名量词搭配表 ·· (333)
附录四 常用离合词表 ·· (344)
附录五 英汉语言学术语 ·· (347)
附录六 主要参考文献 ·· (350)

后记 ·· (353)

第一章

语法概说

1.1 什么是语法

语法是语言基本单位的结构规则。语言的基本单位包括语素、词、短语和句子。词由语素构成，短语由词构成，句子由短语或词构成。每一级单位的构成都有一定的结构规则，这些结构规则就是语法。没有一种语言可以随意地连词成句，任何语言都有语法，语法是语言必不可少的要素。人们运用语言必须遵守语法规则，否则对方就难以理解话语的意思，也就达不到交际的目的。语法一方面指导人们造出正确的句子，另一方面指导人们正确地理解句子。例如，从句子构成的角度看，"买"、"我"、"字典"这三个词，根据汉语的语法规则，一般只能组合为"我买字典"，只有在特殊的语境下才能组合为"字典我买"，例如可以说"字典我买，别的我不买。"而"买字典我"和"字典买我"都不能成立，因为它们都不符合汉语语法规则。从理解句子的角度来看，"门开着。"与"开着门！"两个句子虽然所用的词都相同，但意思却不一样。前一句表示的是"门是开着的"这一事实，是一个陈述句，而后一个句子表达的意思是让别人不要关门，让门开着，是一个祈使句。

1.2 语法单位

语法单位分为从小到大的四级单位：语素、词、短语和句子。

1.2.1 语素

语素是语言中最小的声音和意义的结合体。汉语的语素绝大多数是单音节的。例如：

丽　习　旅　器　符　语　务　均　固　麦　伟　司　惜　柔

汉语的语素也有少数多音节的。例如：

蜻蜓　犹豫　徘徊　尴尬　哆嗦
克隆　沙发　沙拉　浪漫　法西斯

"蜻"单独拿出来用几乎没有意义，"蜓"也一样，它们合起来才有明确的意义，所以合起来才是一个语素。上面所举的例子中的第二行都是外来语素，这些语素中单个的音节都没有意义，几个音节合起来才有意义，构成一个语素。第二行中的每个汉字单独拿出来都有意义，代表一个语素，但在这些外来语素中都没有意义，仅代表一个无意义的音节。如"克"单独看代表一个语素，有意义，但在外来语素"克隆"中它仅代表"kè"这个音节，没有意义。

从词的构成的角度来分析，语素是构词的单位。从能否单独成为一个词来看，语素可以分为两种，一种是成词语素，另一种是不成词语素。成词语素如"水""人""去""了""的"，又如以上所举的"克隆"那一行外来语素，它们本身既是一个语素，又是一个词。不成词语素如以上所举的"丽"那一行。

1.2.2 词

词是能够独立运用的最小的语言单位，是比语素高一级的语法单位。所谓能独立运用包括两种情况：第一，能进入句子充当一般的句子成分（一般的句子成分有主语、谓语、述语、宾语、定语、状语、补语、中心语）；第二，虽然不能做一般的句子成分，但可以进入句子，在句中起语法作用，充当辅助性的句子成分。

词可以分为两大类：实词和虚词。实词能单独进入句子做一般的句子成分。例如"来、走、学、干净、满意、刚才"。虚词虽然不能做一般的句子成分，但能进入句子，在句中起语法作用。例如"的、了、吗、呢"。

现代汉语的词按音节可分为：
单音节词：开　问　光　安　我　和　是　的　着　斤　才
双音节词：健康　伟大　国家　漂亮　理发　能够　开始　姐姐
　　　　　刚刚　奶奶　偏偏
三音节词：电视机　推销员　生产力　数学家　办公室　语言学
四音节词：资本主义　发达国家　恒生指数　公共厕所　轻轨列车
五音节以上的词：发展中国家　道琼斯工业指数　布宜诺斯艾利斯
现代汉语中双音节词占百分之七十以上。

1.2.3　短语

短语是两个或两个以上的词按照一定的方式组成的语言单位。短语是比词高一级的语法单位，又称为词组。例如：

买票　栽花　风俗习惯　很有意思　去丽江玩　看北京奥运会比赛
一本介绍中国风景名胜的书

1.2.4　句子

句子是能够表达一定意义，能单独运用，具有一定语气语调，末尾具有一个较大停顿的语法单位。句子是最高一级的语法单位。例如：

（1）生活真像这杯浓酒，不经三番五次的提炼呵，就不会这样可口！（郭小川）

（2）人，只要有一种信念，有所追求，什么艰苦都能忍受，什么环境也都能适应。（丁玲）

（3）改造自己，总比禁止别人来得难。（鲁迅）

（4）巨大的建筑，总是由一木一石叠起来的，我们何妨做做这一木一石呢？（鲁迅）

1.3　四级语法单位的关系

语素是最小的语法单位，是构词的单位。语素只有具备了词的资格才能进入短语和句子。语素中的成词语素可以直接用来组成短语或句子。不成词语素必须与其他语素合起来构成词以后才能使用。例如"利"要构成

"利益"、"利害"、"锋利"、"胜利"等词以后才能用来组成短语或句子。

请分析下列语句不能成立的原因，然后把它们修改成能够成立的句子：

*迈克的一个中国朋友问他："你最喜欢的体育运动是什么？"迈克回答说："体育运动中，我最喜欢游。"①

*在一篇文章中，迈克看到这样一个句子"中国有些农村数百年以来就有习武强身的传统。"迈克见到学校里也有人练武术，自己很想学，他对一位教武术的先生说："我也想习武，您能教我习吗？"

请用下列语素加上别的语素，至少组出三个双音节词来：

工　思　木

短语是比词高一级的语法单位。一般说来，短语中间能加进别的成分，词中间不能加进别的成分（也有少数词可加进别的成分，如离合词"理发"可以变为"理一次发"，但后者变为短语了）。例如"白菜"不能说成"白色的菜"，"黑板"不能说成"黑色的板"，所以它们是词。"买票"可以说成"买飞机票"，所以是短语。当然，汉语有些词与短语也很难区分。

句子与词和短语的区分不在于词的多少，而主要在于句子有一定的语调和语气，句子是语言的一个基本表达单位，而词和短语只是备用材料。许多实词和许多短语只要表达了一定的意义，具备了一定的语调和语气就是一个句子，短语不论有多长，没有一定的语调和语气仍然只是短语。书面语句子末尾的标点——句号、问号、叹号表示停顿和不同的语气。例如下面的例子中有句末标点的是句子，没有的只是短语。

(1) 虎！
(2) 我的。
(3) 谁？
(4) 我的事用不着你管。（曹禺）
(5) 这首诗在艺术上，也颇为成功，很有特色。（褚斌杰）
(6) 文学的最高境界是无技巧，不是玩弄什么花样，靠什么外加的

---

① 短语或句子前加"*"表示该短语或句子不能成立。

技巧来吸引人，要说真话。（巴金）

（7）朱自清原本是一个诗人，曾认真研究过现代诗，且有很高的造诣，因此在散文创作中自然也不失其诗人的本色。

（8）文学作品的艺术风格

（9）产生出追求美好生活的愿望

语法的四级单位之间存在着等级关系。语素构成词，词与词构成短语，短语加上一定的语气语调，有的再加上个别虚词构成句子。有的实词加上一定的语气语调，有时再加上虚词也可以构成句子。

语法单位可分为备用单位和使用单位。备用单位是静态的单位，而使用单位是动态的单位；备用单位与现实世界没有直接的关系，而句子这种使用单位与现实世界有着直接的关系。例如："他""书""的"在词库里是备用单位，不与现实世界的任何一个人或事物发生关系。但组合为自由短语时，"他的书"这个自由短语就是使用单位了，如果在一定的语境中，甲问："这是谁的书？"乙回答："他的书。"这时就是一个句子，它与现实世界的某一个人及事物有着指称关系。

语素和词都是词法单位，固定短语已经凝固化了，不能随便更改，功能与词相当，也是词法单位；自由短语和句子是句法单位。词法单位的数目不论有多大，是有限的，理论上都是可以编入词典中的，所以辞书中收入词和固定短语。自由短语和句子是无限的，词典不收它们，只把它们作为解释词和固定短语的例子。

1.4　语素和汉字的关系

语素和汉字不是同一层面的问题，语素是语法层面的概念，汉字是文字学上的概念。两者有区别，但是又有联系，它们之间的关系十分复杂。文字是记录语言的书写符号系统。汉语用汉字来记录，汉字是记录汉语的书写符号。汉语是单音节语言，一般一个语素就是一个音节，用汉字记录下来就是一个汉字。但同一个字常常有很多的意义，很多单个的汉字是多音字，在不同的词中往往读音不同。有的同一个汉字声调不同，有的韵母或者声母不同，有的汉字代表着声母、韵母、声调完全不同的语素；有的语音虽然相同，但是代表不同的词。它们的关系大体上有下面几种情况：

一、一个汉字代表不同的语素。这又有以下三种情况。

第一，同一个汉字在不同的词中读音不同。例如：

好：好（hǎo）人——喜好（hào）

大：大（dà）学——大（dài）夫

少：少（shǎo）数——少（shào）年

乐：快乐（lè）——音乐（yuè）

第二，一个汉字读音完全相同，但是代表不同的语素、不同的词。例如：

下：下（动词）车——灯下（方位词）——玩一下（量词）

第三，有的汉字在有的词语中甚至不代表一个音节，只是表示发音中的卷舌动作。例如：

花儿（huār）　茶馆儿（guǎnr）

二、有的汉字并不代表一个有明确意义的语素，只代表一个音节，是一个有一定表义因素、要与其他的汉字组合起来才能代表一个语素的特殊汉字。我们认为它有一定表义因素，是因为这些词中的字不能换用其他同音字，它们中的部分字的形旁还有一定的表义功能。这主要有三种情况：

第一，连绵词。例如：蹊跷　窈窕　逍遥　彷徨

第二，非连绵词。例如：哆嗦　溜达　尴尬　垃圾

第三，叠音词。例如：姥姥　猩猩　悄悄　纷纷

三、还需要注意的是，有的汉字在汉语非外来词中是语素，在纯音译词中不是语素，没有意义，只是一个表音的符号。如"巧克力、沙发、奥林匹克、萨其马"中的汉字都是这样的字。又如：

克：克服（语素）——克隆（非语素）
探：探听（语素）——探戈（非语素）

另外有一点需要说明的是，有的常用汉字代表的语素构词能力很强，所以学会这些汉字并掌握它们的语义，对掌握汉语的词很有帮助。例如"水"字构成的词就非常多，《现代汉语词典》中就有160多个合成词开头的语素是"水"，如"水笔、水表、水兵、水草、水产、水车、水稻、水道、水分、水缸、水汪汪、水龙头、水电站"等等；还有许多合成词后面的语素是"水"的，如"潮水、茶水、洪水、风水、钢水、海水、淡水、胶水、口水、苦水、泪水、卤水、露水、墨水、油水"等等；还有一些合成词中间的语素是"水"的，如"茶水站、墨水瓶"等等。

思考与练习（1）

一、什么是语法？
二、为什么要学习语法？
三、语法有哪四级单位？
四、句子与词和短语有什么区别？
五、什么是成词语素？什么是不成词语素？
六、请在下面句子中的词下面画横线。

1. 这是我们新来的厂长。
2. 孔子是中国古代一位伟大的思想家和大教育家。
3. 中华民族是一个古老的民族，具有四千年文字可考的历史。我们勤劳、勇敢而智慧的祖先，在漫长的历史发展过程中，创造了灿烂的古代文化，为丰富人类的科学、文化宝库，做出了很大贡献。
4. 艺术应该对社会改革、人类进步有所帮助，要使人们变得善一些、好一些，使社会向光明前进，我就是为这个目的才写作的。（巴金）

七、请用下列语素至少组出三个词。

1. 具

2. 规

3. 思

4. 旅

5. 体

6. 古

7. 敌

8. 必

八、请在下列词前后分别加上别的词，组成三个短语。

1. 实现

2. 增加

3. 文化

4. 心情

5. 了解

6. 新闻

7. 漂亮

8. 未来

9. 结束

10. 完成

11. 科学

1.5　现代汉语语法特点

1.5.1　现代汉语主要的语法特点

与印欧语系语言相比，汉语缺少形态变化，以至于曾有人认为汉语没有语法可言。现代汉语最主要的特点是：表示语法关系和意义不依赖严格意义的形态变化，而借助于语序、虚词等其他语法手段。

英语，尤其是俄语和德语等形态比较发达的语言，有的词在不同的语法位置上有不同的形式变化。英语代词的主格和宾格词形不一样，名词有"数"的变化。同一个英语动词在不同的时态中语音形式有差别。例如，以动词 be 为例，它有八种不同的形式：

be, is, am, are, was, were, been, being

(1) Today is Monday.（今天是星期一。）

(2) Yesterday was Sunday.（昨天是星期日。）

德语的名词也有"性、数、格"的区别等。相比之下，汉语的语法主要是隐性的。很少通过不同的语音形式来表示不同的语法意义。

汉语的语序是比较突出的语法手段。同样的词语，改变语序，语法关系常常发生变化。例如：

老师理解（主谓关系）——理解老师（述宾关系）
房间干净（主谓关系）——干净房间（偏正关系）
仔细看（偏正关系）——看仔细（中补关系）

汉语虚词在汉语语法中具有重要的作用，主要体现在以下两方面：第一，确定语法结构中的结构关系；第二，表示不同的语法意义。虚词的重要性具体表现为：

第一，有的句法结构中虚词的有无可能形成不同的句法结构。例如：

爷爷奶奶——爷爷的奶奶　　爸爸妈妈——爸爸的妈妈
鲁迅先生——鲁迅的先生
整理书——整理的书　　　　租房子——租的房子

第二，有的句法结构，加或者不加入某个虚词，虽然语法关系没有改变，但是，语义的变化却非常明显。例如：

德国朋友——德国的朋友
北京饭店——北京的饭店
听清楚——听得清楚
吃下去——吃得下去

第三，有的句法结构，加虚词或者不加虚词，结构关系虽然没有明显差别，但是，他们在语义上还是有细微的差别，在实际语言中出现的环境也有差别。例如：

古代汉语——古代的汉语　　仔细听——仔细地听

聪明孩子——聪明的孩子　　好好学——好好地学

1.5.2　汉语的词类和句子成分不存在简单的对应关系

印欧语系的很多语言，词类与句子成分之间存在明确的、较为简单的对应关系。一般说来，动词跟谓语对应，名词跟主语、宾语对应，形容词跟定语对应，副词跟状语对应。这种简单的对应关系可以用以下示意图来表示：

汉语的词类和句子成分不存在简单的对应关系，汉语词类与句子成分的关系是一对多的关系：

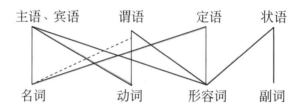

例如名词主要充当主语和宾语，但不少名词还可以充当定语，有的还可以充当谓语，少数的还可以充当状语。如"历史"就可以充当多种句子成分：

(1) 历史是一面镜子。　　（主语）

(2) 王强专门研究历史。（宾语）

(3) 这是一本历史书。　　（定语）

(4) 我们要历史地看待这个问题。（状语）

汉语有些词类不只充当一种句子成分，可以充当多种句子成分。动词主要充当谓语中心语，但很多动词也可以充当定语、宾语甚至主语，并且当它充当各种成分时，形式不会发生变化。如"学习"是动词，它主要充当谓语中心语，但它也可以充当定语、宾语和主语。"学习、教育、结婚"这些常用词都可以充当多种成分。例如：

(5) 我进去的时候，他正在学习。（谓语中心语）

(6) 今天老师发了很多学习材料。（定语）

(7) 这孩子非常喜欢学习，到哪儿都拿着一本书。（宾语）

(8) 学习要专心，不能像你这样心不在焉的，上着课一会儿发短信，一会儿在下面讲笑话。（主语）

(9) 父母要教育孩子时刻注意交通安全，自觉遵守交通法规，增强自我保护意识。（谓语中心语）

(10) 教育可以改善人的生活。（主语）

(11) 这些极端的球迷缺乏教育。（宾语）

(12) 在中国，教育软件的市场潜力是世界首屈一指的。（定语）

(13) 结婚要有感情基础和经济基础。（主语）

(14) 他们结婚了。（谓语）

(15) 今天是他们的结婚纪念日。（定语）

(16) 我们盼望着结婚。（宾语）

1.5.3　汉语有丰富的量词

现代汉语数词和名词组合时，中间要加上量词。如"一棵树"、"三件衣服"、"两辆汽车"。数词加在动词后面时也要加量词。如"去一次"、"看三遍"。汉语量词总的数量比较多，量词与名词组合的规律较为复杂。这是外国人学习汉语的一个难点。

思考与练习（2）

一、现代汉语最主要的语法特点是什么？

二、汉语词类与句子成分之间的关系有什么特点？

三、请用"唱歌"分别作句子的不同成分造三个句子。

四、汉语的"是"用在表示过去、现在、将来的句子中读音有没有变化？这一现象说明什么？

1.6 汉语的词类

1.6.1 词类划分的依据

词类是词的语法分类。给词分类的主要目的是为了方便讲解词的用法，为了方便说明短语或句子的特点。

汉语不同于印欧语系语言，印欧语系语言如英语、俄语、德语、法语等语言的许多词类可以根据词形变化这样的外部形态来确定。汉语缺乏词形这样的外部形态，大多数词的词性无法从词形上看出来，划分词类很少有可以依据的词的外部形态。当然也有少数的形态可以作为依据之一。如少数名词带有"子、儿、头、性、者"的后缀，部分动词后可以带"着、了、过"。但汉语带"子、儿、头、性、者"之类的后缀的词很少，并且有些带这些后缀的词不一定就是名词。有的带"子"后缀的词就不是名词，而是量词，如"（一）下子"；有的带"儿"后缀的词也不是名词，如"串儿"在"一串儿糖葫芦"中是量词。有些动词也不能带"着、了、过"。所以类似的形态特征在汉语中不是普遍现象，也不完全可靠，只能在划分词类时作参考。

意义也不能作为汉语划分词类的主要依据，因为意义相同的词它们的语法功能不一定相同。例如"红"和"红色"，"红"前面可以加程度副词"很"，能说"很红"，而"红色"则不能加"很"，"红"是形容词，而"红色"是名词。当然，意义不是没有一点儿作用，但只能作参考，刚开始学语法时，意义往往可以帮助我们来区分词类。

那么汉语划分词类主要依据什么呢？汉语划分词类主要是依据词的语法功能。所谓语法功能就是词与词的组合能力，词在句子中主要充当什么样的成分。

1.6.2 词类概观

汉语的词首先可以分为实词和虚词两大类。实词一般有比较实在的词汇意义，能做一般的句子成分；虚词意义比较虚，不能做一般的句子成分，而是做辅助性的句子成分，在句中起语法作用，如表示实词与实词之间、实词与短语之间、分句与分句之间的关系等。现代汉语的词类可以分为十三类。其中实词有七个类，虚词四个类，另外有两类词比较特殊，既不属于实词，也不属于虚词，称为特类。

实词中动词、形容词主要作用是陈述，常做谓语中心语，这两类词通常合起来称为"谓词"。代词中大多数用来代替体词，属于体词，少数词用来代替谓词，属于谓词。

实词中名词、数词、量词以及代词中的大多数主要用来指称事物，这些词合起来称为"体词"。体词与谓词相对。

词 类 表

实词	体词	名词、数词、量词、多数代词
	谓词	动词、形容词、部分代词
	副词	
虚词		介词、连词、助词、语气词
特类		叹词、拟声词

汉语词类
- 实词
  - 谓词
    - 动词：跑　去　来　练习　研究　愿意　能够
    - 形容词：美　好　高　严格　丰富　清楚
  - 体词
    - 名词：车　山　学校　明天　国家　上面
    - 数词：一　三　一千　亿　三万　零　半
    - 量词：个　根　张　斤　次　群　批　架次
  - 体谓词——代词：我　你　什么　怎么　这　哪　哪儿
  - 副词：很　才　也　不　没　都　难道　偏偏
- 虚词
  - 介词：和　从　被　由　按照　对于　顺着　替
  - 连词：和　并且　不但　如果　所以　虽然
  - 助词：着　了　过　的　地　得　所　似的
  - 语气词：吗　呢　吧　啦　嘛　罢了　啊
- 特类
  - 叹词：哎　唉　啊　呀　哎呀　哎哟
  - 拟声词：啪　哗哗　呼呼　咔嚓　哗啦

1.6.3　词的兼类和词类的活用

汉语缺乏形态变化，各类词做句子成分时没有词形变化，词的兼类情况比较普遍，这是汉语语法的主要特点之一。

1.6.3.1　兼类词

一个语音相同，书写形式也相同的词，在不同语境中，分别具有两类不同词类的语法特征，且意义上又有密切联系的，是兼类词。兼类词的种类比较多，主要有以下几种：

兼属名词和动词的，如：锁、画、坑、电、漆、锈、病、伤、药、网、尿、工作、组织、检查、指导、指挥、笑话、代表、领导、参谋、翻译、编辑、报告、申请。

(1) 我买了一把锁。
(2) 你走时别忘了锁门。
(3) 我的数码相机没有电了，用你的照吧。
(4) 我昨天自己装灯，不小心被电了一下，现在想起来都有些后怕。
(5) 他已经申请到中国政府奖学金了。
(6) 我提前毕业的申请已经写好了。应该交给谁呢？

兼属名词和形容词的，如：灰、土、皮、尖、神、光、毛、平常、累赘、困难、表面、内行、外行、经济、理想、机械、科学、民主、精神、道德、矛盾、典型、实际、教条。

(1) 你是到哪儿去玩去了？背后全是土。
(2) 她的穿着打扮特别土。
(3) 民族精神是一个民族挺立生存的脊梁骨。
(4) 这小伙子看上去多么精神啊！
(5) 每个青年人都有自己的理想。
(6) 在这地方养老太理想了，空气好，交通方便，人不多，看病也很方便。
(7) 他学经济，我学数学。
(8) 在学校吃饭比较经济，也比较卫生、方便。
(9) 你不要孩子，难道认为孩子是自己的累赘吗？

(10) 出门带那么多东西太累赘了。
(11) 艺术方面,我是外行,你别问我。
(12) 说出这样的话,你也太外行了。
(13) 我们不能受这些教条的束缚。
(14) 他这人办事太教条,一点儿都不灵活,不适合做生意。
(15) 我不喜欢他这样的人,太实际,一点儿都不浪漫。
(16) 他的计划一点儿也不符合中国的实际。
(17) 我哥哥学机械,我学化学。
(18) 他这人太机械,一点儿也不灵活,什么都是照书本,所以他的计划实行不了。

兼属动词和形容词的,如:热、饿、破、端正、集中、负责、确定、密切、统一、公开、明确、严肃、严格、满足、丰富、繁荣、暴露、明白、方便。

(1) 我饿死了,有什么吃的东西吗?
(2) 这孩子太挑食了,你饿他三天看他还挑不挑。
(3) 你不能破了我们的规矩。
(4) 那房子太破了,不好意思让你们去。
(5) 这事不是我负责,是他负责,你们找他吧。
(6) 他太不负责了,竟然把钥匙交给别人。

兼属动词和介词的,如:比、跟、同、在、给、到、向、朝。

(1) 我们家的大门朝南。
(2) 他朝我笑了笑,说:"你忘了带钱没有关系,下次来时补上就行了。"
(3) 你敢跟她比武功吗?
(4) 我比她大不了多少。

兼属连词和介词的,如:和、与、跟、同。

(1) 和他一起旅游最舒服了,衣食住行根本用不着我们操心。
(2) 你和他都是从韩国来的吧?

有的词有可能兼属三类不同的词。如"对"兼属动词、介词和形容词。

(1) 你有空吗？明天就要公布学生的成绩了，我怕弄错了，你来帮我对一下吧！（动词）

(2) 他后妈对他可真好！要什么买什么。（介词）

(3) 对对对！你说的太对了！她就是那样的人，我和她一块儿住了三年，我太了解她了。（形容词）

1.6.3.2 同音词

要搞清楚词的兼类，还要搞清楚什么是同音词。词的兼类不同于同音词现象。

语音相同而意义上没有联系的词叫同音词。同音词分别属于不同的词。从书写形式是否相同，同音词可以分为同音同形的和同音异形的两类。语音相同字形相同的属于同音同形的同音词，语音相同字形不完全相同或完全不同的属于同音异形的同音词。例如：

同音同形同音词：别——把校徽别上，进校时要检查校徽，没有校徽不让进。

别——别了，我家的小四合院！

别——他的话你别往心里去！他不懂事。

别——一眼望去，什么都没有，可是多走几步，一转身却发现别有洞天。

同音异形同音词：公式——要学好数学一定要熟练地掌握公式。

攻势——敌人的攻势再一次被我们瓦解了。

公事——尽管我们是熟人，但公事公办，这些文件你不能带走。

工事——尽管敌军的工事非常坚固，但是敌人还是被打败了。

语义上是否有联系比较复杂，分析起来大致有两种情况：

第一，意义不论历史上还是现在都毫无联系，完全是两个偶然同音同形的词。例如"伏"在"爱人的病床成了她的临时办公桌，病人需要休息，她就伏在走廊里的长椅上判作业、写教案，直至深夜"中是动词，在"电压220伏"中是表示电压单位的量词，这两个意义没有任何联系。

"花"在"栽花"中是名词,在"花钱"中是动词。又如"足"在"足疗"中是名词,在"酒足饭饱以后,他们都睡了"中是形容词。

第二,历史上可能有意义上的联系,但是在现代汉语中一般已经看不出这种联系了,这也应该看做同音词。如"火"在"这儿有火吗"中是名词,在"这家餐馆特别火,吃饭得提前预订"中是形容词。"硬"在"这饭太硬了"中是形容词,在"这明明是我自己做的,他硬说是他的,气死我了"中是副词。

1.6.3.3 活用

一个词属于 A 类词,但有时为了某种表达的特殊需要,临时被用做 B 类词,这就是词类的活用。例如:

(1) 你这样说也实在太阿 Q 了。(名词活用为形容词)
(2) 他比女人还女人。(名词活用为形容词)
(3) 他把家当旅馆,比旅馆还旅馆。(名词活用为形容词)
(4) 那弹性的胖绅士早在我的空处胖开了他的右半身了。(鲁迅《社戏》)(形容词活用为动词)

思考与练习(3)

一、为什么要划分词类?
二、汉语划分词类主要依据什么?为什么?
三、汉语有哪些词类是虚词?
四、说汉语充当主语和宾语的词是名词对不对?为什么?
五、什么是同音词?
六、什么是兼类词?
七、为什么汉语兼类词比较多?
八、什么是词类的活用?

1.7 短语

短语可以从多种角度来进行分类,一般主要从结构的特点和句法功能的特点这两方面来进行分类。从结构特点分出来的类型叫"结构类型",从句法功能特点分出来的类型叫"功能类型"。

1.7.1 短语的结构类型

短语又称为"词组",从内部构成的特点来看,可以分成三大类,十四种。第一类是六种基本短语,这些短语的词与词之间有几种基本的句法关系,这些短语是由实词和实词构成的(有的也加进个别虚词)。第二类是六种由特定的词(主要是虚词)和实词构成的有标志的短语。第三类是两种特殊的短语。

基本短语
1. 偏正短语(状中短语、定中短语)
2. 主谓短语
3. 述宾短语
4. 中补短语
5. 联合短语
6. 复指短语

有标志的短语
7. "的"字短语
8. "所"字短语
9. 比况短语
10. 量词短语
11. 方位短语
12. 介词短语

特殊
13. 连谓短语
14. 兼语短语

1.7.1.1 基本短语

第一,偏正短语 词与词之间是一种修饰关系,前一部分是修饰成分,后一部分是被修饰成分。其内部又分为状中短语和定中短语两种。

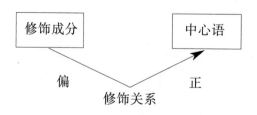

状中短语:

非常漂亮	赶快走	积极工作	会回来
好好地说	怎么走	噼里啪啦地响	已经三年
向科学技术进军	科学种田	面对面地说	单独去

定中短语：

他的朋友	高速公路	木头房子	先进集体
海南风光	新作品	吃饭的人	她的美
他的出现	五本书	买来的书	借来的车
这些朋友	那些地方		

状中短语的中心语绝大多数是谓词性的。定中短语的中心语大多是体词性的，也可以是动词性的，如："他的出现"、"历史研究"。在状中短语中，也有一些名词性的中心语。如："才二十岁"、"都大学生了"。数量词虽然是体词性的，但在汉语里数量词是可以单独做谓语的。如"这个箱子二十斤。""这辆自行车380块。"

第二，主谓短语 词与词之间的关系是陈述和被陈述的关系，前一成分是被陈述的对象，后一成分是陈述部分。

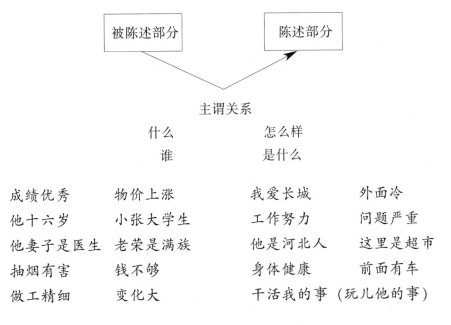

成绩优秀	物价上涨	我爱长城	外面冷
他十六岁	小张大学生	工作努力	问题严重
他妻子是医生	老荣是满族	他是河北人	这里是超市
抽烟有害	钱不够	身体健康	前面有车
做工精细	变化大	干活我的事（玩儿他的事）	

第三，述宾短语 词与词之间的结构关系是支配和被支配或涉及和被

涉及的关系。前一部分是动词或动词性成分，起支配作用；后一部分是被支配的对象或涉及的对象，它既可以是体词性的，也可以是谓词性的。述宾之间的语义关系是很复杂的，类型很多。例如：

a. 买书　　看电影　　吃饭（受事宾语）
b. 盖房子　写小说　　挖坑（结果宾语）
c. 睡木床　吃大碗　　浇水（工具宾语）
d. 去东京　闯海南　　逛公园（处所宾语）
e. 住人　　来客人了　跑了一只羊（施事宾语）
f. 唱A调　写仿宋体　跳迪斯科（方式宾语）

第四，中补短语　前面是谓词性的中心语，后面的词语从结果、趋向、程度、状态、动量、时量、可能等方面对中心语进行补充说明，这样的短语就是中补短语。

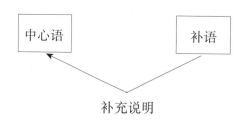

打扫干净　　晒黑　　　买到　　　　弄明白（结果）
站起来　　　拉进来　　塞进去　　　扔出去（趋向）
好极了　　　宽得很　　疼死了　　　甜得要命（程度）
写得工整　　擦得锃亮　长得绿油油的（状态）
看一遍　　　打一拳　　骂一顿　　　踢一脚（动量）
看一天　　　等两分钟　坐会儿　　　跑了一天（时量）
看得清/看不清　　　　吃得下/吃不下（可能）

第五，联合短语　几个成分组合在一起，地位平等，不分主次，在意义上有并列、承接、选择以及递进的关系。

A ＋ B ＋ C ……

城市和农村　北京、上海、广州（并列关系）

讨论并通过（承接关系）

升学或就业　去或留　红或蓝（选择关系）

积极而且热情　（递进关系）

联合短语有体词性的，有谓词性的。例如：

春夏秋冬　长江黄河　我或你　工农商学兵（体词性）

勇敢而机智　红与黑　又气又恨　审议并通过　引进并且吸收（谓词性）

要注意联合短语的各个成分在词性上是一致的，在意义上属于同一个意义范畴。*"我和桌子"、*"好而走"不能成立。

第六，复指短语（同位短语）　由两部分或几部分构成，在语义上从不同角度指称同一个人或事物，构成复指关系，在句子中做一个句法成分。

$$\boxed{A} = \boxed{B} = \boxed{C} \cdots\cdots$$
　　　　复指　　复指

复指短语主要有以下几种类型。

通名与专名复指：首都北京　小说《红楼梦》　鲁迅先生

别称与本称复指：春城昆明　宝岛台湾　山城重庆　泉城济南
　　　　　　　　羊城广州　影城好莱坞

数量短语构成的复指：夫妻二人　祖孙三代　数学物理两门课

人称代词构成的复指：我们自己　咱老百姓　他们几位　你们夫妇
　　　　　　　　　　我老王

指示代词构成的复指：他这个人　1989年那年　北京这城市
　　　　　　　　　　春节那天　贪污腐化这种现象　如今这年月

多种成分构成的复指：驾驶员小王他自己　数学家华罗庚教授
　　　　　　　　　　上海这一城市

复指短语各成分间不能用连词连接，也不能用"的"，否则就改变了复指关系。与联合短语不同的是，几个成分是指同一个事物或同一个人，而联合短语则不是；复指短语前面一项可以是谓词性的。例如：

文雅这种气质　离婚这样的事　骂人这样的行为
教汉语这工作　做生意这样的事

1.7.1.2　特定的词构成的短语

第七，"的"字短语　许多词或短语之后加上"的"字，构成一种名词性的"的"字短语。它的主要功能有以下两种：

① 加"的"使谓词性成分转化为名词性成分。

动词性成分→名词性成分：

刚买来→刚买来的　吃→吃的　我不要→我不要的

形容词性成分→名词性成分：

蓝→蓝的　贵重→贵重的　质量低劣→质量低劣的

② 语义上把陈述作用的词语变为指称人或事物的短语，或者把指称某种人或事物的名词性成分变为指称与这一名词性成分相关联的语义不同的另一种人或事物。

A. 把陈述性词语变为指称性的短语。例如：

开车的　看的　红的　我用来装垃圾的　客人用的

B. 把指称 A 的词语变为指称 B 的。例如：

木头→木头的　中国→中国的　学校→学校的　纸→纸的
爸爸→爸爸的　儿童→儿童的　外国人→外国人的

所有的"的"字短语都可以在后面补出人们在语义上通常可以联想到的一个名词性成分。当然当补出名词性成分以后就不是"的"字短语了，而是变成了偏正短语中的定中短语。如"开车的"可以变为"开车的人"，"客人用的"可以变为"客人用的茶杯"，"木头的"可以变为"木头的家具"，"儿童的"可以变为"儿童的衣服"。

大多数实词和各类短语后都可以加上"的"构成"的"字短语。例如：

名词＋的：小学的　北京的　塑料的

动词+的：卖的　刻的　临摹的
形容词+的：贵重的　旧的　高级的　黄的
代词+的：我的　大家的　咱们的
数词+的：三分之一的
偏正短语+的：刚买的　才来的　美国留学生的　外国公司的
述宾短语+的：打字的　写小说的　买肉的　开饭馆的　开出租车的
中补短语+的：修好的　用旧的　吃剩的　放了三天的　用过一次的
主谓短语+的：质量差的　动作快的　中国制造的　我要的　韩国造的
联合短语+的：北京和上海的　爸爸妈妈的　爷爷奶奶的　北大清华的
连谓短语+的：躺着看书的　借钱炒股票的　进城打工的　出国旅游的
兼语短语+的：让人伤心的　有子女在外国的　令人不可理解的
各种复杂短语+的：刚买来的　我们小时候吃过的　被别人用旧的　人人都不要的　大家都喜欢要的　没有来过中国的　学过三年音乐的　刚洗过的

第八，"所"字短语　结构助词"所"附着在动词性成分前就构成了"所"字短语。例如：

所言　所见　所闻　所做　所听　所了解　所学　所没有看到　所回答　所知道　我所说　他所想　你所做

第九，比况短语　比况助词"似的"附着在其他的词语后面，形成具有比况功能的比况短语。例如：

孩子似的　木头似的　傻子似的　女孩似的　老太太似的
在家似的　吃自己的似的　要吃你似的

第十，量词短语　在量词之前可以加上数词、指示代词、疑问代词或形容词"大"、"小"就组成了量词短语。

这个　　哪位　　大本　　小块　　五条　　三个

量词短语可以分为数量短语、指量短语和疑量短语三小类。

数量短语：三个　两次

指量短语：这个　那本

疑量短语：哪位　哪天　几斤　几位

其他：小块　大本　大堆　一大摊　一大堆　两大本

第十一，方位短语　由方位词附在其他词或者短语之后组成，表示时间、处所、数量、范围、条件以及过程等语义。

表时间的：春节之前　假期中　放假前　一年以上　十八岁以前
　　　　　奥运会以后

表处所：书架上面　桌子下面　柜子里　留学生楼前

表数量：十位以上　两斤左右　一百以内

表范围：生活中　理论上　汉语中　头脑里　书中　文化上

表条件：他协助下　压力下　同学帮助下

表过程：修改中　讨论中　会谈中　战斗中

第十二，介词短语　介词短语是指介词之后加上其他词语组合而成的短语。能跟在介词后面构成介词短语的主要是名词性成分。介词引介的主要是与动作和状态相关的对象，包括施事、受事、处所、工具、时间、范围、目的、原因等。介词短语主要充当状语，也可以充当定语，少数的可以充当补语。

被老师　对老师　把他

对于这个问题　从明天　跟他

由于健康的原因　因为钱

于青海　向他　于1881年

介词短语的主要作用是引进跟动作有关的对象，包括时间、处所、范围、施事、受事、工具、对象、目的、原因等。例如：

(1) 在2008年　于1992年春天（表时间义）

(2) 从美国　在机场（表处所义）

(3) 对身体　对于他（表对象义）

（4）按照国家规定　根据你的意思（表方式义）

（5）把孩子　将房间（表受事义）

（6）被坏人　叫邻居（表施事义）

（7）用筷子　用毛笔（表工具义）

（8）比我　比去年（表比较义）

（9）为赚钱　为了孩子（表目的义）

（10）因为他妻子　因为经济原因（表原因义）

1.7.1.3　特殊短语

第十三，连谓短语　两个或两个以上的谓词性短语连用，彼此间不是简单的语法关系，中间没有语音停顿和关联词语，能和同一个主语发生主谓关系，这样的短语叫做连谓短语。

```
  行为动作   +   行为动作  ……
    连              谓
```

　　看完电视睡觉　打开窗户说亮话　转过身走进去　有信心完成这个任务　红着脸说　扛着旗子走　躺着看书　想一个办法帮助他

第十四，兼语短语　一个述宾短语和一个主谓短语套合在一起，述宾短语中的宾语身兼二职，既充当前面动词的宾语，又做后面谓词性成分的主语。

V_1	N	V_2

兼语

使	我	感到	沮丧
要	她	回	娘家
选	他	当	班长
让	你	干	
派	小王	去	上海

以上所讲的属于自由短语，成语、惯用语属于固定短语。

1.7.2 短语的功能分类

短语从整体的功能方面，可以分成几种不同性质的短语，一般分为名词性短语、动词性短语、形容词性短语三种短语。也就是说，整个短语从整体上相当于哪一类词，就称它为哪一类功能的短语。

1.7.2.1 名词性短语

名词性短语是与名词的功能相当的短语，包括偏正短语中的定中短语、方位短语、量词短语、"的"字短语、"所"字短语、复指短语以及由名词构成的联合短语。需要注意的是，定中短语无论它的中心语是哪一类词，整个短语都是名词性的。例如：

电视节目　四本　这本书的出版　他的出走　所想　春城昆明

1.7.2.2 动词性短语

动词性短语是与动词的功能相当的短语，包括述宾短语、连谓短语、兼语短语以及中心语是动词的状中短语和中心语是动词的中补短语等。例如：

买书　穿起衣服出来　让他帮你　刚走　跳起来

1.7.2.3 形容词性短语

形容词性短语是与形容词功能相当的短语，包括比况短语、形容词做中心语的状中短语、形容词做中心语的中补短语、形容词构成的联合短语等。例如：

孩子似的　非常漂亮　好极了　干净卫生　今天晴

有几种短语情况比较复杂，状中短语有动词性的，有形容词性的，还有名词性的，这要根据它的中心语是什么词性来确定。例如：

大力提倡　认真总结　（动词性）
很好　非常漂亮（形容词性）
才三点　都大学生了　刚十八岁（名词性）

中补短语分为两种，有的属于动词性的，有的属于形容词性的。这也是根据中心语的词性来判定。例如：

好得很　高极了（形容词性）
干得漂亮　抬出去　用完（动词性）

主谓短语也有几种情况。例如：

我走（动词性）
身体好（形容词性）
她黄毛丫头　今天星期三　她十八岁（名词性的）

联合短语有名词性的，如"他和我"、"长江和黄河"；有动词性的，如"又做操又跑步"、"学习和借鉴"；有形容词性的，如"贫乏而苍白"、"好看并且便宜"、"伟大光荣正确"、"美丽而端庄"。

1.7.3　复杂短语

复杂短语是指结构复杂的短语，是对简单短语的扩展。简单短语只有一个结构层次，而复杂短语则是由两个或两个以上的层次组成的。

1.7.3.1　短语扩展

短语的扩展是语言学习中一个十分重要的过程。简单短语扩展为复杂短语，短语加长，语义内容由单一变得复杂起来，不断进行这样的训练，我们的语言能力就能逐步提高。每一个学习语言的人，不论是学习自己的母语还是学习第二语言，进行短语扩展是提高语言表达能力的一个十分有效的方法。短语的扩展有三种方法：

第一，在原有短语中间加入其他词语。例如：

看书——看汉语书
　　——看一本汉语书
　　——看一本文字优美的汉语书
　　——看一本畅销的文字优美的汉语书
　　——看一本畅销的年轻人喜欢看的文字优美的汉语书
吃饭——吃一大碗饭
　　——吃一大碗鸡蛋炒饭

第二，在原有短语前面加上别的词语。例如：

学习汉语——喜欢学习汉语
　　　　——非常喜欢学习汉语
　　　　——的确非常喜欢学习汉语
睡着了——已经睡着了
　　　——大概已经睡着了

第三，在原有的短语后面加上别的词语。例如：

学习象棋——学习象棋、围棋
　　　　——学习象棋、围棋、剪纸
　　　　——学习象棋、围棋、剪纸、中国画
大家喜欢——大家喜欢他
　　　　——大家喜欢他的性格
　　　　——大家喜欢他的性格、为人
　　　　——大家喜欢他的性格、为人和他的才气
洗得干净——洗得干净得像新的一样

以上三种扩展方法可以综合使用。例如：

看书——看汉语书
　　——刚看完一本汉语书
大家喜欢——大家喜欢他
　　　　——大家的确喜欢他的性格
态度好——态度很好
　　　——他态度很好
抽烟有害——抽烟有害健康
　　　　——抽烟有害我们的健康
　　　　——抽烟的确有害我们的健康

1.7.4　短语结构层次分析

由于复杂短语是由两个以上的层次组成的，为了很好的理解短语的语义，为了使我们能够为别人解释清楚汉语的意义和结构，以汉语为第二语言的高层次的学习者应该具备一些汉语语法结构层次分析的知识。

通过上面汉语短语由简单扩展为复杂的简要的介绍，我们可以看出语言从简单结构到复杂结构不是一次组合实现的，而是一次一次地加上一些词语来实现的。正是由于语言是这样组合起来的，所以我们分析语言的结构也是一层一层地分析。这种对语言结构层次按照它的内部的组合层次分析的方法就叫做层次分析法。层次分析法也叫直接成分分析法。处于同一个层次上的两个具有结构关系的成分叫做直接成分。例如：

层次分析法主要是二分，只有联合短语、连谓短语、兼语短语等少数几种短语可以在一个层面进行多次切分。分析的步骤是，首先找出有某种结构关系的两个直接成分把它们切分为两部分，然后确定它们的语法关系，如果每一个直接成分可能还是一个短语，就再找出有某种结构关系的两个下属的直接成分，把它们切分为两部分，并确定其语法关系，以此类推，直到找到最小的层次，即两个直接成分不再是短语，而是词为止。分析时不能漏掉任何一个实词，分析时应着眼于整个结构体。例如：

逐步加强并改进留学生的管理和服务工作

述		宾	
状	中	定	中
	联合		定 中
			联合

以上是从大到小的层次分析，也可以从小到大（从词）进行分析。

这两种分析结果是一样的，但是角度不同，一般都采用从大到小的分析。

例如：

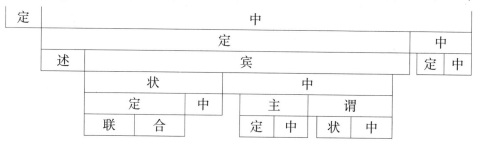

分析结构层次，在什么地方切分是有原则可循的。进行分析时，应遵循以下四条原则：

第一，在每一个层次上所切分出来的各个部分必须是直接成分。

```
      打开  知识宝库的钥匙
*A │  述  │    宾      │
 B │  定        │   中  │
```

以上两种切分 A 是错误的，因为在上述短语中两个直接成分应当是"打开知识宝库的"和"钥匙"。

第二，在每一个层次上所切分出来的成分必须是有意义的语法形式。

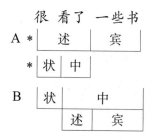

切分出"的钥匙"这一块也是不对的，因为"的钥匙"没有意义。

第三，每一层次所切分出来的每一个成分不是该句法结构所独有的，而必须有普遍性，也就是说有同类句法结构存在。

```
    很  看了  一些书
A * │ 述 │  宾  │
  * │状│ 中 │
B   │ 状 │  中   │
        │ 述 │ 宾 │
```

*很有/办法   *很吃了/些苦
 很/有办法   很/吃了些苦……

第四，每一层次所切分出来的成分必须符合整个短语的意义。如"*大红/苹果"虽然两个部分都有意义，但是不是整个短语的意义，整个短语的意义是"大的红苹果"，而不是大红色的苹果。

1.7.5 歧义短语（多义短语）

一个语言形式如果只有一个意义就是单义结构，但在每一种语言里都存在一个语言形式表达两种或多种意义的短语，我们称它们为歧义结构。这里所说的歧义是这种结构本身能够体现的意义，不是指模棱两可。

1.7.5.1 歧义短语的类型

第一，结构关系不同，即一个短语两个成分之间的语法结构关系可以有两种或多种分析。例如：

学习文件（述宾/定中）　　出租汽车（述宾/定中）
进口彩电（述宾/定中）　　想起来（状中/中补）
没有通知 [述宾 (V+N) / 状中 (副词+V)]

第二，结构层次不同，即一个句法结构，可以切分出两种或多种不同的层次。

第三，结构关系和结构层次都不同

(1) 我和哥哥的朋友　　我和哥哥的朋友
　　　　定　　中　　　　联　　合

(2) 表扬我的老师　　表扬我的老师
　　　定　　中　　　　述　　宾
　　述　宾　　　　　　　　定　中

(3) 看见他　笑了　　看见他　笑了
　　述　宾　　　　　连　　谓
　　　　主　谓　　　　述　宾

第四，语义关系不同

有的歧义是由于语义关系不同所造成的。例如：

(1) 鸡不吃了

(2) 小王通知了

(3) 她是去年生的孩子

(4) 他的衣服做得好

例 (1) 中的"鸡"、例 (2) 中的"小王"和例 (3) 中的"她"一种理解是施事，即动作的发出者；另一种理解是受事，即动作的承受者。例 (4) 一种理解"他"是施事，即为做衣服的人；另外一种理解"他"是领属者，是衣服的所有者。

第五，多义词造成的歧义

(1) 那家商店关门了　（停业/下班）

(2) 我去上课　（讲课/听课）

有的短语很复杂，有多种不同的意义。例如：

"我也说不好"

A式：我 也 说 不 好

(1) 我也说不好英语。

(2) 英语我也说不好。

B式：我 也 说 不 好

(4) 你说了他就行了，我也说不好。

(5) 我不是你们家的人，我也说不好。

B式中的"说"是批评的意思。

C式：我　也　说不好

(6) 他们这样干，我也说不好，可他就是不听。

(7) 他这样做，不光你说不好，我也说不好。

C式中的"说"是认为的意思。

1.7.5.2　歧义的消除

第一，依靠语境。大多数歧义在语境中就可以消除。如"鸡不吃了"在以下语境中就没有歧义了"鸡不吃了，来点儿鱼。""鸡不吃了，大概是生病了吧。"又如"进口彩电"在以下语境中也可以消除歧义："我买了一台进口彩电"，"我们要大量进口彩电"。

第二，调整语序。例如：

他谁也不认识——谁也不认识他　他也不认识谁

第三，改换或增减语词。例如：

两个报社的记者——报社的两个记者　两个报社的记者们

思考与练习（4）

一、短语的六种基本结构分类是哪些？

二、短语的功能类型有哪些？

三、指出下列短语的结构类型。

1. 买汽车　　2. 仔细地看　　3. 快极了

4. 写下来　　5. 写文章　　　6. 房间干净

7. 诗歌散文　8. 我们大家　　9. 影城好莱坞（Hollywood）

10. 认真研究　　11. 研究历史　　12. 研究清楚

13. 文字优美　　14. 好文章　　15. 价格适中

四、用改变语序、加进虚词或去掉虚词的手段改变下列短语的结构关系。

1. 衣服干净　　　　2. 买的书

3. 开的药　　　　　4. 仔细听

5. 教室大　　　　　6. 种菜

7. 卖书　　　　　　8. 快走

五、分析下列短语的功能类型。

1. 坐起来　　　　　2. 看电视

3. 借来的自行车　　4. 她的朋友

5. 很生气　　　　　6. 特别高兴

7. 慢慢体会　　　　8. 电视和家具

9. 简单大方　　　　10. 英俊潇洒

11. 今年春节　　　　12. 租房子

六、用下列各组词组成两个结构关系不同的短语,并请写出短语的结构关系（可以加入别的虚词,可以改变语序）。

1. 经济　　发展　　　　2. 卖　　西红柿

3. 理由　　充足　　　　4. 学习　　认真

5. 研究　　语法　　　　6. 好　　书

7. 新闻　　报道　　　　8. 信仰　　宗教

9. 仔细　　看　　　　　10. 漂亮　　很

11. 年轻　　极　　　　　12. 欣赏　　音乐

七、分析下列短语的结构特点,模仿下列短语的类型,按每一类短语的例子各造三个短语。

1. 好好听：

　　认真学习：

　　仔仔细细地看：

　　卖的书：

2. 文学常识：

　　思想准备：

　　好人：

　　他们学校：

3. 桌子下：

　　心里：

　　三天前：

4. 开汽车：

　　喜欢听故事：

　　进行讨论：

5. 走出来：

　　说出来：

　　学下去：

6. 北京上海：

　　继承发扬：

7. 他们一家：

　　卖假药这样的行为：

八、请把下列简单短语扩展为复杂短语。

1. 借书

2. 做菜

3. 一本书

4. 开车

5. 做好

6. 练一小时

7. 要来

8. 他要

九、请用层次分析法分析下列短语的结构关系，分析到词为止。

1. 绘画技法　　　　2. 难忘的春节

3. 生活富裕　　　　4. 关键时刻

5. 看出来　　　　　6. 梦想的世界

7. 学习目的　　　　8. 建立英语学习网

9. 我们梦想的世界　10. 资金来源

11. 思考了一天　　　12. 进行了一系列探索

13. 学习目的不明确　14. 不能实施

15. 不能很好地执行　16. 一本喜欢看的新书

17. 掌握新技术　　　18. 密切观察他的健康状况

19. 看新拍的电影
20. 对孩子不放心
21. 教学方法与学习氛围
22. 孩子的性格不好
23. 学习中国传统文化
24. 贯彻落实领导的指示
25. 牢固树立服务意识
26. 我们都喜欢的菜
27. 没有丝毫寂寞和孤独
28. 有广阔的世界眼光
29. 看不见自己的影子
30. 没看清楚他的脸
31. 孩子的学习兴趣浓
32. 做了很多汉语练习
33. 文化差异很明显
34. 掌握市场动态

十、指出下列短语的功能类型和结构类型。

1. 学习汉语
2. 他们三人
3. 仔细看
4. 中国文化
5. 非常认真
6. 跳得高
7. 自己买的东西
8. 这本书的出版
9. 对自己说
10. 开一个玩笑
11. 看了一天的电视
12. 喜欢看中国武侠小说

十一、用层次分析法分析下列歧义短语。

1. 发现了敌人的哨兵
2. 热爱人民的市长
3. 关心别人的孩子
4. 我们三个一组
5. 骑了三年的自行车

十二、下面都是歧义短语，请造两个句子消除它的歧义。

1. 在房顶上发现了小王
2. 在床上绣花
3. 他送的蛋糕
4. 小李的发理得好
5. 恨他的老师
6. 他的笑话说不完
7. 他的小说看不完

1.8 句子成分

汉语的短语与句子的结构构造基本一致，所以大多数短语带上一定的语调时就是句子。句子也可以划分出不同的部分，我们把句子的组成成分叫做句子成分，句子的一般成分有八个：主语、谓语、述语、宾语、定语、状语、补语、中心语。除了一般成分之外，有的句子还有一种特殊的成分——独立成分。

1.8.1 主语和谓语

1.8.1.1 什么是主语、什么是谓语

主语是句子的被陈述部分，大多数在句首。谓语是句子的陈述部分，是陈述主语的，在主语后面。用简易加线法分析时，主语下面画双线，谓语下面画单线，主语与谓语之间用双竖线"‖"隔开。例如：

(1) 他‖读过许多中国古典小说。
(2) 爱因斯坦提出的相对论‖改变了人们对时间和空间的看法。

1.8.1.2 主语的语义类型

主语有的是施事，即行为动作的发出者。例如：

(1) 他‖练武术。
(2) 王老师‖教我们口语。

主语有的是受事，即主语是行为动作支配影响的对象。例如：

(3) 饺子‖吃完了。
(4) 老师让我们看的书‖看完了。
(5) 你的衣服‖我洗了。

有的句子的主语既不是施事也不是受事。例如：

(6) 他‖是老北京人。
(7) 水‖又深又绿。（杨朔）

1.8.1.3　充当主语的词语

主语主要是由代词、名词性成分充当，也可以由动词性成分、形容词性成分充当。例如：

(1) 微笑‖能化解很多矛盾。（动词）

(2) 多读书‖可以扩大我们的视野。（动词性状中短语）

(3) 美‖人人都爱。（形容词）

(4) 女朋友太漂亮‖也不一定是好事。（形容词性主谓短语）

汉语的主语还可以由表示时间的词语、表示处所的词语充当，数量短语也可以充当主语。例如：

(5) 昨天‖天晴。

(6) 学校门外‖有几家饭馆。

(7) 一斤‖十块钱。

1.8.1.4　充当谓语的词语

动词、形容词可以充当谓语，但是更多的是动词性短语、形容词性短语充当谓语。

(1) 他‖知道。

(2) 这里的水‖干净。

(3) 旅游‖是海南的支柱产业。

(4) 这件事‖我们谁都不知道。

1.8.2　述语和宾语

1.8.2.1　什么是述语、什么是宾语

述语是能够带宾语的成分，由动词或动词性短语充当。宾语是受前面动词性成分支配或涉及的对象。用简易加线法分析时，述语用着重号"．"标出来，宾语用波浪线"～～～"标出来。

(1) 我借一本鲁迅的小说。

(2) 她妈妈希望她能找到一个真正对她好的人。

(3) 我相信只要你方法正确、坚持不懈，就一定能学好汉语。

1.8.2.2 充当宾语的词语

宾语主要由名词性词语充当，如"看中国古典小说"；体词性的代词也可以充当宾语，如"你要什么？"但是汉语的宾语不限于体词性词语，谓词性词语也可以充当宾语，这是汉语的特点之一。例如：

(1) 女孩儿都爱漂亮。
(2) 她特别喜欢游泳。
(3) 你们准备接他的班。
(4) 我认为人人都会这样做的。

例（1）是形容词做宾语，例（2）是动词做宾语，例（3）是动词性短语做宾语，例（4）是动词性主谓短语做宾语。

1.8.2.3 宾语的语义类型

我们说宾语是受前面动词性成分支配或涉及的对象是一种很概括的说法，汉语宾语与述语或主语之间的关系是非常丰富的。下面介绍比较常见的几种：

第一，对象宾语，宾语是动作行为的对象。例如：

(1) 他在看电视。
(2) 妈妈杀了一只鸡。
(3) 我自己洗衣服。

第二，结果宾语，宾语是动作行为产生的结果。例如：

(4) 我们每两周写一篇作文。
(5) 学校要在这里建一个体育馆。
(6) 她自己煮饭。

第三，处所宾语，宾语是处所或地方。例如：

(7) 他们假期去云南丽江。
(8) 我每个星期要进城。

(9) 他们坐飞机，我们坐火车。

第四，时间宾语，宾语是某一时间。例如：

(10) 我第一次在北京过春节。
(11) 我们为她过生日。

第五，工具宾语，宾语是动作行为所凭借的工具。例如：

(12) 我吃小碗，你吃大碗。
(13) 她脸上擦了粉。

第六，施事宾语，宾语是动作行为的发出者。例如：

(14) 我们家来客人了。
(15) 小孩儿要经常晒太阳。
(16) 这间屋住两个学生。
(17) 出太阳了。

第七，类别宾语，宾语表示主语的类别。例如：

(18) 他是英国人。
(19) 这是金属的。
(20) 他当班长。

1.8.3 定语

1.8.3.1 什么是定语

定语仅从短语的范围看，是定中短语中心语前面的修饰成分；从句子的范围看，定语是主语和宾语里的中心语的修饰成分。用简易加线法分析时，定语用圆括号"(　　)"标出来。例如：

(1) 昆明‖是一个四季如春的城市。
　　　　　　　(　)(　　　　)
(2) 中国的云南省‖有许多享誉世界的风景名胜。
　　(　)　　　　　　(　　)(　　　　)

1.8.3.2 充当定语的词语

绝大多数形容词都可以充当定语，汉语中名词、动词充当定语是非常普遍的现象，这也是汉语的特点之一。例如：

（新）房子　　（红）绸子　　（高）水平
（历史）研究　（新闻）广播　（武术）爱好者
（学习）计划　（阅读）材料　（考察）路线

汉语单音节动词做定语必须加"的"，否则就构成述宾短语。例如：

定中短语　　　　　　述宾短语
（卖的）菜　　　　　卖菜
（喝的）水　　　　　喝水
（借的）书　　　　　借书

1.8.3.3 多项定语的语序

定语不止一个时，就存在定语的语序安排问题。总体上说有以下几条规律：第一，带"的"的定语一般放在不带"的"的定语之前。例如：

简单的结婚仪式
简洁的装修风格
漂亮的女大学生

第二，如果是多项不带"的"的定语，多项定语的语序一般为：① 领属性词语，② 数量词语（或"指示代词＋量词"），③ 形容词，④ 名词

我那件红T恤
爸爸那两本新书
小王这辆旧自行车
这家工厂生产的传统产品

第三，如果有几项带"的"的定语，多项定语的语序一般为：① 领属性词语，② 各种短语，③ 形容词，④ 名词

我房间的那台刚买的电视机

我们学校的新建起来的留学生宿舍

我们班的刚来的那位德国女同学

上述领属性定语中后面的"的"一般可以省略，这样结构要简洁一些。上述三个短语中第一个"的"可以省略，说成"我房间那台刚买的电视机"、"我们学校新建起来的留学生宿舍"、"我们班刚来的那位德国女同学"。

1.8.4 状语

状语是谓语中心语前的修饰成分，有时是处于句首的修饰成分。用简易加线法分析时，状语用方括号"[ ]"标出来。例如：

(1) 我清清楚楚地记得她当时痛苦的表情。
   [   ]

(2) 对于这个问题，我有自己的看法。
 [   ]

(3) 公司已经派人去德国考察那里的风能发电设备了。
    [ ]

副词都能做状语，部分形容词也能充当状语，但是有一些限制。单音节形容词做状语不能加"地"，如"快说"、"慢走"、"高举"、"轻放"。双音节形容词直接充当状语的不多，常见的如：

认真看 认真听 认真学习
仔细看 仔细听 仔细观察
专心听 专心看 专心学习
经常去 经常来 经常听 经常做饭
彻底明白 彻底搞懂 彻底改变 彻底了解
努力工作 努力学习

有的形容词重叠式充当状语可以加"地"，也可以不加"地"，例如"好好学、好好地学、认认真真学、认认真真地学"；有的大多数人使用时会加"地"，例如"重重地打一下、开开心心地玩一天"。

介词短语也经常做状语。介词短语充当的状语可以表示时间、处所、工具，或者引进比较对象，引进与动作行为相关的施事、受事等。例如：

[从下个月] 开始　　　（时间）
[在饭馆] 吃饭　　　　（处所）
[用毛笔] 写　　　　　（工具）
[比去年] 热　　　　　（比较对象）
[被坏人] 骗　　　　　（施事）
[把护照] 丢了　　　　（受事）

1.8.5　补语

补语是动词形容词性词语后面起补充说明作用的成分。用简易加线法分析时，补语用尖括号"〈　〉"标出来。

(1) 他妈妈被他气〈哭〉了。
(2) 他的汉字写得〈很漂亮〉。
(3) 听〈到〉这个消息，他高兴得〈跳了起来〉。

1.8.6　中心语

被修饰限制或被补充说明的成分是中心语。中心语包括被定语修饰限制的中心语，被状语修饰的中心语，被补语补充说明的中心语。

(1) (他们) 研究所 ‖ [刚刚] 研制〈成〉(一种)(治疗心脏病的)(新)药。

(2) 张云 ‖ [已经] 写〈好〉了(那篇)论文。

1.8.7　独立成分

一个词或者短语，在句子里不跟别的成分发生结构上的关系，但在意义上又是句子所需要的，这些成分叫做独立成分。从位置上看，有的独立成分比较自由，句首、句中和句末都可以出现。根据意义可以分为以下几种：插入语、呼应语、感叹语、拟声语。例如：

（1）这种情况，据说，不仅中国有，外国也有。（插入语）

（2）这是什么话，你们听听！（插入语）

（3）老王，你快来帮我一下。（呼应语）

（4）嗯，我照你说的去做。（呼应语）

（5）你怎么了？怎么摔成这样了？哎哟，我的小祖宗！（感叹语）

（6）我刚一出门，哒哒哒哒，传来一阵冲锋枪扫射的声音。（拟声语）

思考与练习（5）

一、请分析下列句子的主语和谓语，在主语和谓语之间画双竖线，在主语下画双横线，谓语下划单横线。

1. 我们去的地方找不到水。
2. 你要的书买到了。
3. 这本书对我来说太难了。
4. 我们永远也忘不了在中国待的这些日子。
5. 《红楼梦》是中国四大名著之一。
6. 二十世纪初发生的"五四"运动是中国近代史上的一件大事。
7. 儒家的政治主张是推行仁政。
8. 她躺在床上沉思着。
9. 我们都不知道她心里想的是什么。
10. 她的精彩表演赢得了一阵热烈的掌声和欢呼声。

二、用下列词语做主语各造两个句子。

1. 登山
2. 中医
3. 看电视
4. 我带来的药
5. 书
6. 我旅游过的城市
7. 红色的
8. 吃得太多
9. 一丘
10. 北京上海

三、按要求各造一个句子。
　　1. 人称代词做主语
　　2. 动词做主语
　　3. 形容词做主语
　　4. 述宾短语做主语
　　5. 定中短语做主语
　　6. 数量短语做主语
　　7. 人称代词做谓语
　　8. 动词做谓语
　　9. 名词做谓语
　　10. 形容词做谓语
　　11. 述宾短语做谓语
　　12. 中补短语做谓语

四、按要求各造一个句子。
　　1. 人称代词做宾语
　　2. 动词做宾语
　　3. 形容词做宾语
　　4. 述宾短语做宾语
　　5. 定中短语做宾语
　　6. 主谓短语做宾语

五、用波浪线标出下列句子中的宾语。
　　1. 他喜欢游泳。
　　2. 我喜欢看别人下象棋。
　　3. 鱼有很高的营养价值。
　　4. 他忘了明天要考试。
　　5. 我还以为你们已经走了。
　　6. 中国唐代出现了一大批优秀的诗人。
　　7. 孔子认为人和自然是一体的。
　　8. 锻炼身体并适当节制饮食是最好的减肥方法。

六、请造三个有三个定语的定中短语。

七、请用形容词做状语造两个句子。

八、请用介词短语做状语造三个句子。

1.9 句子的分类

1.9.1 句型

句子可以从不同的角度进行分类，根据句子整体结构的特点分出来的类叫句型。第一步先分出单句和复句，第二步分别对单句和复句分类，这样一步一步地分下去。

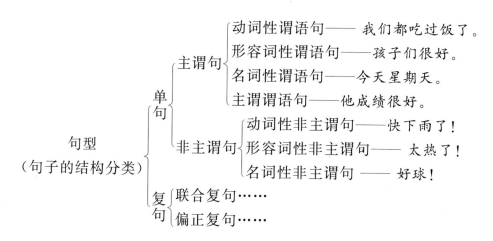

1.9.2 句式

句型分出来后，在句型的基础上还可以进一步根据句子某一部分的特点分出一些句式。例如主谓句中的动词谓语句，可以根据某些特点分出以下多种句式："把"字句、"被"字句、存现句、双宾句、兼语句、连谓句、"是……的"句……

(1) 你儿子把我的书撕坏了。（"把"字句）
(2) 我的钱包被小偷偷了。（"被"字句）
(3) 主楼前面有一个花园。（存现句）
(4) 姐姐送给我一个笔记本电脑。（双宾句）
(5) 经理派我丈夫来北京。（兼语句）
(6) 那个英俊的男子打开包拿出一个精美的盒子递给她。（连谓句）
(7) 这话是他说的。（"是……的"句）

1.9.3 句类

句子从另一个角度——语气的角度，可以分出以下四种类型：

句类（句子的语气分类）
- 陈述句——人也是自然的一部分。
- 疑问句——这件事应该怎么办呢？
- 祈使句——请你再说一遍！
- 感叹句——多么美妙的地方啊！

陈述句是运用陈述的语气叙述或说明事情的句子。在书面语中，陈述句末尾主要用句号。疑问句是运用疑问语气，提出问题的句子，末尾用问号。祈使句运用祈使语气，表示命令、请求、劝告、禁止和敦促等，末尾主要用叹号。感叹句是运用感叹语气，带有较明显的感情的句子。

思考与练习（6）

一、句型是根据什么划分出来的类别？

二、句类是根据什么划分出来的类别？

三、句式是在什么基础上根据什么分出来的？

四、分析下列句子的句类。

1. 你给我把词典拿过来！
2. 孟子是我国古代一位著名的思想家，他生于我国奴隶制向封建制转变的时代，是继承和发展由孔子创立的儒家学说的新儒家代表，儒家第二大宗师，后世尊号亚圣。
3. 汉代是汉字书法发展史上关键性的一个时期。
4. 我们失去的就仅仅只是文明吗？
5. 外面的世界多么精彩啊！
6. 要是能去一趟西藏多么好啊！
7. 你们自己坐车去吧！
8. 哪儿能租到这么便宜、卫生、安全的住房呢？

第二章

实词的特征、应注意的用法及部分相关句式

2.1 名词及其应注意的用法和部分相关句式

名词是表示人、事物、时间、地点、方位等的词。例如：

学生	医生	律师	工人	老师	先生
羊	火	飞机	蔬菜	文化	思想
今天	元旦	清朝	明年	下午	夏季
上	下	前	中间	南边	外头

名词表示的"事物"可以是具体的也可以是抽象的，抽象的如"文化、思想、友谊"。

2.1.1 名词主要的语法特征

第一，一般能被表示物量的数量短语修饰。例如：

四根绳子	两条路	五把椅子
一台电脑	六张床	七个城市
一条凳子	三位客人	八棵树
*五学生	*六汽车	*三医院

有些名词所表示的意义不可以用数量来计算，有的表示的是唯一的对象，所以不能用数量短语修饰。方位名词一般都不能用数量短语修饰。

第二，不能受"不"修饰。以下短语不能成立：

*不玻璃　　*不电影　　*不农村　　*不鱼　*不文化

第三，能直接放在介词后组成介词短语。例如：

与别人说话	把作文写完	在学校住
从香港起飞	由老师出题	用毛笔写
被坏人打	替他说	朝东走
向那孩子笑	与韩国相比	投向大海
生于1881年	走向社会	出生于浙江绍兴

少数名词带有"子、儿、头、性、者"后缀，这些后缀可以作为区分名词的依据。例如：

名词性成分＋词缀	动词性/形容词性成分＋词缀
椅子　钉子　妻子　篮子	剪子　辣子
花儿　唱片儿　小孩儿	盖儿　尖儿
砖头　石头　木头	甜头　苦头　念头　来头
科学性　文学性	弹性　女性　可读性　创造性
前者　后者　思想者	学者　作者　工作者　老者

2.1.2 名词的类别

2.1.2.1 人物名词：表示人或事物。

2.1.2.2 处所名词：表示处所。例如：

亚洲　美国　韩国　日本　上海　广州　昆明　澳门　台湾　香港

2.1.2.3 方位词：表示方向和位置。分为单纯的和合成的两种。

	上	下	前	后	东	南	西	北	左	右	里	外	内
以＋	＋	＋	＋	＋	＋	＋	＋	＋			＋	＋	＋
之＋	＋	＋	＋	＋							＋	＋	
＋边	＋	＋	＋	＋	＋	＋	＋	＋	＋	＋	＋	＋	
＋面	＋	＋	＋	＋	＋	＋	＋	＋	＋	＋	＋	＋	
＋头	＋	＋	＋	＋	＋	＋	＋	＋			＋	＋	
	上下		前后		东西		南北		左右		里外		内外

方位词常常是加在别的词语后面，组成方位短语。例如：

山上　　水中　　假期里　　门外　　留学生宿舍前面
明天以后　一个月之前　黄河以南　一百元左右　国内外
二十岁上下　　五十岁上下

合成的方位词可以单独充当主语、宾语、状语和定语。例如：

（1）前面有一家很好的饭店。
（2）你要的那本书在下边。
（3）以前我没有来过中国。
（4）我喜欢右边那件衣服。

例（1）"前面"做主语；例（2）"下边"做宾语；例（3）"以前"做状语；例（4）"右边"做定语。

2.1.2.4　时间名词：表示时间。例如：

前天　　今年　　夏季　　圣诞节　　星期一
刚才　　未来　　目前　　周末　　　清明

时间名词比较特殊，主要充当状语，也可以充当主语、宾语、定语、谓语。

（1）他前天去上海出差了。
（2）未来属于能不断学习努力提高自己能力的人。
（3）星期五是圣诞节。
（4）我做完今天的工作了。
（5）明天清明。

例（1）"前天"做状语；例（2）"未来"做主语；例（3）"星期五"做主语，"圣诞节"做宾语；例（4）"今天"做定语；例（5）"明天"做主语，"清明"做谓语。

2.1.3　名词及相关词语的使用应注意的问题

2.1.3.1　名词直接做定语的问题

名词直接做定语是汉语应当注意的一个特点。例如：

文化用品　　英语听力　　汽车外观
汉语学习　　飞机设计　　语法研究

2.1.3.2　名词及名词性短语做谓语

汉语中表示时间，或介绍某人的年岁、籍贯等少数的句子可以不用动词"是"，直接用名词性词语做谓语。例如：

(1) 鲁迅浙江绍兴人。
(2) 他儿子中学生。
(3) 后天元旦。
(4) 今天星期五。

2.1.3.3　名词加"们"的问题

部分表示人的名词后面可以加后缀"们"表示复数，但有一些限制条件。请分析下列词语或句子中哪些"们"用得对，哪些"们"用得不对：

姑娘们　　小伙子们　　汽车们　　人们　　　　运动员们
三个姑娘们　五个司机们　著名运动员们

(1) 下课以后，学生们都在操场上玩。
(2) 那天我在长城看到他们班的学生们了。
(3) 他们班的学生们都到了。
(4) 我们学校的留学生们都参加了那天的晚会。
(5) 猪们在吃食。

以上短语中＊"汽车们"、＊"三个姑娘们"、＊"五个司机们"、＊"著名运动员们"不能成立。例句(2)、(5)中名词后也不能用"们"，从中可以看出汉语用"们"加在名词后面表示复数有一些限制。第一，前面有数量短语修饰的名词不能加"们"；第二，表示人的职业的名词带形容词性定语后，加"们"要特别注意，一般情况下不加"们"，如：＊"著名运动员们"、＊"医术高明的医生们"都不能成立；第三，名词前面加定语后做宾语在语言运用中以不加"们"的为多，如同样是"他们班的学生们"在例(3)中做主语可以成立（但常不用"们"），而在例(2)中做宾语时不能成立；第四，表示人的名词才能带"们"。当然如果在书面语中，有些指物的名词后可以加上"们"作为拟人的修辞格来用。例如：

(6) 星星们眨着眼睛，月亮在向我们微笑。

(7) 小猴子们见到孙悟空，高兴得欢呼起来。

思考与练习 (7)

一、在下列词语后加上方位词后，填入下列句子的横线上。

桌子　北京市　湖　到北京来　天亮　同学　路

1. ＿＿＿＿种了许多柳树。
2. 请把我的行李箱放在＿＿＿＿。
3. ＿＿＿＿我曾经学过一年汉语。
4. ＿＿＿＿我们立即出发，否则到那儿太晚了，玩不了多长时间。
5. ＿＿＿＿应该互相帮助。
6. ＿＿＿＿昨天下了一夜的雪，＿＿＿＿汽车很少。

二、根据所给的条件，在下面句子中的横线上填上适当的词。

1. 停车场在商店的东边，电影院在商店的西边。

商店在＿＿＿＿的中间，商店在电影院的＿＿＿＿，商店在停车场的＿＿＿＿，停车场的西边是＿＿＿＿，电影院的东边是＿＿＿＿。

2. 林平走在最前面，张华走在最后，王刚走在他们的中间。

林平的＿＿＿＿是王刚，王刚的＿＿＿＿是林平，王刚的＿＿＿＿是张华，张华的＿＿＿＿是王刚。

三、在下列词后面加上适当的词缀，使它们变为名词。

1. 看　　2. 盖　　3. 塞
4. 垫　　5. 学　　6. 梳
7. 想　　8. 空　　9. 强
10. 弱　　11. 胖　　12. 尖

四、在下列词语后面加上方位名词构成方位短语。

1. 医院　　2. 学校　　3. 留学生楼
4. 天安门广场　　5. 文化　　6. 气候
7. 脑子　　8. 心　　9. 文字

10. 语言　　　　11. 日语　　　　12. 电视剧
13. 睡觉　　　　14. 上车　　　　15. 下班
16. 结婚　　　　17. 工作　　　　18. 理论
19. 乐曲　　　　20. 身体　　　　21. 两张桌子

五、用下列名词直接做定语组成两个定中短语。

1. 中国　　　　2. 植物　　　　3. 铁路
4. 留学生　　　5. 航空　　　　6. 汉语
7. 听力　　　　8. 电视　　　　9. 经济

六、修改下列病句。

1. 王东明是我们班上面英语口语最好的。
2. 在生词表下查不到这个词。
3. 我们终于爬长城上了，大家高兴得在长城欢呼了起来。
4. 一千多年以前，我们两国中就有过许多往来。
5. 你用完字典后，请把它放在我的书桌。
6. 你的汽车可以停在留学生楼。
7. 请您帮我把这个包放在行李架。
8. 22路公共汽车从路开过来了。
9. 我们最好到房子说，外面冷。
10. 这家工厂里面试制出一种新型电视机。
11. 今天的电视新闻有一个重要的经济新闻。

七、用下列名词性词语做谓语各造两个句子。

1. 圣诞节
2. 星期天
3. 北京人
4. 二十岁

2.2　动词及动词运用应注意的问题

动词是表示行动、变化和心理活动等的词。

2.2.1　动词的语法特征

第一，主要做谓语或谓语中心语。例如：

(1) 我同意。
(2) 你吃。
(3) 路在人脚下。

第二，前面能加"不"表示否定。如"不来、不收、不要、不愿、不出发"。

第三，大多数动词不能受程度副词"很、太"修饰。心理动词和能愿动词可以受"很、太"修饰。如"很想家、太喜欢动物了、很愿意"。

第四，多数动词能带动态助词"着、了、过"。

第五，部分动词能够重叠，重叠以后表示动作时间短暂或尝试的语法意义。双音节动词重叠的方式是ABAB。如"打扫打扫、考虑考虑"。

2.2.2 助动词的运用

助动词是一种比较特殊的动词，它又被称为"能愿动词"，其主要的功能是用在动词或形容词前面做状语，表示可能、意愿和必要。常见的有：

表可能的：能　能够　会　可　可以　可能
表意愿的：愿　愿意　要　肯　敢
表必要的：应　应该　应当　该　得(děi)

"会、要"又是一般的动词，可以带宾语。例如：

(1) 他会来的。（"会"是助动词）
(2) 张老师会日语。（"会"是一般动词）
(3) 王老师在韩国待过两年，他会做韩国菜。（"会"是一般动词）

大多数助动词可以用在"不～不"格式中。例如：

不能不　　不会不　　不可不　　不可能不
不肯不　　不敢不　　不该不　　不得不

(4) 这会是他提出来要开的，他不会不来，一定是路上塞车了。
(5) 这事是总经理叫他办的，他不敢不办。
(6) 他没钱了，我不得不把那笔钱拿给他。

助动词不能重叠。不能说＊"会会"、＊"能能"。

2.2.2.1 助动词在句中的位置与语义的差别

助动词前面或者后面可以有别的状语，助动词在句中的位置不同，所表达的语义有差别。例如：

(1) 你后天能去吗？
(2) 你能后天去吗？

例 (1) 主要问是否具备"后天去的条件"；例 (2) "能"修饰"后天"，问句的焦点在"后天"，含有希望后天去，不希望其他时间去的意思。

(3) 你应该在北京学汉语。
(4) 你在北京应该学汉语。

例 (1) "应该"修饰的是"在北京"，含有"不应该在别的地方学汉语"的意思；例 (2) "应该"修饰的是"学汉语"，意思是"你在北京的时候应该学汉语"。

2.2.2.2 能　能够　可以　会

第一，"能、能够、可以"表示主观上有某种能力。

(1) 她一天能记五十个英语单词。
(2) 骆驼可以几天不吃不喝。

例(1)、例 (2) 中用"能、能够、可以"意思都差不多，都表示主观上有某种能力。但当表示主观上没有某种能力时，其否定的说法不一样。例 (2) 的否定说法是"骆驼不能几天不吃不喝"，而不是说"骆驼不可以几天不吃不喝"。

"能、可以"主要表示有能力做一般人或动物不容易做到的事，而"会"一般指通过学习或练习获得某种技能。例如：

(3) 他会说英语。
(4) 你会弹钢琴吗？

请分析以下句子的区别：

(5) 他很能吃。
(6) 他很会吃。

例 (5) 表示胃口好，一顿可以吃许多食物。例 (6) 表示很善于吃，很讲究吃好的、有特色、有营养的食物。

第二，"会、能、可能"表示客观可能性，表示说话人的估计。

(7) 他可能已经离开北京了。
(8) 那么晚了，他还能来吗？
(9) 明天会下雨。

"会"只表示对将要发生的事的估计，不能用来估计已经发生的事。例 (8) 中的"能"可以用"会"替换。"能、可能"可用来表示已经发生的事，也可以用来表示将要发生的事。例 (9) 中的"会"可以用"可能"来替换，但是用"可能"说话人主观估计的意思多些。

第三，"可以、能、能够"表示条件上、情理上许可。

(10) 会游泳的才能到深水区游。
(11) 你可以在这儿抽烟。
(12) 这次公司组织去旅游，每个员工能够带一个家属去。

普通话中表示许可的"可以"的否定式是"不能"。

2.2.2.3 应 应该 应当 该

第一，表示事实上、情理上的需要。例如：

(1) 你应该去机场送她。
(2) 我们应当让孩子做一些家务事，不应该什么事都替他们做。
(3) 周末你该带孩子出去玩一玩。

第二，表示估计、推测。例如：

(4) 他们出门已经一个多小时了，现在也该到了呀！
(5) 这是我才换的电池，电池应该没问题。

第三，"应"与"应该、应当"的区别。

A. "应该、应当"可以单独回答问题，"应"不能。

B. "应当"书面语、口语都可以用，"应"多用于书面语。

C. "应当"后面可以跟主谓短语，"应"后面一般不能。例如：

(6) 这是我让你办的事，出了问题应当我来负责。

D. "应"不能用"V不V"疑问句形式来提问，"应该、应当"可以用"V不V"疑问句形式来提问。例如：

(7) 这事你应不应该负责？
(8) 我们应不应当告诉他这件事呢？

第四，"该"与"应该、应当"的区别。

A. "该"表示"估计"的意思时，前面可以加上副词"又"，"应该、应当"不能。例如：

(9) 你把爸爸的书弄坏了，你爸爸又该骂你了。

例 (9) 不能说成 *"你爸爸又应该骂你了"和 *"你爸爸又应当骂你了"。

B. "该"可以用在"有多……"前，"应该、应当"一般不能。

(10) 他们要是能和我们一块儿去旅游，该有多好啊。

C. "该"可以用于假设复句的后一个分句，表示推测，"应该、应当"不能。例如：

(11) 如果你再把这台机器搞坏了，领导该批评你了。

2.2.2.4 想 愿意 要

第一，助动词"想"表示有什么愿望，打算做什么。否定用"不想"。例如：

(1) 我想假期去云南旅游。
(2) 你长大想干什么？
(3) 我不想看这种电视。

"想"做一般动词时表示思念、思考的意思。

第二,"愿意"表示乐意、喜欢做某事或某种情况符合自己的心意。否定式用"不愿意"。例如:

(4) 我愿意一个人住。
(5) 我愿意住在学校里,不愿意住在学校外面。

第三,助动词"要"

A. 表示有想做某事的意愿。表示否定一般不说"不要"而说"不想"或"不愿意"。前面可以加"想、打算"。例如:

(6) 周末我要去一个朋友家。
(7) 他想要去看电影。
(8) 我儿子要看动画片,可我不想看,他非要看不可。

B. 表示情理上需要,常常可以用"应该"来替换。例如:

(9) 蔬菜要洗干净了才能吃。
(10) 你们的成绩要通知家长。
(11) 世界许多地方都缺水,我们要节约用水。

这种意义的助动词"要"用于否定的祈使句中,表示禁止或劝告时,用"不要"。

(12) 你们不要跳了!我们明天还要考试呢。
(13) 不要浪费水!

C. 表示"可能、会"的意思。但语气更重些。表示否定不说"不要",而说"不会"。例如:

(14) 你这样不听大家的话,到头来你要后悔的。
(15) 天阴了,看样子要下雨了。

"要"还有一些其他用法,如做一般动词;还可以用做连词,表示假设等意思。这里不再一一介绍了。

2.2.3　趋向动词及应注意的问题

趋向动词表示动作的趋向，有单纯的趋向动词"来、去、上、下、进、出、回、起"，也有合成的趋向动词。合成的趋向动词由"来、去"与其他的趋向动词组成：

来	上来	下来	进来	出来	回来	起来
去	上去	下去	进去	出去	回去	

趋向动词是一种比较特殊的动词。它可以单独使用，如"你上来"，"电梯下来了"；它也常放在动词或某些形容词后，或者宾语后，充当补语，如"你把那幅画挂上去"，"餐厅的服务员端了一盘非常有特色的菜上来"。

对以汉语为第二语言的学习者来说，趋向动词是一个难点，这里我们讲几个趋向动词的主要用法。首先介绍一下与趋向动词相关的两种动词语义分类：趋向义动词和非趋向义动词。

2.2.3.1　趋向义动词、非趋向义动词与趋向动词的基本义、引申义

一般的动词从义素分析的角度来看，有的动词含有动作趋向的义素，即动词所表示的动作带有位置移动的语义，这类动词我们称为"趋向义动词"。例如：

抬　提　拉　推　扔　搬　拿　拖　捧　站　飞　端　翻　立　跳

与趋向义动词相对的是非趋向义动词，这类动词不包含趋向义素在内，多数动词是非趋向义动词。例如：

笑　哭　唱　说　写　开　关　摸　试　安　比　洗

趋向义动词后面带趋向动词有两种情况：第一，大多数趋向动词表示前面动词动作的趋向，用的是趋向动词的基本义，如"抬起来、开来、推进去、跳起来"；第二，有的趋向动词用的是引申义，如"他们跳起来没完"。

非趋向义动词带趋向动词，也有两种情况：第一，大多数趋向动词用的是引申义，如"哭起来、洗起来"；第二，有的用的是基本义，如

"我们终于盼来了假期"。

2.2.3.2 趋向动词"起来"

第一,用在趋向义动词后面,用的是"起来"的基本义,表示人或事随动作从下往上运动。例如:

(1) 那个运动员终于把两百五十公斤的杠铃举了起来。
(2) 请你拿起那个杯子来。

第二,有时"起来"用的是引申义,表示动作开始并继续。

(3) 听到这个消息,她哭了起来。
(4) 大家唱起歌来吧。
(5) 看了他的表演,观众们忍不住笑了起来。

有的形容词后面带"起来"表示某种状态开始并持续下去。例如:

(6) 喝了几口酒,她的脸就红了起来,像桃花一样。
(7) 一看到这张照片,我不由得伤心起来。
(8) 春天来了,天气暖和起来了。

第三,表示动作进行后实现某种状态,"起来"也是引申义。例如:

(9) 你快把那件毛衣穿起来。
(10) 财神爷供起来,就有些心照不宣的玩笑意味了。(老舍)
(11) 她媳妇把那块刚买来的床单铺了起来。

第四,表示动作由进行到实现,"起来"是引申义。例如:

(12) 他们终于把大坝重新修了起来。
(13) 你回去先把研究所筹备起来。
(14) 公安局把那几个流氓抓了起来。
(15) 中药厂已经建起来了。

第五,有时宾语可以插入"起来"的中间。例如:

(16) 收起你的钱来。

2.2.3.3 "来"及个别相关结构

第一，V+来+(名)。"来"在这里是基本义，表示向着说话人运动。

(1) 前面开来一辆22路公共汽车了。
(2) 我终于盼来了这一天。

第二，动词是"谈、合、聊"等几个动词，在下列结构中，表示融洽或不融洽。

V+得+来（V+不+来）

(3) 你和你的同屋谈得来吗？
(4) 虽然我和张明认识了很久，但我们合不来；而我与李华认识不久，但我们很合得来，我们经常在一起聊天，一起出去旅游。

这种结构还可以表示有能力做某事或没能力做某事，相当于"会+V"，"不+会+V"。例如：

(5) 我写不来毛笔字，老李写得来，你让他写吧。
(6) 她做得来日本菜，你请她来做吧。
(7) 这首歌你唱得来吗？

第三，"看来、说来、听来、想来"表示估计或从某一方面怎么样的意思，放在句首或句中充当插入语。"来"可以换为"起来"。例如：

(8) 看来她不会来了，咱们先走。
(9) 这主意听来还不错。

2.2.3.4 趋向动词"去"及相关句式

第一，表示随动作离开说话人所在的地方，这里的"去"用的是基本义。

(1) 这本书你拿去吧！
(2) 她从家里拿去了一些食品。
(3) 我给那些孩子送去了一些衣服。

趋向动词"去"可以放在宾语后面：

(4) 妈妈给我哥哥寄了一些衣服去。
(5) 你给她带点儿药去。

第二，趋向动词"去"在动词后表示人和事物离开了原来的地方，"去"也是基本义。

(6) 谁把这本书里的图片撕去了？
(7) 艾滋病夺去了他年轻的生命。
(8) 你把衣服上的那些线头剪去。

第三，V (用、花、占、耗) + 去 +NP。"去"表示失去了什么，是引申义。例如：

(9) 这顿饭花去了他工资的一半。
(10) 学外语占去他大量的业余时间。
(11) 买这套房子用去了我爸爸一生的积蓄。

第四，"来"与"去"使用应注意的问题

一般说来，无论是否在谓语中心语的位置上，凡动作移动向着说话人的，用"来"；凡动作离开说话人而去的，用"去"。请思考一下以下句子中划横线处应该填"来"还是"去"。

(12) 你什么时候回东京_____？（说话人在中国）
(13) 当你要回东京_____时，一定打个电话给我。（说话人在东京，"你"在北京）
(14) 遗憾的是你下个月_____北京旅游时，我已经离开北京了，但好在我一年后就要回故乡_____了，希望到时我们能见面。

例 (12) 填"去"，例 (13) 应填"来"，例 (14) 第一个空应填"来"，第二个空应填"去"。

2.2.4 离合词

汉语中有的动宾型的动词和少数补充型的动词两个音节之间结合得

不是太紧密，有时可以在两个音节之间插入其他成分，这样的词就叫离合词。例如：

理发——理一次发　　洗澡——洗一次澡
帮忙——帮他的忙　　生气——生他的气
见面——见了面　　　考试——考了试
担心——担了不少心　睡觉——睡了一大觉

离合词是以汉语为第二语言学习者学习汉语的一个难点，这主要难在以下三点：第一，不知道哪些词是离合词；第二，不熟悉各种离合词的离合形式；第三，要熟练地使用不同的离合形式比较困难。对于第一点，本书后面列了一个常用离合词表，可以参考。要突破第三个难点，需要长期的语言实践，需要慢慢积累。我们这里简要地介绍动宾型的离合动词常见离合形式以及它们出现的个别句式。补充型离合词中间可以插入可能补语，如"看见"变为"看得见、看不见"，这是另一类现象，这里不作介绍。

2.2.4.1　离合词中间插入助词

有的离合词中间可以插入动态助词"了"或"过"，少数的可以插入动态助词"着"。例如：

同学——　　　　　同过学
下班——下了班
撒谎——撒了谎——撒过谎
离婚——离了婚——离过婚
拨款——拨了款——拨过款
化妆——化了妆——化过妆——化着妆
吵架——吵了架——吵过架——吵着架

2.2.4.2　离合词中间插入数量词语

离合词中间插入的成分有的是物量词。例如：

鞠躬——鞠一个躬　　旷课——旷两节课
敬礼——敬一个礼　　补票——补一张票
翻身——翻一个身　　签名——签一个名

离合词中间插入的有的是动量词。例如：

消毒——消一下毒　　开刀——开一次刀
发病——发一回病　　登记——登一下记

离合词中间插入的有的是时量词。例如：

聊天——聊一会儿天　　睡觉——睡一会儿觉
干活——干一会儿活　　散步——散一会儿步

2.2.4.3　离合词中间插入由人称代词构成的定语
有的离合词中间可以插入人称代词等限定性的定语。例如：

帮忙——帮他的忙　　沾光——沾你的光
告状——告我的状　　吃亏——吃他的亏
告状——告他状　　　帮忙——帮他忙

2.2.4.4　离合词中间插入代词和插入数量词语
少数离合词中间插入代词后还可以插入数量词语。例如：

帮忙——帮他一次忙　　吃亏——吃他一次亏

少数离合词插入的代词不是人称代词，而是代词"它"，"它"并没有实在的词汇意义，加上"它"只是更加口语化。例如：

睡它一觉　干它一天活　洗它一个澡

2.2.4.5　离合词中间插入表示完成意义的补语
有的离合词中间可以插入表示完成意义的补语"完"、"好"。例如：

录音——录完音——录好音
理发——理完发——理好发
睡觉——睡完觉——睡好觉
考试——考完试

2.2.4.6　离合词中间插入动态助词
上述各种离合词的中间插入其他成分以后还可以插入动态助词"了"

或"过"。例如：

聊天——聊了一会儿天　　睡觉——睡了一会儿觉
离婚——离过两次婚　　　请客——请过一次客
罚款——罚过一次款　　　参军——参过两年军
告了我的状　帮了我的忙　沾了你的光　上过他的当

2.2.4.7 离合词中间插入其他各种成分

有的离合词中间还可以插入其他各种成分。例如：

报仇——报杀父之仇　　　生病——生了一场大病
发烧——发了一天一夜的烧　照相——照了许多相
拨款——拨了不少款　　　吃惊——吃了一大惊
丢人——丢够了人　　　　将军——将了他一军
碍事——碍你什么事　　　懂事——懂了不少事

2.2.4.8 离合词前面的动词性语素重叠

有的离合词前面的动词性语素可以重叠。

散步——散散步　　睡觉——睡睡觉
洗澡——洗洗澡　　理发——理理发
播音——播播音　　打牌——打打牌

这种离合词重叠式含有轻松随意的意味。例如：

(1) 你先给他交交底，让他有点儿心理准备。
(2) 我爸爸退休后经常跑跑步、游游泳、打打拳，身体棒着呢。
(3) 星期天，我们睡睡觉、逛逛街，有时约几个朋友打打牌。

有的动词重叠式中间可以加进"一"，形成"V一V+N"。例如：

散一散步　洗一洗澡　染一染发　聊一聊天　充一充电

能够形成这些重叠式的动词都是自主动词（即动作发出者自己可以控制动作的动词）。

2.2.4.9 离合词插入"代词+的"构成的句式

不少离合词中间可以插入"代词+的",表示各人做各人的事情,不要管他人的事情。这样的句子后面常常跟着由"不要管……"引领的分句。能进入这种句式的离合词的后一个名词性语素比较实在一些,多数是动作可以持续的动词,少数的是非持续性动词,如"结婚、离婚"这样的持续性不强的动词。例如:

(4) 你考你的试,不要管别人。
(5) 你好好洗你的澡,不要管他洗不洗。
(6) 他睡他的觉,你做你的作业。
(7) 他离他的婚,碍你什么事了?
(8) 我请我的客,你管不着。
(9) 他告他的状,别管他的事。

2.2.5 动词重叠式在运用中应注意的问题

第一,动词重叠式主要充当谓语或谓语中心语。例如:

(1) 你检查检查这篇文章有没有错。
(2) 你洗洗手再吃东西。

动词重叠式也常常构成主谓短语充当句子谓语。例如:

(3) 这种菜你尝尝,挺好吃的。
(4) 那件衣服你试试,合穿你就拿去穿好了。

第二,动词常常与数量词语组合在一起,但动词重叠式一般不能与数量词语组合。这包括加在动词前面或后面的表示时间量的数量词语和表示动作量的数量词语。例如:

(5) 我还要在北京学一年的汉语。
*(6) 我还要在北京学学一年的汉语。
(7) 你练几个月的武术身体就一定会好些。
*(8) 你练练几个月的武术身体就一定会好些。
一天读三小时   *一天读读三小时

一个星期洗四次　　　*一个星期洗洗四次

讨论两次　　　　　　*讨论讨论两次

第三，动词重叠式的宾语一般不能以数量词语开头，如果宾语中有数量词语，前面要加指示代词，使其变为定指的成分。例如：

(9) 咱们今天研究两个问题。

*(10) 咱们今天研究研究两个问题。

(11) 咱们今天研究研究这两个问题。

讨论一个计划　　　*讨论讨论一个计划　　　讨论讨论这一个计划

分析一个案件　　　*分析分析一个案件　　　分析分析这一个案件

检查两台电视机　*检查检查两台电视机

检查检查那两台电视机

第四，动词重叠式充当宾语受到很大的限制，只有极少数动词能以动词重叠式为宾语或以动词重叠式为中心语的短语为宾语，这些动词有"是、算、说、讲、打算、让、叫"等。例如：

(12) 我们打算看看老王去。

(13) 我是问问你们想不想和我们一起去，没有别的意思。

(14) 他说要研究研究，没说同意还是不同意。

(15) 经理还没决定要谁，他让考察考察谁更合适，写一个报告给他。

2.2.6 "有"构成的句子

"有"相当于英语中的"to have"，有时相当于"There is/are"。"有"主要构成以下句式：

句式1	NP$_{有生命}$+有+NP

当主语是有生命的名词性成分时（"有生命的名词性成分"也包括机关、团体、学校、公司等），"有"在肯定句中常常表示主语"拥有"、"占有"什么。否定式用"没有"。例如：

(1) 他有一只非常可爱的小狗。

(2) 我们学校有一个很好的游泳池。

(3) 他有《红楼梦》，他没有《三国演义》。

| 句式2 | NP$_{处所}$+有+NP |

当主语是无生命的表处所的名词性成分时，"有"在句中通常表示什么地方"存在""出现"什么，这种句子的主语通常是一个方位短语，这种句子是存现句中一种带"有"字的存现句。例如：

(1) 冰箱里有牛奶。

(2) 屋顶上有一层厚厚的雪。

句式2的否定式用"没有"。例如：

(3) 中国没有活火山。

(4) 这个动物园没有长颈鹿。

| 句式3 | 有+NP+（处所）+VP |

句式3大多数是"有"在句首，有时"有"前面或它后面的名词后还有时间词语。这种句式中的名词性成分是存在的主体，它后面的动词短语是来陈述它的，主要表示存在或出现什么情况，是一种没有主语的特殊兼语句。否定式用"没有"。例如：

(1) 有两只鸟在树上。

(2) 明天有人要来参观我们厂。

(3) 有个女的下午打电话找你。

(4) 有许多海鸥在湖面上飞。

(5) 有人在楼上跳舞。

(6) 没有人打电话来。

句式3有的可以变换为由方位短语充当主语的句子。例(1)、例(4)就可以变换：

(7) 树上有两只鸟。

(8) 湖面上有许多海鸥在飞。

"有"还可以用于表示性质、数量达到某种程度。例如：

(9) 从这里到天安门足足有八公里。

(10) 他们走了有一个星期了。

(11) 常用汉字有3500个。

(12) 我女儿有我高了。

例(9)、例(10)、例(11) 中是"有+数量词语"，表示达到某个数量。例(12)是一种比较句，在后面讨论比较句时再讨论这种句子。

2.2.7 心理动词及其句式

常见心理动词是：希望、相信、想、想念、爱、喜欢、恨、讨厌。与多数动词不同的是心理动词大多数能被程度副词"很、太、非常、特别"等修饰。多数心理动词可以带名词性、动词性成分做宾语，也可以带主谓短语（小句）做宾语，构成以下常见的句式：

| 句式 4 | NP $_{有生命}$+V+宾语（NP/VP） |

(1) 我相信他的话。
(2) 许多少数民族都非常喜欢跳舞。
(3) 他不爱吃油腻的食物。

| 句式 5 | NP $_{有生命}$+V+宾语（小句） |

(1) 我很希望你能和我们一起去南方旅游。
(2) 他父母不喜欢他学艺术。
(3) 科学家们相信人类能运用克隆技术把猪的器官移植到人身上。
(4) 我讨厌你不尊重别人的劳动。

| 句式 6 | NP $_{有生命}$+对+NP+很+V |

句式6的动词前面一般要加上程度副词"很、非常"。例如：

(1) 我对他的处境非常同情。
(2) 我们对自己的女儿很放心。
(3) 我对他一直很怀疑。

（4）他对他长辈从来都很尊敬。

| 句式 7 | NP 有生命+为+NP+V |

（1）他为孩子的未来发愁。

（2）现在找工作不容易，很多大学生都在为自己的前途担忧。

（3）大多数父母一直在为自己的儿女操心。

书面语的句子中可以加连词"而"，构成"为……而……"的句子。例如：

（4）很多人都为环境的恶化、气候的变暖而忧虑。

（5）全家都为你取得的成绩而自豪。

2.2.8 不及物动词运用应注意的问题

动词按是否能带宾语可以分为及物动词和不及物动词两种。多数动词是及物动词，少数是不及物动词。如"咳嗽、休息、游行、醒、病、消失"。不及物动词不能带宾语。下列句子就是误把不及物动词当做及物动词使用。例如：

*（1）我昨天见面一个朋友。

*（2）我毕业这所大学。

例（1）中的"见面"是不及物动词，不能带宾语，要表达这样的意思，要用介词"和"与"一个朋友"构成介宾短语放到动词前充当状语，说成"我昨天和一个朋友见面"。例（2）中的"毕业"也是不及物动词，也不能带宾语，也要用介词构成介词短语，充当状语，要说成"我从这所大学毕业"，或者说成"我毕业于这所大学"。

思考与练习（8）

一、从下列句子后面的括号中选择适当的趋向动词填在句中横线处。

1. 请你把那本字典帮我从书架上拿_____。（出去、起来、去、上去、下去、下来）

2. 你们把黑板上的题抄_____。（出来、出去、起来、下去、下

3. 我们明天要早点起床，否则会赶不_____（下、上、进、进来、来）火车。

4. 这房子我们已经租_____了。（出来、去、下来、进来、来）

5. 请同学们把书翻开_____，看15页练习五。（出来、下来、起来、来）

二、请在下列句子中横线处填上适当的助动词。

1. 你感冒了，_____到医院去看病去。

2. 如果他_____去，可以跟我们一起去。

3. 这么晚了，他还_____来吗？

4. _____图书馆已经关了，你还是别去了。

5. 你_____在三小时之内把这篇文章写完吗？

6. 你结婚，你的前妻不_____管的。

7. 对他这样粗暴的态度你_____接受吗？

8. 面对那样的危机，你还_____怎么办呢？

9. 其实大家都_____同意你的意见的。

10. 对自己多一些自信，对另一半多一些放心，生活就_____过得祥和美满。

11. "以素为主"的膳食_____造成新一轮营养失衡，特别是动物食品里富含的B族维生素、部分微量元素、优质蛋白、必需脂肪酸等摄入不足。

三、用后面括号中的词语完成下列句子。

1. 这项任务很重要，_____。（不敢不）

2. 他女朋友让他_____。（不会不）

3. _____，我没有办法_____。（不得不）

4. 今天是_____，他_____。（不该不）

四、下列句子缺少了一个趋向动词，请从"起来、下来、来、去"中选择一个加在下列句子中适当的地方。

1. 这种布料摸很柔软。

2. 你吃完后，把饭菜盖。

3. 这本字典你拿用吧，反正放在我这儿也没用。

4. 妈妈最近从国内给我寄一件毛衣。

5. 那本小说你拿没有，我明天就要还了。

6. 我想打个电话给她，你把她的电话号码记了吗？

7. 你回忆他的样子了吗？

五、下列句子中有的句子的动词重叠式用得不对，请加以改正。

1. 在他离开英国前，我已试试写小说。

2. 没有人会懂的，又何必研究研究呢。

3. 也许我能帮助你，你不妨说看，看我有没有办法。

4. 工作失误总是难免的，我不是已经批评批评马青了吗？

5. 瑞风想了一会儿才说说："他没对我讲什么。"

6. 我晚上不听听音乐不能入睡。

7. 分析分析原因，为什么没我不行，没你可以，孩子？

8. 我要跟你商量商量一件事。

9. 他星期天常出去看看朋友，逛逛街。

10. 星期天为了去看看朋友，他一大早就起来了。

六、下列句子有语病，请改为正确的句子。

1. 这幅画你能认来是谁画的吗？

2. 埃及的金字塔还有人们不会解释的一些神秘现象。

3. 医生检查检查了他的身体，说他很健康。

4. 我刚来北京，你妈妈让我给你带去一些家乡的特产。

5. 他喜欢文学，读读过许多文学名著。

6. 你要的书我寄进来了。

7. 我每天练练一个小时武术。

8. 他病了，但他又不要去医院看病。

9. 这种蘑菇不会生吃，要炒熟了才会吃。

10. 我明天要见面一个朋友。

七、请在以下句子中横线处填上适当的趋向动词或助动词。

1. 帮农民尽快富_____，是村干部义不容辞的责任，也是农村各项工作的牛鼻子。

2. 昆虫以各种植物为食；各种动植物的死亡或遗下粪便滋养了百

草、森林及菌类，菌类给植物提供营养或加速动植物死亡，用另一种方式维系着动植物生长。这就像自行车的链子，一环扣一环，断掉其中的一环，自行车就不_____走了。世间生命之网并非人类编织，人类不过是这个网络中的一根线、一个结。

3. 中华民族已经开始进入到"文化自觉"的阶段，急切地希望把中华优秀传统文化与时代特点结合_____，吸收一切于我有用的异质文化，形成民族的新的先进的文化。

4. 他们_____清醒地看到自己同国际先进同行的差距，心中有数，目标明确，并制订了追赶的规划和措施。

5. 中秋节在唐初固定成为节日，到了宋朝方盛行_____，直至今日，是中国仅次于春节和元宵节的重要节日。

6. 我锁定了广东电视台每天早晨6时30分的节目，不管是"拉丁健身操"，还是"拳击健身舞"，随着那热烈奔放的旋律，活动我的一些主要关节；偶尔几个难度小的动作，也能跟着学_____，再糅到我自创的、随意性极强的"颈肩关节操"中。20分钟_____，全身微微汗出，轻松舒服。两个月时间，病痛悄悄退却，前几天的大雨，我竟没有丝毫的感觉！

7. 中方谴责这一袭击事件，呼吁有关方面摒弃暴力，积极配合国际社会的促和努力，使中东地区局势尽快缓和_____。

8. 演艺明星_____靠塑造的艺术形象去征服观众，无论是主角还是配角，都_____一丝不苟地去演好。

9. 苏北非常需要高素质的人才，但当地青年考_____大学的多，毕业回去的少，以后我要多做毕业生的思想工作，鼓励他们到最需要的地方建功立业。

10. 胡世祥拿起电话，联系已经成功着陆、仍在返回舱内的杨利伟。电话很快接通。安静_____的大厅里，响起总理热情洋溢的声音："杨利伟同志，祝贺你胜利返航。"

11. 承担调试任务的232个同志，在2—5个月的培训中，视力平均下降0.2，体重平均下降5—10公斤。整个培训_____，一些年轻人的头发都白了。

12. 他告诉记者，只要抽得出空，他会一直坚持听_____。

13. 纳米颗粒比人体细胞颗粒要小得多，而且具有发光功能，科学家们把这种纳米颗粒送进人的肉体、器官内，然后从人体外部向内照射光，纳米颗粒在体内也_____发光，这样就可以跟踪了解人体细胞的变化情况，从而达到追踪病毒等效果。

14. 王伦学不在家，他的父亲王老汉把记者邀到他家二层小楼的屋顶"坝子"，热情地端_____一盘盘自家栽种的花生、柑橘和柚子。记者打量这片普通的农家院落，只见房前屋后瓜果梨桃满院，坡上岭下翠竹果木遮目。

15. 我们_____进一步探讨加强两国经贸合作的新领域、新途径和新方式，不断推动两国关系向前发展。

16. 近年来，山林中的猴子、野猪等野生动物越来越多，啃吃、破坏了不少竹笋。毛竹是陈水财家里的主要收入来源之一，竹笋减少了，意味着今后的收入肯定_____减少。

17. 从工作多年的岗位上退_____，许多人一时难免失落。有的人适时调整心态，积极地参与各种社会活动，真正做到老有所为，老有所乐。

18. 因此，太极拳有演变为"套路艺术体操"的危险，太极拳的魅力将由道家哲理独立支撑。这种趋势发展_____，危机将不断强化，特别是由于太极拳名家、骨干队伍高龄化，可能再经历10至20年的兴盛期后，太极拳将踏上没落之路。

19. 我们_____把旅游业培育成为中国国民经济的重要产业，合理保护和利用旅游资源，努力实现旅游业的可持续发展。

20. 吴作人的夫人、现已93岁高龄的萧淑芳女士因故未能出席画展开幕式，她请外孙女吴宁捎_____了一封贺信，她在信中表示，希望这次展览能进一步促进中法艺术的交流与中西文化的交融，她祝愿中法友谊世代常青。

21. 在那个时期，电子信息技术还远没有出现，甚至信息问题对于工业化过程的重要性也还没有表现_____。

22. 具备先进合理的工艺流程、科学优化配置的工艺装备和严格的工艺管理，并拥有一支技艺精湛的高级技工队伍，才有过硬的产品质量和稳定可靠的产品性能，用户才_____买账。

23. 最近去过博鳌的人有这样一句玩笑话：简直都认不出来了！像是天上掉_____的！这一年的变化体现了"中国速度"，展示了我们中国的形象。

24. 新制度的推行，我们可以期望，将_____给我国的食品卫生状况带来一个较大的转机。

25. 在生活上，我_____从容乐观地面对一切；在学习上，我_____珍惜分分秒秒。

26. 目前，有170多位哈萨克族村民在这里采摘葡萄。随着葡萄大面积成熟期的到来，采摘的村民最多时可达400多人。一个采摘期_____，每位村民可收入1000多元。

27. 在公共汽车上，我亲眼看见一个小偷摸一个农民的包，当我把小偷扭送到派出所时，竟没有一个人肯站_____作证，就连那个失主也不敢承认，于是那个小偷在我面前趾高气扬地走出了派出所。

28. 如今，《战士与清泉》这首歌曲被制作成光盘下发到部队，辛格尔哨所的一代代战士将这首歌曲一直传唱了_____。

29. 因此，政府各有关部门、银行和其他金融机构要在开展项目融资、鼓励获取海外资源方面尽快制定政策，切实拿出支持企业"走出去"的办法_____。

30. 如果再进行深层次分析，中青年人除了缺少体育锻炼的时间和空间外，更需要的是社会的关怀，那就是应想办法将他们从工作的忙碌和生活的奔波中解脱_____，还他们以体育健身的乐趣。

八、请用以下所给的句式，造两个带心理动词的句子。

1. NP_{有生命} +V+ 宾语（NP/VP）
2. NP_{有生命} +V+ 宾语（小句）
3. NP_{有生命} + 对 +NP+ 很 +V
4. NP_{有生命} + 为 +NP+V

九、请用离合词造句。

1. 听话
2. 着急
3. 消毒
4. 失业
5. 打针
6. 游泳
7. 散步
8. 上街

9. 露面

10. 转车

2.3 形容词及比较句

2.3.1 形容词

形容词是表示性状、性质和状态的词。

2.3.1.1 普通形容词、非谓形容词和状态形容词

第一，普通形容词

大多数形容词属于普通形容词，它们能做定语、谓语、补语等成分，能受程度副词"很"修饰，也能受否定副词"不"修饰。例如：

好　坏　高　矮　宽　窄　长　短　红　白　绿　漂亮　丑陋　简单　复杂　仔细　马虎　清楚　模糊

第二，非谓形容词

非谓形容词不能做谓语和补语，大多数也不能受"不"、"很"修饰。它们只能做定语，或与"的"组合，它们常常进入"是……的"句式。非谓形容词由于与其他形容词不同，一些语法书把它们单独划为一类词，称为"区别词"。例如：

男——女

正——副

单——双

公——母

金——银

急性——慢性

良性——恶性

首要——次要

长期——短期

直接——间接

西式——中式

男式——女式

国营——私营

阴性——阳性

正——副（负）

老式——新式

单边——双边——多边

大型——中型——小型——微型

上等——中等——下等——特等——优等——劣等

初级——中级——高级——特级

袖珍　　万能　　人造　　无限

非谓形容词的功能主要有三种：①直接修饰名词，充当定语；②构成"的"字结构；③构成一种特殊的"是"字句。

A. 非谓形容词（定语）+中心语

金项链　　　正主任　　　副主任　　　男鞋　　女鞋
袖珍字典　　中级汉语　　女式服装　　大型设备

B. 非谓形容词+的

男的　　女的　　公的　　正的　　银的
人造的　小型的　西式的　高级的

C. 主语+是+非谓形容词+的

(1) 这辆汽车是老式的。
(2) 他的病是慢性的，得长期服药。
(3) 那台电视机不是彩色的。
(4) 这件衣服是男式的。
(5) 我的那把勺是银的。
(6) 钱不是万能的，但没有钱是万万不行的。

第三，状态形容词

与大多数形容词不同，状态形容词不能受"不"、"很"修饰；不能带补语。状态形容词不能受"很"修饰是因为它本身已经包含了程度的语义在里面。状态形容词的构成形式比较特殊，主要有以下两类：

(1) 特殊偏正式形容词

笔直　雪白　冰凉　漆黑　油亮　(第一个语素是名语素)
蔚蓝　湛蓝　通红　鲜红　嫩绿　(第一个语素不是名语素)

其重叠形式与普通形容词不同，为 ABAB，如：

笔直笔直　雪白雪白　冰凉冰凉　蔚蓝蔚蓝　通红通红

(2) 带词缀的形容词

亮晶晶 (liàngjīngjīng)　　　　香喷喷 (xiāngpēnpēn)
暖洋洋 (nuǎnyángyáng)
静悄悄　　　绿油油　　　红彤彤 (hóngtōngtōng)
白花花　　　黑漆漆 (hēiqīqī)
懒洋洋 (lǎnyángyáng)　　　　傻呵呵 (shǎhēhē)
气冲冲 (qìchōngchōng)　　　　醉醺醺 (zuìxūnxūn)
黑咕隆咚 (hēigulōngdōng)　　　傻里吧叽 (shǎlibājī)

2.3.1.2　形容词的语法特征

第一，大多数形容词可以受程度副词"很、太、非常"修饰；也可以受否定副词"不"修饰。状态形容词一般不能受程度副词修饰，但是现在网络语言和比较新潮的年轻人的语言中也出现了"很雪白、很冰凉、很通红"这样的说法。

第二，形容词不能带宾语，有些形容词可以带宾语，这些词就兼着动词，不带宾语时是形容词，带宾语时是动词。如"很方便"和"方便群众"，前者的"方便"是形容词，后者的是动词。

第三，有些形容词能重叠（非谓形容词除外），一般双音节形容词重叠形式是 AABB，如"认认真真、高高兴兴"。

2.3.2　形容词运用应注意的问题

2.3.2.1　形容词单独做谓语

形容词单独做谓语的情况不多，通常要有其他成分在它前面或后面，有的在并列分句中或在应答句等情况下可以单独做谓语，形容词单独做谓语一般带有比较的含义。例如：

(1) ？他胖。①
(2) 他有点儿胖。
(3) 他胖得很。
(4) 他胖，你瘦。（两人比较）
(5) ？那本书厚。
(6) 甲：那本书厚吗？　　乙：那本书厚。
(7) 树下凉快，去树下休息会儿吧。（太阳下热）
(8) 我的身体好，我来干吧。（你们的身体没我的好）

2.3.2.2　形容词重叠式要注意的问题

第一，形容词重叠式的语法意义

形容词重叠式的语法意义是表示程度，但充当不同的成分时其语法意义有差别。在定语、谓语位置上的形容词重叠式表示程度减轻；在状语、补语位置上的表示程度加重。例如：

(1) 那姑娘的眼睛大大的，脸红红的。
(2) 她有一个高高的鼻子。
(3) 他把收音机的声音开得大大的。
(4) 你仔仔细细地想一想，你到底写了借条没有？

第二，一般双音节形容词重叠形式是 AABB，而状态形容词的重叠形式是 ABAB。例如：

雪白雪白　笔直笔直　碧蓝碧蓝　黑亮黑亮

状态形容词做谓语后面通常要加"的"。例如：

(5) 这只大鸟全身雪白雪白的，就像一朵白云。
(6) 他的脸通红通红的。

状态形容词原式和重叠式做定语要带"的"。例如：

---

① 短语或句子前面加"？"表示该短语或句子能否成立有疑问。

(7) 金黄金黄的原野上流着一条玫瑰红色的河……

(8) 后面是吐鲁番盆地特有的明净无滓湛蓝湛蓝的天宇，真是太美了。

第三，形容词原式能被程度副词修饰，形容词重叠式则不能受程度副词修饰，这是因为它的语法意义是表示程度。以下句子中加了"很"的就不能成立：

(9) 他对人客客气气的。

* (10) 他对人很客客气气的。

(11) 而他们俩不过是老老实实的北京人。

* (12) 而他们俩不过是很老老实实的北京人。

第四，形容词原式可以被否定副词"不"修饰，形容词重叠式则不能被否定副词"不"修饰。以下句子中加了"不"的就不能成立：

(13) 可是我觉得我的手不干净。

* (14) 可是我觉得我的手不干干净净。

(15) 他并不老实，可是他大方。

* (16) 他并不老老实实，可是他大方。

第五，形容词原式可以带补语，而形容词重叠式不能带补语。例如：

(17) 那些村庄的轮廓渐渐清楚起来。

* (18) 那些村庄的轮廓渐渐清清楚楚起来。

(19) 他母亲看到我们回去，高兴极了。

* (20) 他母亲看到我们回去，高高兴兴极了。

2.3.2.3 形容词的兼类问题

有的形容词具有其他词的语法功能，兼属其他词类。

第一，形容词兼动词

形容词一般不能带宾语，而有些形容词可以带宾语，当它带了宾语时这些词就属动词了。带宾语常常表示使动（使后面的宾语怎么样）的意义。这样的动词数量不少。例如：

红 歪 弯 松 省 累 苦 饿 烫 光 横 斜 温 多
端正 壮大 麻烦 公开 严肃 滋润 清醒 安定 纯洁 密切
讲究 疏远 可怜

形容词	动词
人太少了。	少一本书。
我很累。	今天累着你了。
你别太省了。	他送了我一盒月饼，省了我一天的饭钱。
市场很繁荣。	我们要繁荣首都的市场。

第二，形容词兼副词

有些形容词做状语修饰动词或形容词性成分时意义会发生变化，这种情况下的形容词就已经变成副词了。例如：

形容词	副词
她的脸很白。	我白跑了一趟。（徒然）
人都会老。	他老讲话。（总是）
这些山都砍光了。	他光说不干。（只）
这老人很怪。	怪不好意思的。（很、非常）

第三，形容词兼名词

少数形容词能指称事物并在前面可以加数量短语，这种用法的形容词属名词。例如：

形容词	名词
这孩子很规矩。	我们定了三条规矩，大家都要遵守。
那个地方很保险。	他买了五份航空保险。
去那儿很困难。	他克服了一个又一个困难。

2.3.3 比较句

2.3.3.1 比较句及其分类

比较句是出现比较项，表示比较语义的句子。例如：

(1) 北京比上海冷。
(2) 他高我两厘米。
(3) 我弟弟和我一样高。

比较句又可以分为差比句和平比句。差比句是两个或多个比较对象在程度和性状等方面有差别的句子。如例（1）和例（2）。又如：

(4) 日本学生掌握的汉字比我们多多了。

(5) 她写汉字比我写得好。

平比句是两个或多个比较对象在程度和性状等方面没有差别或差别很小的句子。如例（3），又如：

(6) 她的衣服的式样和我的一样。

(7) 他们跟我们一样喜欢吃北京烤鸭。

2.3.3.2 最典型的差比句——"比"字句

差比句中最典型的是带"比"字的比较句，"比"字句中有很多种句式。

| 句式 9 | NP^1+比+NP^2+形容词 |

句式 9 是最简单的"比"字句。"比"是一个介词，它后面的 NP^2 是被比较的人或事物，"比 +NP^2"是一个介词短语，它后面的形容词表示具体比较某一方面的性状。例如：

(1) 哈尔滨比北京冷。

* (2) 哈尔滨冷比北京。

(3) 美惠子的汉语比苏珊的好。

* (4) 美惠子的汉语好比苏珊的。

(5) 中国的物价比我们国家的便宜。

(6) 南方的天气比北方的潮湿。

(7) 唐代的诗人比宋代的诗人多。

| 句式 10 | NP^1+比+NP^2+VP+得+形容词 |

句式 10 中有动词性词语，"VP+ 得 + 形容词"是比较的具体内容。例如：

(8) 他比我唱得好。

* (9) 他唱得好比我。

(10) 我女儿比我长得白。

* (11) 我女儿长得白比我。

| 句式 11 | NP^1+ V+得+比+ NP^2+形容词 |

句式10与句式11有变换关系，即：句式10↔句式11。例(8)与例(12)之间有变换关系，例(10)与例(13)之间有变换关系。

(12) 他唱得比我好。

(13) 我女儿长得比我白。

(14) 小谷跑得比我快。

| 句式 12 | NP^1_{容器类}+比+ NP^2_{容器类}+V+的+NP^3+形容词 |
| 句式 13 | NP^1_{容器类}+比+ NP^2_{容器类}+V+的+形容词 |

句式12中NP^{1}是"箱子、车、碗、锅、书架"之类容器类名词，动词是"装、盛、收"之类的词，NP^{2}是可以进入前面的容器类的东西，有时也可以是人。句式12和句式13是有联系的句式，它们之间有时有变换关系。要注意的是，不是每一个句式12的句子都可以变换为句式13，能否变换与动词和名词有关系。有的句式12的句子只有在一定的语境下才能变换为句式13。例如：

(1) 这个书架比那个书架装的书多。

(2) 这个书架比那个书架装的多。

(3) 这个碗比那个碗盛的东西多。

(4) 这个碗比那个碗盛的多。

(5) 这个箱子比你的箱子装的东西多。

(6) 这个箱子比你的箱子装的多。

(7) 这辆汽车比那辆坐的人多。

(8) 这辆汽车比那辆坐的多。（在一定语境下）

名词性成分如果是有生命的成分，要进入句式12和句式13，动词和动词性成分要受到很大的限制，只有少数高频动宾型动词或高频动宾组合能够进入这两种句式。如"唱歌、吃饭"、"说……"等，而且进入句式 13 有时还要在一定语境下才能成立。

NP^1_{有生命}+比+ NP^2_{有生命}+V+的+NP^3+**形容词**→NP^1_{有生命}+比+NP^2_{有生命}+V+**得**+**形容词**

(9) 小谷比我唱的歌好。　　(10) 小谷比我唱得好。
(11) 老张比小王吃的饭少。　(12) 老张比小王吃得少。
(13) 小李比我写的字好。　　(14) 小李比我写得好。
(15) 朴金顺比我说中汉语流利。(16) 朴金顺比我说得流利。

从以上例句可以看出，句式 13 中的句子出现频率要高于句式 12 的，换言之，人们使用句式 13 多于使用句式 12。

句式 14	NP^1+V+的+NP^2+比+NP^3+形容词
句式 15	NP^1+V+的+比+NP^2+形容词

(17) 小谷唱的歌比我好。
(18) 小谷唱的比我好。
(19) 小李写的字比我好。
(20) 小李写的比我好。（在一定语境下）
(21) 朴金顺说的汉语比我流利。
(22) 朴金顺说的比我流利。（在一定语境下）
(23) 这个书架装的书比那个书架多。
(24) 这个书架装的比那个书架多。
(25) 这个箱子装的东西比那个多。
(26) 这个箱子装的比那个多。
(27) 这辆汽车坐的人比那辆多。
(28) 这辆汽车坐的比那辆多。

句式 14 的句子中"的"后面的名词可以省略，这样就形成了句式 15，换句话说，句式 15 的句子是由句式 14 变换来的，即句式 15↔句式 14。如例 (22) 是由例 (21) 变换来的。

很显然，句式 14、句式 15 与句式 12、句式 13 之间也有变换关系。

句式 12 ↔ 句式 13 ↔ 句式 14 ↔ 句式 15

(7) 这辆汽车比那辆坐的人多。↔ (8) 这辆汽车比那辆坐的多。↔ (9) 这辆汽车坐的人比那辆多 ↔ (10) 这辆汽车坐的比那辆多。（在

一定语境下）

| 句式 16 | A 比 B+形容词+得多/多了/一些/一点儿 |

在比较时加上了表示程度的语义就形成了句式 16。例如：

(1) 李明比我高得多。
(2) 他比你瘦多了。
(3) 他的汉语比我好多了。
(4) 北京比武汉冷多了。
(5) 北京比天津冷一点儿。

句式 16 中的比较项 A 和 B 可以是名词性的，也可以是谓词性的，即可以是一个行为动作，或者是某人的行为动作。例如：

(6) 他下象棋比我好多了。
(7) 吃粤菜比吃川菜贵得多。
(8) 走这条路比走那条路近一些。
(9) 住校内比住校外方便得多。
(10) 他游泳比我快多了。

这种"比"字句形容词后面可以加"远、少、不少"表示程度。但不能加程度副词。例如：

(11) 昆明的气候比北京好得多。
(12) 我掌握的汉字比他少。
(13) 我的汉语比他的差远了。
(14) 这篇文章比那篇文章长得多。
(15) 这个包装的东西比那个包多不少。
(16) 他唱的歌比我唱的好不了多少。
(17) 我的武功比我师傅差远了。
* (18) 上海比杭州大得很。
* (19) 南京比天津热极了。

例(18) 要改为"上海比杭州大多了。"例 (19) 改为"南京比天津热多了。"

| 句式 17 | A 比 B+形容词+数量词语 |

如果要在比较时说出二者差别的具体数量就用句式 17。这种句式是在形容词后面加上表示具体数量的数量词语。

(1) 我弟弟比我矮 5 公分。
(2) 这双鞋比那双鞋贵 50 块。
(3) 我比他大 3 岁。
(4) 走这条路比走那条路近 5 公里。
(5) 这件衣服比那件衣服短 1 公分。
(6) 他工作比我早一年，我结婚比他晚两年。

| 句式 18 | A 比 B+形容词（状语）+VP |

"早、晚、迟"等少数表示时间的形容词可以放在含有动词的"比"字句的动词前面做状语修饰动词，构成句式 18。例如：

(1) 他比我早来。
(2) 我弟弟比我晚工作。
(3) 我比我丈夫早下班。
(4) 我比他早结婚。
(5) 小张比我迟离开公司。

句式 18 可以变换为句式 10、句式 11。如例（1）可以变换为例（6）、例（7），例（2）可以变换为例（8）、例（9）：

(6) 他比我来得早。
(7) 他来得比我早。
(8) 我弟弟比我工作得晚。
(9) 我弟弟工作得比我晚。

但例（8）、例（9）是有歧义的，一种意义是表示晚参加工作，另一种意义是结束工作晚。

需要注意的是，句式 10、句式 11 中的句子有不少不能变换为句式

18。例如：

  (10) 豹子比老虎跑得快。（句式 10）
  (11) 豹子跑得比老虎快。（句式 11）
*(12) 豹子比老虎快跑。(句式 18)

| 句式 19 | A 比 B+形容词（状语）+VP+数量词语 |

句式 18 末尾加上表示比较的具体数量的词语就变为句式 19。例如：

(1) 他比我早工作两年。
(2) 我比我丈夫晚到家半小时。
(3) 我比我妹妹早结婚一年。
(4) 她比我早生孩子一年。

| 句式 20 | A 比 B+形容词+数量词语+VP |

(5) 他比我早两年工作。
(6) 我比我丈夫晚半小时到家。
(7) 我比我妹妹早一年结婚。
(8) 她比我早一年生孩子。

句式 19 与句式 20 有变换关系。即句式 19↔句式 20。

| 同动词"比"字句 |

有的"比"字句中出现了两个完全相同或部分相同的动词，这样的比较句出现频率非常高。例如：

(1) 他说汉语比我说得流利。
(2) 我弟弟看电影比我看得多。
(3) 南方下雨下得比北方多得多。
(4) 你吃饭吃得比我快。
(5) 你游泳比我游得好多了。
(6) 日本人吃鱼比其他国家的人吃得多。
(7) 他说话比我说得快，我写字比他写得快。

2.3.3.3 差比句之二——"没（有）"比较句

由副词"没有"或"没"构成的比较句是差比句中的又一种类型。其基本句式是：

| 句式21 | A+没有+B+形容词 |

(1) 我吃的没有你多。
(2) 夏天天津没有北京热。

"没（有）"差比句中的比较项有的可以是动词性的。例如：

(3) 她开车没你快。
(4) 她做饭没有你好吃。

"没（有）"差比句中主要的动词可以重复出现，构成重动比较句。

(5) 她唱歌唱得没你好，但她跳舞跳得比你好。
(6) 他开车没有你开得快。
(7) 我说汉语没有我弟弟流利。
(8) 我没有我弟弟说汉语说得那么流利。

2.3.3.4 差比句之三——"不如"比较句

"不如"比较句是表示"甲比不上乙"的意思。其基本句式是：

| 句式22 | A+不如+B |

(1) 现在的环境不如以前了。
(2) 我爸爸的身体大大不如前几年了。
(3) 我的英语不如他。

有的比较项也可能是动词性的。例如：

(4) 在我爸爸看来，学艺术不如学医。

"不如"前面可以加上"远、远远、大大"等词语做状语。

| 句式23 | A+不如+B+谓词性成分 |

比较项有的是名词性的。例如：

(1) 北方的蔬菜不如南方多。
(2) 在有的山区，火车的速度不如汽车快。

有的比较项也可能是动词性的。例如：

(3) 在有的山区，坐火车不如坐汽车快。
(4) 她唱歌不如你，但她跳舞比你跳得好。
(5) 在他们那里，学文科不如学理科受欢迎。
(6) 我做事不如你做事细致。
(7) 她开车不如你开车稳。

这类句式后面的谓词性词语前面可以加上"那么、这么"。例如：

(8) 我做菜不如你做菜那么好吃。
(9) 你修电脑不如我修汽车这么挣钱。

2.3.3.5 差比句之四——"(和)……不一样"比较句

比较项"A 和 B"后面加上"不一样"构成了另一种差比句：

| 句式24 | A+和+B+不一样 |

(1) 你好好看一看，你的和我的不一样。
(2) 你们家的客厅和我们家的不一样。
(3) 你哥哥的性格跟你的不一样，你比较开朗，他比较内向。

| 句式25 | A+和+B+不一样+形容词 |

(1) 你们家的客厅和我们家的不一样大。
(2) 这本书和那本书不一样厚。
(3) 我们说汉语和你说的不一样流利。
(4) 我的这件衣服和你的那件衣服不一样长，我的这件长一点儿。

有的由"不一样"构成的差比句没有分别出现比较的 A 和 B 两项，但句首的词语中实际包含了两项。这样就形成了以下句式：

| 句式26 | NP+不一样 |

(1) 你们俩说的不一样。

(2) 这两件衣服不一样，有一件稍微长一点儿。

(3) 北京人、上海人不一样，北京人比较喜欢谈政治，上海人喜欢谈经济。

| 句式27 | NP+不一样+形容词 |

(1) 这两件衣服不一样长。

(2) 这两套房子不一样大，那间要大一点儿。

(3) 他们俩不一样大，个子高的那个大半岁。

2.3.3.6　差比句之五——"于"字比较句

| 句式28 | NP^1+形容词+于+NP^2 |

比较句中的"于"字句是古汉语中就有的一种句式，唐代诗人杜牧的诗歌名句"停车坐爱枫林晚，霜叶红于二月花"用的就是这种句式。这种句式在现代汉语中仍然保留着，它是一种用于书面语的比较句。

一般能进入这种句子的形容词是单音节的，少数双音节的形容词也可以构成这样的句子。

(1) 今年的农业收成好于往年。

(2) 5大于4。

(3) 他们的收入高于一般人。

(4) 今年北京夏天的平均气温低于去年的。

(5) 他们制造的这种武器远远先进于当时很多国家。

2.3.3.7　差比句之六——不出现比较标记的比较句

差比句中有一种不出现比较标记（"比、不如、没有、不一样）的比较句。其句式为：

| 句式29 | NP¹+形容词+NP²+数量词语 |

能够进入这种句式的形容词不多，常见的有"高、矮、轻、重、大、小"。例如：

(1) 她爸爸大她妈妈 10 岁。
(2) 我矮他三公分。
(3) 我弟弟高我一个头呢。
(4) 我得减肥了，我重他 10 斤呢。
(5) 我根本不瘦，我只轻你 3 斤。

2.3.3.8 最典型的平比句——"和……一样"比较句

表示两者相同或相似的最典型的平比句是"和……一样"构成的句式。与"和"相同功能的词还有"与、跟、同"，这些词是用来引进比较的对象的，但使用频率最高的是"和"。当然也有的句子不用介词"和"及由它构成的介词短语。具体来说有以下这些句式：

| 句式30 | NP¹+和+NP²一样 |

句式 30 是这类句式的基本句式，其中的"一样"以及它前面的修饰语是做谓语的。

(1) 我的帽子和你的一样。
(2) 这里的气候和我们家乡一样。

"一样"或"和"前面可以加入"完全、几乎、差不多"以及时间词语等词语。例如：

(3) 你的大衣跟我的完全一样。
(4) 我脾气以前跟你一样。

| 句式31 | NP¹+和+NP²一样+谓词性词语 |

"一样"后面加入谓词性词语（形容词性、动词性词语），就形成句式 31。"一样"前面也可以加入"完全、几乎、差不多"等词语做修饰

语,"和"前面也可以加。例如:

(1) 我和他差不多一样高。
(2) 她的脾气以前和这老太婆差不多一样怪。

有时"和……一样"后面的谓词性成分是陈述怎么样一样的具体内容的。例如:

(3) 我和她一样,是到中国来才开始学汉语的。
(4) 电脑和电视一样,对人们的生活影响越来越大。

句式32	NP¹+V+得+和+NP²一样
句式33	NP¹+V+得+和+NP²一样+形容词

(1) 他长得和他爸爸一样。
(2) 这件毛衣打得和那件完全一样。
(3) 我跑得和他差不多一样快。
(4) 他游得跟我一样快。

句式34	NP+一样

句式34句首的名词性成分是包括两个以上主体的名词短语。例如:

(1) 他们兄弟俩的想法几乎一样。
(2) 这些房间的构造完全一样。
(3) 这两种菜的味道差不多一样。

要注意的是"一样"后面不能直接跟名词,中间要加"的"才行。例如:

* (4) 这两个句子一样意思。　(5) 这两个句子一样的意思。
* (6) 他们的衣服一样式样。　(7) 他们的衣服一样的式样。

句式35	NP+一样+谓词性成分

句式35"一样"后面的谓词性成分也是陈述两者怎么样一样的具体内容的,它可以是一个短语,也可以是比较复杂的几个分句。例如:

(1) 我们俩一样不喜欢吃太油腻的东西。
(2) 他们姊妹俩一样，以前没有学过汉语，来中国以后才学汉语的。
(3) 我们两个学校一样都离市区比较远。
(4) 我们几个都一样，喜欢吃中餐，不喜欢吃麦当劳。

句式36	NP+V+得+一样
句式37	NP+V+得+一样+形容词性成分

句式36和句式37句首的名词性成分是包括两个以上主体的名词性成分。

(1) 他们俩掌握得一样。
(2) 他们俩掌握得一样好。
(3) 我们两个学校学得一样。
(4) 我们两个学校学得一样多。
(5) 他们姐妹俩长得一样。
(6) 他们姐妹俩长得一样漂亮。
(7) 这两件衣服做得一样。
(8) 这两件衣服做得一样合身。

句式38	NP+VP+V+得+一样
句式39	NP+VP+V+得+一样+形容词性成分

这两个句式中的动词有的是一样的，也是所谓"同动比较句"，其中的VP是动宾短语。另外，其中的"得"有的时候可以换成"的"。

(1) 那一对双胞胎穿衣服穿得一样。
(2) 我们两个学校学英语学得一样。

能构成句式38的只有少数动宾短语，更多的动宾短语构成这样的比较句时，"一样"后面要加形容词性成分，用它来具体说明"一样"的内容。例如：

(3) 他们兄弟几个学英语学得几乎一样好。
(4) 我们这些孩子说普通话说得一样好。

（5）他们几个孩子看书看得差不多一样多。

（6）校内这几个水果摊卖水果卖得一样贵。

句式40	NP^1+VP+和+NP^2+V+得+一样
句式41	NP^1+VP+和+NP^2+V+得+一样+形容词性成分

这两种句式中的动词有的完全相同，有的部分相同，也是同动比较句。

（1）她写字和你写得一样。

（2）他弹钢琴和那个音乐家弹得一样好。

（3）他拉小提琴和那个音乐家拉得一样好听。

（4）他弟弟游泳和你游得一样快。

（5）他说汉语和中国人说得一样流利。

句式42	NP^1+VP+V+得+和+NP^2+一样
句式43	NP^1+VP+V+得+和+NP^2+一样+形容词性成分

句式40可以变换为句式42。例如：

（1）↔（6）她写字写得和你一样。

句式41可以变换为句式43。例如：

（2）↔（7）他弹钢琴弹得和那个音乐家一样好。

（3）↔（8）他拉小提琴拉得和那个音乐家一样好。

（4）↔（9）他弟弟游泳游得和你一样快。

（5）↔（10）他说汉语说得和中国人一样流利。

"差不多"有时可以替换有的"和……一样"句式中的"一样"。例如：

（1）她的年纪跟你差不多。

（2）我的工资和你的差不多。

（3）我们夫妻俩工资差不多。

（4）你别看我儿子小，他吃饭跟我吃得差不多。

（5）他们俩长得差不多。

(6) 他弹钢琴和那个音乐家弹得差不多。

"差不多"在有的句子中不能替换"一样",但是可以加在"一样"之前修饰它,这样降低了两者的相似程度。

(7) 他们俩长得一样漂亮。
(8) 他们俩长得差不多一样漂亮。
(9) 他读书读得跟你这个大学生一样多。
(10) 他读书读得跟你这个大学生差不多一样多。

2.3.3.9 平比句之二——"有"字比较句

"有"字比较句表示的是两者相同的语义。这种句子的主体结构是:

| 句式44 | NP^1+有+NP^2+(这么)+形容词 |

其中的代词"这么"可以不出现,也可以换用"那么、这样、那样"。例如:

(1) 我们上大学时栽的树已经有你这么高了。
(2) 那个乌龟有磨盘那么大。
(3) 我上星期天在这条小溪钓到的鱼有手掌那么长。

这种句式"有"后面的名词性词语可以不说,而说成"有 + 这么 + 形容词",在说"这么/那么"时常常伴随着手势。例如:

(4) 没想到她儿子已经有那么高了。

思考与练习 (9)

一、非谓形容词有什么特点?
二、状态形容词有什么特点?
三、大多数形容词的语法特征是什么?
四、指出下列形容词哪些能重叠,写出其重叠形式。
  1. 雪白 2. 男 3. 正确 4. 漂亮
  5. 干净 6. 鲜红 7. 老实 8. 大方
  9. 大型 10. 整齐 11. 笔直 12. 高

13. 好　　　　14. 高兴　　　15. 痛快　　　16. 袖珍

17. 通红　　　18. 认真　　　19. 严重　　　20. 正规

五、下列形容词哪些能受程度副词"很、太"修饰，哪些不能？

1. 白　　　　2. 伟大　　　3. 富裕　　　4. 笔直

5. 机灵　　　6. 直　　　　7. 雪白　　　8. 聪明

9. 红　　　　10. 通红　　　11. 愉快　　　12. 大方

13. 可笑　　　14. 慢性　　　15. 仔细　　　16. 绿油油

17. 困难　　　18. 共同　　　19. 亮晶晶　　20. 香喷喷

六、用下列形容词做定语，组成一个定中短语。

1. 大型（　　）　2. 银（　　）　3. 女（　　）　4. 西式（　　）

七、用非谓形容词"中式、金、女、慢性、国营"造出五个"……是……的"句子。

八、用下列词作为形容词和副词各造一个句子。

1. 白

2. 光

3. 老

4. 怪

九、用下列词作为形容词和动词各造一个句子。

1. 方便

2. 多

3. 松

4. 烫

5. 集中

6. 肯定

十、修改下列病句。

1. 我们学校前面的那条路很笔直笔直的。

2. 医生说他的病急性，只要好好治疗很快就会好的。

3. 这里的水不冰凉，你用手试一试就知道了。

4. 外面马路上没有灯，漆黑漆黑。

5. 这家商店很大型，要逛几个小时才能逛完。

6. 这两本书一样内容。

7. 那两件衣服一样颜色。

8. 这幅画比那幅画不好。

9. 北京春天的风比其他季节非常大。

10. 骑摩托快比骑自行车多了。

11. 我的这本书不如你的那本书一样好。

12. 我们学校的校园比他们的很大多了。

十一、把下列每组词语组合成正确的比较句。(用前面所讲过的句式，以下词序不一定正确，有的还需要自己增加一些词语)

1. 今天的风　昨天的

2. 拉小提琴　拉得　他们俩

3. 你们家的院子　他们家的　比

4. 这种药的效果　那种药的效果　几乎

5. 他们的礼堂　一样　我们的礼堂　坐的人

6. 这辆车　不如　那辆车　坐的人

7. 这本小说　差不多　故事情节　那本

8. 我喜欢的菜　他喜欢的菜　完全

9. 骑自行车　坐汽车

10. 打羽毛球　打得　他　我

11. 开车　我儿子　有　开得

12. 有　你　下象棋　下得　他

13. 空气质量　以前　现在　远不如

14. 根本　这里的水　我们家乡的

十二、请按要求造比较句。

1. 用句式10 "NP^1+ 比 +NP^2+VP+ 得 + 形容词"造三个比较句。

2. 用句式11 "NP^1+ V+ 得 + 比 + NP^2+ 形容词"造三个比较句。

3. 用句式12 "NP^1 $_{容器类}$ + 比 + NP^2 $_{容器类}$ +V+ 的 +NP^3+ 形容词"造三个比较句。

4. 用句式14 "NP^1+V+ 的 +NP^2+ 比 +NP^3+ 形容词"造三个比较句。

5. 用句式16 "A 比 B+ 形容词 + 得多 / 多了 / 一些 / 一点儿"造三个比较句。

6. 用句式17 "A 比 B+ 形容词 +数量词语"造三个比较句。

7. 用句式19 "A 比 B+形容词（状语）+VP+数量词语"造三个比较句。

8. 用句式 21 "A+ 没有 +B+ 形容词"造三个比较句。

9. 用句式 29 "NP^1 +形容词 +NP^2 +数量词语"造三个比较句。

10. 用句式 31 "NP^1 +和 +NP^2 一样 +谓词性词语" 造三个比较句。

11. 用句式 41 "NP^1 +VP +和 +NP^2 +V +得 +一样 +形容词性成分"造两个比较句。

2.4 数词

数词表示数目和次序。数词包括基数词和序数词。数词一般不能直接用在名词前面，数词多数情况下要与量词组合为数量短语（常称为"数量词"）才能与名词短语组合。

2.4.1 基数词 表示数目的多少。以下是最基本的基数词：

零 半 一 二 两 三 四 五 六 七 八 九
十 百 千 万 亿

由这些基数词可以构成合成的数词。例如：

一百（100） 两百（200） 五千（5000） 八万（80000） 十亿（1000000000） 四十六（46） 九百八十六（986）

汉语按十进制来计数，十个"十"是"一百"，十个"一百"是"一千"，十个"一千"是"一万"……

汉语的称数法是四位一级。（位数顺序见下表）

……	千（亿）	百（亿）	十亿	千（万）	百（万）	十万	千	百	十	个
……	亿级			万级			个级			

例如：

十五（15） 十八（18） 十九（19）
二十（20） 二十六（26） 三十（30） 三十七（37）
九十九（99） 一百三十七（137） 八千四百八十九（8489）
七万零五十一（70051） 八十三万五千零七（835007）
三千五百六十一万四千（35614000）

八十九亿四千六百三十五万七千六百三十九（8946357639）

基数词可以和其他短语构成表示倍数、分数、概数的词语。

2.4.2　序数词及不同意义序数的表示方式

序数词是表示次序先后的词，现代最常见的是"第"，"第"不能单独使用，要加在基数词前面。

现代序数的表示有两种方法：

第一，用"第"的。"第＋基数词"表示次序的先后。例如：

第一　第二　第三　第四　第五　第六　第七　第八　第九　第十……

第二，不用"第"的，表达不同的意义有一些不同的形式：

表示亲属排行：大哥　二哥　三哥　大姐　二姐　三姐
　　　　　　　大嫂　二嫂　三嫂　大姑　二姑　三姑
　　　　　　　大姨　二姨　三姨

表示年代：一九九八年　一九九九年……二零零零年　二零零一年

表示月份：一月　二月　三月　四月　五月　六月　十二月

表示日期：一号　二号　三十号　初一　初二　初十

表示组织机构：一组　二组　三组……
　　　　　　　二年级一班　　二年级二班　　二年级三班
　　　　　　　一分店　　　　二分店　　　　三分店
　　　　　　　一局　　　　　二局　　　　　三局

表示等级：一级　二级　三级
　　　　　甲级　乙级　丙级　丁级
　　　　　甲等　乙等　丙等　丁等

汉语有一种历史悠久的表示序数的方式——用天干地支表示：

天干：甲　乙　丙　丁　戊（wù）　己　庚（gēng）　辛　壬（rén）　癸（guǐ）

地支：子　丑　寅　卯　辰　巳（sì）　午　未　申　酉（yǒu）　戌（xū）　亥（hài）

与"第"不同的是，这种序数词可以单独使用，也可以"天干"与"地支"相配，形成60个复合词，表示不同意义的序数。中国传统的农历用这种复合的序数词表示年代。地支可以用来推算人的岁数和属相。

【干支表】											
1.甲子	2.乙丑	3.丙寅	4.丁卯	5.戊辰	6.己巳	7.庚午	8.辛未	9.壬申	10.癸酉	11.甲戌	12.乙亥
13.丙子	14.丁丑	15.戊寅	16.己卯	17.庚辰	18.辛巳	19.壬午	20.癸未	21.甲申	22.乙酉	23.丙戌	24.丁亥
25.戊子	26.己丑	27.庚寅	28.辛卯	29.壬辰	30.癸巳	31.甲午	32.乙未	33.丙申	34.丁酉	35.戊戌	36.己亥
37.庚子	38.辛丑	39.壬寅	40.癸卯	41.甲辰	42.乙巳	43.丙午	44.丁未	45.戊申	46.己酉	47.庚戌	48.辛亥
49.壬子	50.癸丑	51.甲寅	52.乙卯	53.丙辰	54.丁巳	55.戊午	56.己未	57.庚申	58.辛酉	59.壬戌	60.癸亥

中国的12生肖及推算

对于汉族人来说，每个人都有自己的属相，属相有十二个，包括：鼠、牛、虎、兔、龙、蛇、马、羊、猴、鸡、狗、猪。

因为地支和生肖都是有十二个，所以每一个地支都对应一个生肖。人们用十二生肖记人的出生年，每十二年轮回一次。例如子年出生的人属鼠，每遇到子年就是这个人的本命年。另外，由于地支的周期也为12年，与"生肖"首尾完全对应，本命年也可以认为是"地支"周期的倍数。推算举例：规则为依据农历推算。如1956年为丙申年，到1968年（戊申年）和1980年（庚申年）均为本命年。这三个年份均为"生肖"的猴年，依照干支纪年，这三个年份分别为"丙申"、"戊申"和"庚申"，其中"地支"部分均为"申"。具体的对应关系为：子鼠、丑牛、寅虎、卯兔、辰龙、巳蛇、午马、未羊、申猴、酉鸡、戌狗、亥猪。

生肖与干支纪年推算表
农历的干支纪年与生肖推算表

说明：横行为天干、地支，二者对应的竖行为干支纪年，下面对应为生肖年。干支年每60年为一个周期，生肖每12年一个周期。

天干	甲	乙	丙	丁	戊	己	庚	辛	壬	癸	甲	乙
地支	子	丑	寅	卯	辰	巳	午	未	申	酉	戌	亥
生肖	鼠	牛	虎	兔	龙	蛇	马	羊	猴	鸡	狗	猪
天干	丙	丁	戊	己	庚	辛	壬	癸	甲	乙	丙	丁
地支	子	丑	寅	卯	辰	巳	午	未	申	酉	戌	亥
生肖	鼠	牛	虎	兔	龙	蛇	马	羊	猴	鸡	狗	猪
天干	戊	己	庚	辛	壬	癸	甲	乙	丙	丁	戊	己
地支	子	丑	寅	卯	辰	巳	午	未	申	酉	戌	亥
生肖	鼠	牛	虎	兔	龙	蛇	马	羊	猴	鸡	狗	猪
天干	庚	辛	壬	癸	甲	乙	丙	丁	戊	己	庚	辛
地支	子	丑	寅	卯	辰	巳	午	未	申	酉	戌	亥
生肖	鼠	牛	虎	兔	龙	蛇	马	羊	猴	鸡	狗	猪
天干	壬	癸	甲	乙	丙	丁	戊	己	庚	辛	壬	癸
地支	子	丑	寅	卯	辰	巳	午	未	申	酉	戌	亥
生肖	鼠	牛	虎	兔	龙	蛇	马	羊	猴	鸡	狗	猪

2.4.3 倍数的表示

倍数用基数词加"倍"来表示。例如：

三倍　八倍　一百倍　三百五十倍

倍数一般表示数量增加（不用来表示数量减少）。常见的说法有以下两种：

不包括原有数	增加（了）……倍、增长（了）……倍、提高（了）……倍
包括原有数	……是……的……倍

例如：远达公司八月卖出去汽车二百辆，九月卖出去一千二百辆。如果要说该公司九月的销售量比八月增加了多少可以有以下说法：

(1) 远达公司九月份的汽车销售量比八月增加了五倍。

(2) 远达公司九月份的汽车销售量是八月的六倍。

由此可见"A 比 B 增加了 X 倍"用数学公式表示是：

(A-B)÷B=X（倍）

A 是 B 的多少倍，用数学公式表示是：

A÷B=X（倍）

2.4.4 分数的表示

分数用"……分之……"表示，例如，$\frac{1}{60}$（用汉语表示是"六十分之一"），$\frac{3}{8}$（用汉语表示是"八分之三"），$\frac{4}{5}$（用汉语表示是"五分之四"），$\frac{5}{6}$（用汉语表示是"六分之五"）。

分数可以用来表示数目的增加，也可以表示数目的减少。表示数目减少常见的说法有"减少（了）、下降（了）"。例如，从十减少到一，可以说"减少了十分之九"，或说"减少了百分之九十"。

2.4.5 概数的表示

概数主要有几种表示方法：

2.4.5.1 在基数词前面或后面加"几、好几"。"好"加在"几"前面表示说话人认为数量多。例如：

几十　几百　几千　几万　几十万　几百万　几千万　几亿

好几十　好几百　好几千　好几万　好几十万　好几百万

好几千万　好几亿

二十几　三十几　八十几

(1) 国庆节那天晚上到天安门广场观看焰火的有十几万人呢。

(2) 那天来参加他的生日晚会的人有好几十呢！

(3) 他已经是四十好几的人了，还整天玩儿，还没成家。

2.4.5.2 相邻的两个数字连用。例如：

一两（个）　　两三（斤）　　三四（辆）　　四五（本）

五六（台）　　六七（张）　　七八（条）　　八九（篇）

二三十　　五六百　　七八千　　八九万　　十七八万

三四十万　　五六千万　　二十五六万

(1) 那辆公共汽车上挤了五六十个人,门都打不开了,你根本挤不上去。

(2) 他年纪不大,也就有十七八岁。

2.4.5.3 不相邻的两个数字连用,有"三五"、"百八十"和"千八百"等。

例如:

三五天　三五个　百八十块　百八十人　百八十台　千八百人

2.4.5.4 在数词后加"来、多、左右、上下"。

加"来"一般表示不到那个数,有的地方用"来"表示比某个整数多一点。一般用在"十、百、千、万"这样的整数后,"来"后面常常跟量词或带有量词含义的名词。例如:

(1) 他在北京生活了二十来年了。
(2) 这个电影院能坐两千来人。

五十来个　二十来台　六十来天　十来次　三十来遍

要注意"整数基数词+来+年"与"基数词+年+来"的区别,前者中的"来"表示的是概数,后者的"来"表示的是"以来"的意思。

五十来年(大约五十年)　　八十来年(大约八十年)
五十年来(五十年以来)　　八十年来(八十年以来)
三十五年来(三十五年以来)　二十五年来(二十五年以来)

(3) 这房子有五十来年了。
(4) 五十年来,他一直当老师。
(5) 这所学校有八十来年的历史。
(6) 他们厂八十年来一直在生产中药。
(7) 这二十五年来,王教授一直在研究热带植物。

用"多"加在"十、百、千、万"等整数后,表示超过这个数一些。例如:

三十多　两百多　一千多　五万多

但是如果超过"十万"加"多"表示的概数与十万以下的数字就不同了，"多"的位置不同，表示的意义也就不同。例如：

十万多(指"十万不到十一万")　　十多万 (指"十一万、十二万……")

二十多万（指"二十万还多一万到几万"也许是二十一万、二十二万、二十三万）

二十三万多（指"二十三万以上，不到二十四万"）

(8) 早在三千多年前，我们的祖先就开始使用汉字记载历史了。

(9) 根据科学家的研究，人类在地球上大约生活了 400 多万年了。

用"左右、上下"加在"十、百、千、万"等整数后，表示大概是这个数，如果有量词就放在量词后。"左右"使用的范围比较大，"上下"多用于表示年龄、高度和重量。例如：

二十左右　　四百左右　　十五万左右　　十遍左右　　四百次左右

三五百元左右　　二千六百万人左右　　二十个人左右

*三五百左右元　　*二千六百万左右人　　*二十个左右人

八个月左右　　七十公斤左右

*八个左右月　　*七十左右公斤

(10) 那几天到世博会参观的人每天大约有十万人左右。

(11) 这个城市的汽车每年增加百分之十左右。

(12) 那姑娘的身高大约有一米七上下。

(13) 他看上去大约有三十岁上下。

2.4.5.5 另外"两"除了表示准确的数字"2"以外，还可以表示概数。

例如：

(14) 你等我两分钟。

(15) 我的病过两天就好了。

(16) 这两天我胃有点儿不舒服。

"两"还可以表示数量少，常常在前面加上"这么、那么"。例如：

(17) 那么多衣服，就卖了这么两块钱。

(18) 你们全班那么多人，就来了这么两个人。

2.4.5.6 在"百、千、万"后面加"把"表示"一……"，用这种说法，含有说话人认为数目不多的语气。

例如：

个把人（一两个人）　　个把小时（一个多小时）
百把人（大约一百人）　　个把月（一个多月）

2.4.6 "两"与"二"的运用

对于以汉语为第二语言的学习者来说，"两"与"二"的运用是一个应当注意的问题。

第一，表示数码2有的用"两"，有的用"二"，有时两个都可以用，规律比较复杂。

读顺序的数字、数学运算式以及表示小数、分数、序数时，都用"二"，不用"两"。例如：

一、二、三、四　五十二　二百零二
二加三等于五　二元一次方程
一点二　二点五　二点二
二分之一　五分之二
第二　第二十二　二姐　二组　二年级　二楼

个位数在一般量词之前用"两"。例如：

两个人　两趟车　两本书　来过两次　看了两遍

"整数（非复合的）+传统的度量衡单位量词"，"两"和"二"都可以用。例如：

两斤（二斤）　两尺（二尺）　两亩（二亩）

单位量词为"两"时，只能用"二"。如"二两"、"一斤二两"。
"整数（非复合的）+新兴的度量衡单位量词"，大都用"两"。例如：

两公里　两米（二米）　两英寸　两千米　两万公里

　　"复合数+度量衡单位量词"，前面的数为2时两个都可以用；后面的数为2时只能用"二"，不能用"两"。例如：

　　他身高二米二（两米二）。
　　他游了二千二百米（两千二百米）。
　　这台液晶电视两万二。

　　"十"之前只能用"二"；"百"之前用"两"和"二"都可以，用"两"更加口语化一些。例如：

　　二十　二百五十（两百五十）

　　多位数字，首位可以用"二"，也可以用"两"，用"两"口语化强一点儿；首位以后的只能用"二"。例如：

　　两亿二千万（二亿二千万）　五万二千　两百二十万（二百二十万）

　　第二，表示双方，用于书面语和固定短语，其中的"两"不能用"二"。例如：

　　两面三刀　两全齐美　两袖清风　势不两立

　　也有的词中或者固定短语中用"二"的，除极个别的之外，一般也不能换为"两"。例如：

　　二元论　二人转　说二话　说一不二
　　一心不能二用　二重性（两重性）

　　第三，表示某些成对的亲属关系或成双的事物，用"两"。例如：

　　两弟兄　两姐妹　两夫妻
　　两眼　两手　两端　两极分化　两耳不闻窗外事

　　第四，表示概数，用"两"，不用二。（见2.4.5.5）

思考与练习（10）

一、汉语计数的进制是什么进制？

二、数字"10000"在汉语中怎么读？

三、写出下列数字。
  1. 一万三千五百六十七 2. 五千零二十三
  3. 一千八百二十四   4. 六千七百八十一万五千九百四十一
  5. 四十五万   5. 六千零三

四、请读出下列数字。
  1. 2000   2. 300000   3. 36542
  4. 6000000 5. 2037   6. 4789612
  7. 876243198 8. 54201   9. 87092
  10. $\frac{2}{3}$ 11. $\frac{3}{4}$ 12. $1\frac{3}{4}$
  13. $\frac{5}{6}$ 14. $\frac{4}{5}$ 15. $\frac{2}{7}$
  16. 23%   17. 98%   18. 99%

五、用概数表示以下数字。
  1. 3—5 个   2. 4—6 人   3. 7—9 年
  4. 9—11 件 8. 97—99 个   9. 31—33 条
  10. 7—8 台 11. 68—72 个   12. 33—35 岁
  13. 58—60 岁 14. 77—79 岁   15. 87—89 年

六、在下列短语的括号中填上"二"或"两"。
  1.（ ）千人 2.（ ）斤 3.（ ）台电视机
  4.（ ）分之一 5.（ ）倍 6.（ ）次
  7.（ ）百（ ）十   8.（ ）十（ ）斤

七、在以下句子横线处填入适当的概数词语。
  1. 他年纪不大，看上去也就是二十＿＿＿＿＿岁。
  2. 你在这儿等我＿＿＿＿＿，我打一个电话就来。
  3. 那天到会的人不多，也就百＿＿＿＿＿。
  4. 你病了，多在家里休息＿＿＿＿＿天吧。
  5. 我的这块手表不贵，不过一百＿＿＿＿＿块钱。

6. 我好多年没有回家了，我回去_____月就回来。

7. 那天去参加聚会的同学有五十_____人。

8. 他在北京待了三十_____年。

9. 从昆明到大理坐四个_____小时的车就到了。

10. 到石林坐一个_____小时的车就到了。

八、在下列句子中填上适当的序数表达形式。

1. 爸爸的_____哥叫_____。

2. 妈妈的_____姐叫_____。

3. 古代中国科举考试，殿试（由皇帝亲自主持的考试）得到_____名叫状元，_____名叫榜眼，_____名叫探花。

九、回答下列问题。

1. 1989年春节进入农历己巳年，这年出生的人属蛇，请问1990年（农历庚午年）出生的人的属相是什么？

2. 2008年是农历戊子年，请问这一年出生的人的属相是什么？请说出农历戊子年出生的人的三个本命年。

2.5　量词及运用中应注意的问题

2.5.1　量词的分类

量词是表示事物或动作的计量单位的词，量词分为名量词和动量词。

2.5.1.1　名量词　表示人和事物的单位。例如：

个　张　本　只　条　匹　辆　架　艘　根

两　斤　克　公斤（千克）　吨

毫米　厘米　分米　米（公尺）

元（块）　角（毛）　分　厘

秒　分　刻　点

双　对　副　套

有些量词原来不是量词，而是借用名词或动词来做量词用，这叫"借用量词"。例如：

口(五口人)　头（三头猪）　尾（一尾鱼）　杯（两杯酒）
碗（三碗饭）　盆（六盆花）　车（一车水果）　桌（八桌酒席）

2.5.1.2　动量词　表示动作或变化的单位。例如：

次　　趟　　遍　　顿　　阵　　下　　回

动量词也有借用的，有很多是借自名词。例如：

笔（画一笔）　刀（切两刀）　眼（看一眼）
脚（踢一脚）　枪（打三枪）　拳（打一拳）

2.5.2　量词的语法特征

2.5.2.1　量词不能单独使用，主要和数词或代词结合。例如：

三个　一台　两根　五米　七只　九篇
四次　五趟　一遍　一阵　三顿　十下
这件　那个　这双　那套　这车　那杯
这次　那回　这顿　那遍　这阵　那趟

2.5.2.2　部分单音节量词可以重叠，量词重叠一般表示"每一"的意思。例如：

个个（每一个）　条条（每一条）　件件（每一件）　次次（每一次）

名量词重叠在句中主要做定语和主语，动量词重叠可以做状语。例如：

(1) 条条大路通罗马。（做定语）
(2) 个个都是好样的。（做主语）
(3) 本本书都挺有意思。（做定语）
(4) 我和他下象棋回回都是他赢。（做状语）

量词重叠充当主语时，谓语中心语前面一般要用"都"。

2.5.3 注意量词与名词意义的联系

汉语的量词绝大多数是在语言演变中由其他词转化来的。名量词中有许多是从名词转化来的，有些量词与名词在意义上有联系，学习量词时如果我们初步了解一下一些量词的意义与名词的联系，对我们掌握好量词是有帮助的。例如"条"在古汉语中的本义是指树上的枝条。"条"转化为量词后，用来称量长形的东西、条状的东西。以下名词与量词"条"组合：

裙子　领带　毛巾　围巾　口袋
路　街　江　河　沟
狗　蛇　狼
腿　尾巴

"条"还用来称量一些表面上看抽象而实际上也是长形的条文。例如：

意见　政策　原则　制度　罪状　消息

"颗"的本义是"小头"，后用来称量圆而小的东西，以下名词与量词"颗"组合：

星　心　子弹　花生　珠子　药丸

有些量词的本义和它作为量词的意义联系比较复杂，有些量词与它在古汉语中的本义看不出有什么联系，但在现代汉语中它与名词也存在一些联系，这也可以帮助我们正确使用量词。例如：

"张"与某些带有平面的名词组合：

纸　照片　桌子　床　嘴

"把"与带有把柄的器物组合：

刀　壶　勺　椅子　伞　扇子

"根"与细长形的物体名词组合，这是因为"根"本来是名词，指植物的根，植物的根大多数是细长的，所以量词"根"与细长的植物名组合。例如：

葱　草　竹子　韭菜　黄瓜　甘蔗

"粒"与小颗粒的物体名词组合。例如：

米　种子　沙子　花生

"滴"与一点一点的向下落的液体名词组合。例如：

水　油　汗　泪　酒　墨汁

"本"与用纸装订起来的名词组合。例如：

书　杂志　课本　练习本　账　词典　字典　画册　地图

"台"与具有一定体积的设备名词组合，这些名词大多含有语素"机"。例如：

机器　机床　电视机　相机　录音机　计算机　电脑　发电机

2.5.4　名量词与名词的组合

2.5.4.1　有的名词不止一个意义，有的多义名词与名量词组合可能体现出不同的名词意义。例如：

一朵花（开出来的花）　　一盆花（会开花的植物）

一粒麦子（种子）　　一棵麦子（植物）

一个工作（职业）　　一项工作（事务）

一部电话（电话机）　　一个电话（用电话传递的话）

一个苹果（苹果的果实）　　一棵苹果（苹果树）

一项运动（体育运动）　　一次运动（政治运动等）

2.5.4.2　同样的名词与不同的量词组合，常常表示的数量多少有差别。例如：

一个学生　　一群学生

一双鞋　　一只鞋　　一堆鞋

一个花瓶　　一对花瓶

一只鸟　　一对鸟　　一群鸟

2.5.4.3 同样的名词与不同的量词组合，有时表示的意义有差别。例如：

一张报纸　　一份报纸

一件礼物　　一份礼物

一部电影　　一场电影

(1) 你拿一张报纸来给我，我要包东西。

(2) 他们办了一份报纸。

(3) 我准备在她结婚时送她一份礼物。

(4) 她给我的礼物中有一件礼物是她在香格里拉买的。

(5) 张艺谋今年又有一部电影在国际上获奖。

(6) 我昨天晚上去电影院看了两场电影。

2.5.5　兼名量和动量的量词

有的量词兼有名量词和动量词的功能，用法比较复杂。名量词构成的数量结构主要充当定语，也可以充当主语和宾语。动量词构成的数量短语主要充当状语和补语。

这里以"阵"为例来说明一下。"阵"既是名量词又是动量词。它常常与数词"一"组合为"一阵"充当定语。"一阵"常常与表示某种"声响"或者"气味"的名词组合，它也常修饰"风、雪、雨、浪"等名词。例如：

(1) 胡同里响起一阵阵汽车喇叭声和刹车声，一辆接一辆的汽车停在唐家院门口。（王朔）

(2) 天黑了，第一阵风雪平息了。（张炜）

(3) 门外飘来一阵香味，接着一个打扮得很时髦的年轻女性走了进来。

(4) 也许有生活战场上的败北者，怀着末路的悲戚，委身于黄浦江的浊流，激起一阵小小的波浪以后，一切复归宁静。（柯灵）

动量词"阵"组合为"一阵"主要充当状语，也可以充当补语。例如：

(5) 一阵沉默后，霍沧粟说："是我母亲叫我学这个的。"（莫怀戚）

(6) 小弟大吃一惊，猛地回头，呼隆隆一阵响，雅马哈闯进了水果店。（陆文夫）

(7) 唐小姐心里一阵难受。（钱钟书）

(8) "振兴京剧"应有具体措施，"热闹一阵，消闲一年"的振兴，永远达不到振兴的目的。

"一阵"还可以组合为"一阵比一阵"充当状语，修饰形容词。例如：

(9) 风是一阵比一阵大，天色由灰而黄，而深黄，而黑黄，而漆黑，黑得可怕。（老舍）

与很多量词一样，"阵"也可以重叠。组合方式有"阵阵"、"一阵阵"、"一阵一阵"。例如：

(10) 下午六点半，人们纷纷下班回家，楼道里传来一阵阵饭菜的香味。

(11) 这一晚，方鸿渐想着白天的事，一阵阵的发烧，几乎不相信是真的，给唐小姐一条条说破了，觉得自己可鄙可贱得不成为人。（钱钟书）

(12) 只闻得油漆味一阵一阵往鼻子里钻，往脑子里、肚里钻。（吕新）

(13) 诶，东宝，最近我吃了那玩意儿肚子也一阵儿一阵儿不舒服。（王朔）

(14) 刘德华剃头以后感到冷风阵阵。

2.5.6 不定量词"点儿"与"些"

"点儿"和"些"表示不定的数量，它常常与数词"一"组合在一起用，也可以直接与名词组合。例如：

买一点儿蔬菜	买一些蔬菜
给了一点儿钱	给了一些钱
带点儿咸菜	带些咸菜
要了点儿酒	要了些酒

"点儿"表示的数量比"些"少。"些"前面可以加"好",组成"好些"。例如:

(1) 我昨天背了好些单词。

(2) 我买了好些菜,这几天不用买了。

需要注意的是:

VP+(一)点儿+NP

(3) 我买了一点儿肉。

(4) 他在医院开了点儿药。

(5) 我还有一点儿钱,你不用给我。 ("有"是动词)

(6) 家里还有点儿油,明天再去买吧。 ("有"是动词)

(7) 冰箱里有一点儿肉,你拿出来炒了吃了。 ("有"是动词)

动词"有"后面常带"(一)点儿+NP"这样的定中短语作为它的宾语,"(一)点儿"是后面名词性成分的宾语。

有点儿+形容词

"有点儿"是一个副词放在形容词前面修饰后面的成分,表示程度,多用于不如意的情况。例如:

(8) 今天有点儿冷。

(9) 这件衣服有点儿大。

(10) 他的脸有点儿红。

* (11) 这双鞋一点儿小。

* (12) 他的脸一点儿红。

形容词+(一)点儿

"(一)点儿"作为数量短语还可以放在形容词后面作程度补语。例如:

(13) 你说慢一点儿。

(14) 这件衣服大了一点儿。

(15) 太贵了，便宜点儿。

思考与练习（11）

一、请填上适当的量词。

1. 三_____衣服
2. 四_____小鸟
3. 五_____桌子
4. 一_____房子
5. 六_____饭
6. 七_____朋友
7. 六_____袜子
8. 九_____旅客
9. 两_____山
10. 一_____墨水
11. 三_____雨
12. 一_____洗衣粉
13. 四_____马
14. 两_____信
15. 四_____香皂
16. 一_____井
17. 三_____酒
18. 八_____米
19. 一_____鲜花
20. 三_____书
21. 六_____枪
22. 十_____树

二、在下列句子中填上适当的量词。

1. 他去过香港一（　　）。
2. 我只看了一（　　），根本没看清上面写的是什么字。
3. 这本书我小时候看过一（　　），现在忘了书里讲的是什么了。
4. 我叫了她好几（　　）她都不答应，也许是生我的气了。
5. 这篇文章太难了，我读了两（　　）都读不懂。
6. 听说云南丽江非常美，可我一（　　）都没去过。
7. 《红楼梦》太有意思了，我都看了三（　　）了。
8. 桂林太美了，我建议你们去一（　　）。
9. 马林生站在两扇门紧紧关着的房间里，心中一（　　）羞惭和恼火。
10. 那个坏人朝她开了两（　　），打中了她的脚。
11. 你等我一（　　），我马上就来。
12. 这种菜很好吃，你尝一（　　）就知道了。
13. 五爷听见身后一（　　）笑声：也不想想自己是啥人，还想往人场里钻。

14. 我每个句子念三（　　），请注意听！

15. 下了一（　　）雨以后，空气清新了许多。

三、改正下列病句。

1. 他们家有二辆自行车。

2. 大理有一条湖，当地人称它洱海。

3. 这二年来，我在中国交了不少朋友。

4. 我觉得这篇文章一点难。

5. 学校食堂的菜我一点吃腻了，今天我想自己做韩国菜吃。

6. 我认识这位人，他是一个医生。

7. 我的那个帽子是我的朋友送给我的。

8. 我想这个有意义的旅游我会永远记住。

9. 这个菜一点儿油腻，我不喜欢。

10. 到了大理你应当再到丽江去玩一趟，从大理到丽江只要三个小时一点就到了。

11. 这里光线一点儿暗，咱们到那边去看吧。

12. 你给我买的这双鞋一点儿大，明年才能穿。

2.6　代词

代词是有代替和指示作用的词。

代词分为人称代词、指示代词和疑问代词三种。

2.6.1　人称代词

我　　　　我们　　咱们

你 您　　　你们

他 她 它　　他们 她们 它们

别人　　　大家

自己　　　自个儿

"您"是"你"的尊称形式，近年来也出现了"您们"的说法。

"自个儿"是"自己"口语的说法，"大家"也有一个口语的说法"大伙儿"。

2.6.1.1 "他、她、它"的区别

"他、她、它"是书面语的区别。口语中没有任何区别。"它"用于指物,既可以用来指个体的事物也可以用来指多数的事物。"他"用于指男性,"她"用于指女性,性别不明确时用"他";有男有女的一群人用"他们"指称,"他们"并不专用于指男性。例如:

(1) 姑娘们穿着五颜六色的裙子,小伙子们一个个也都穿得很潇洒,他们来到这远离城市、空气清新的大山上野营,心情格外舒畅。

2.6.1.2 "咱们"和"我们"的区别

"咱们"包括听话人在内,不能和"你们"前后同时出现,"我们"可以不包括听话人,可以和"你们"前后同时出现;"咱们"用于口语。例如:

(1) 我们去长城,你们去哪儿?
(2) 咱们去颐和园,他们去什么地方?

有时候"我们"包括听话人。例如:

(3) 小王他们去西山,我们去长城吧。

2.6.1.3 人称代词活用

第一,"我 / 你 + 单位集体"中的"我、你"相当于"我们、你们"。例如:

(1) 我厂专门生产医疗器械。
(2) 我校定于 12 月 21 日召开家长座谈会,请各位家长准时出席。

| 你校 | 你方 | 你厂 | 你团 |
| 我方 | 我团 | 我院 | 我所 |

第二,"我们"代替"我",表示谦恭。

(3) 综上所述,我们认为一定要加强学生的心理素质的培养。
(4) 以上我们介绍了唐代的诗歌,下面我们来介绍唐代的散文。

第三,有时"你、我"用在习语中,不具体指某一个人。例如:

(5) 大家你一言我一语讨论得很热烈。

(6) 在工人中，形成了一种你追我赶争当先进的大好局面。

第四，"人家"除了指第三人称之外，还可以指说话人自己。这种用法多为青年妇女撒娇时用，多带有亲昵的色彩。

(7) 人家不懂才来问你，你还不好好回答，以后我有问题再也不问你了。

(8) 你别笑人家了，人家都急死了，你还在那儿笑。

2.6.2 指示代词

指示代词用来指代人和事物。可以分为以下几类。

近指：这　这里　这边　这么　这会儿　这样　这么样
远指：那　那里　那边　那么　那会儿　那样　那么样
逐指：每
分指：各
不定指：某
旁指：其他　其余

指示代词与数量词语

这/那……+量词

指示代词加量词构成指量短语，指量短语在句中可以做主语、宾语、定语或状语。

这个　那个　这台　那台　这次　那次　这份　那份　各国　每个

(1) 那台的质量更好些。（定语）

(2) 这次我和你一起去。（状语）

(3) 这辆比那辆好。（"这辆"做主语，"那辆"做介词宾语）

这/那……+数量短语

这一次　那两次　这一棵　那三顿　那三天　那一趟

(4) 这一次很顺利。（主语）

(5) 那一趟的费用由公司来出。（定语）

2.6.3 疑问代词及运用中应注意的问题

疑问代词主要用来表示疑问。

谁　　什么
哪　　哪里
多会儿
几　　多少

"谁"主要用来问人,"什么"主要用来问事物,"这么、那么"主要用来修饰动词和形容词。疑问代词主要在疑问句中提出疑问,如"你找谁?"但疑问代词也有不用来疑问的,这是它的活用。

2.6.3.1 疑问代词用于反问句

疑问代词用在发话人并没有疑问只是用疑问的形式来强调某个意思的反问句中。例如:

(1) 你是他妈,你不管他,谁管他呢?
(2) 在那黑暗的岁月里,哪里有科学的地位,又哪里有科学家的出路!(郭沫若)
(3) 这篇文章哪难呀!我看一年级的学生都能看懂。

例(1)强调"你应该管他",例(2)强调"没有科学的地位,没有科学家的出路",例(3)强调"这篇文章不难"。

2.6.3.2 任指和虚指用法

疑问代词还用在非疑问句中,主要有两种非疑问用法。

第一,疑问代词的任指用法

疑问代词的任指用法是疑问代词表示任何人或事物,说明在所说的范围内没有例外。例如:

(1) 他是个大明星,谁都认识他。　(谁=任何人或所有人)
(2) 老王是计算机专家,你问他计算机方面的事,他什么都懂。
　　　(什么=计算机方面的所有事)
(3) 你爱怎么办就怎么办。　(怎么=用任何方式)

第二,疑问代词的虚指用法

疑问词的虚指用法是表示不能肯定的人或事，或不愿、不便说出的人或事。例如：

(4) 这事儿我好像在哪儿听说过。

(5) 你回家时最好买点儿什么。

(6) 你别老待在家里，到哪儿玩一玩吧。

2.6.3.3 其他活用法

第一，"哪里"还可以用来做谦辞用。例如：

(1) ——你的毛笔字写得真漂亮。
　　——哪里哪里。

(2) ——你的这篇文章写得太感人了。
　　——哪里，您过奖了。

第二，"什么"可以用在列举项目前。例如：

(3) 我喜欢的体育项目很多，什么排球啊、篮球啊、足球啊、游泳啊，我都喜欢。

(4) 他买了许多水果，什么苹果啊、香蕉啊、菠萝啊，买了一大堆。

第三，"什么的"用在列举项目之后。例如：

(5) 文学、哲学、语言学、历史学什么的统称社会科学。

第四，"不怎么"放在形容词前面有"不太"的意思，表示程度不高。例如：

(6) 从这儿到天安门不怎么远。

(7) 你说的那部电影并不怎么好看。

(8) 她的汉语水平不怎么好。

第五，"不怎么样"常做谓语或补语，表示否定性的评价。例如：

(9) 他这人不怎么样，你不要和他多来往。

(10) 你们那个经理并不怎么样。

(11) 我看他的水平不怎么样，不像吹得那么高。

第六，"没什么"，谦辞，用于应答句中。例如：

(12) ——您帮了我们那么大的忙，真不知道该怎么谢您。

　　——没什么，没什么。这点儿小事算什么，别客气。

思考与练习（12）

一、代词分为哪几种？

二、疑问代词都是表示疑问的吗？

三、"我们"和"咱们"有什么区别？

四、在下面句子的括号中填上适当的代词：

1. 你是（　）来的？

2. 你父母的身体（　）？

3. （　）去（　）吃饭。

4. 你（　）不和我们一起去游览长城呢？

5. 请问去北京大学（　）走？

6. 请问去颐和园坐（　）车去最方便？

7. 请问这个词（　）读？

8. 这本书是你刚买的，（　）本书是你借来的？

9. （　）好的一本书，我真应该买一本来认真读一读。

10. （　）你现在才来呀！你不是早就出发了吗？

11. 你们好好看着王师傅，他（　）干，你们就（　）干。

12. （　）为人民办好事，人民就拥护（　）。

13. 他可是大明星，（　）都认识他。

14. 刚来北京的时候，我（　）都不知道，出门时经常带着一张北京交通图。

15. 我刚来北京的时候（　）都不认识，可我现在已经交了好几个中国朋友了。

16. 今天逛了一天了，（　）在（　）休息一会儿吧！

17. 不论他（　）说，我还是不明白到香山该（　）走，只好打车去了。

18. 你想（　）办就（　）办，只要节省时间就行。

19. 我们都不懂法语，（　）也听不懂他说（　）。

20. 刚才你们家打电话来找你,一定是有（　　）事,你快打一个电话回去问问。

五、请就下列句子中划线部分用疑问代词提问。

例如：我们昨天到天坛去游览。
　　　你们什么时候到天坛去游览了？
　　　你们昨天到哪儿去游览了？

1. 我们在北京师范大学学习汉语。
2. 我们上星期天去北京大学找朋友玩。
3. 我们这个周末去逛书店。
4. 我假期要去上海。
5. 我每天七点起床。
6. 王立平昨天去看她的一个老朋友。
7. 她每天早点要吃两个鸡蛋。
8. 这张照片是在泰山照的。
9. 我以前也当过老师。
10. 我在从西安回北京的火车上生病了。
11. 我是坐火车回北京的。
12. 这儿的服务员态度非常热情。

六、用疑问代词的任指或虚指用法改造以下句子。

1. 你找的是老李呀,他修车技术可好了,人人都认识他。
2. 她昨天出去吹了冷风了,今天一点儿东西都没吃。
3. 她看了家里来的信以后,一句话都没说,跑到里屋关起门哭了起来。
4. 刚来中国时,她觉得这也新鲜,那也新鲜。
5. 教练教你这样做,你就这样做,教你那样做,你就那样做。

七、改正下列病句。

1. 这些手表怎么非常贵？
2. 什么回事？他们为什么不在这儿吃饭？
3. 我几乎每个月都要去图书大厦,这儿经常都会有新书。
4. 这本字典个个书店都可以买到。
5. 你来这里旅游,应当买点儿任何东西回去送给朋友。
6. 他做的菜不怎样好。

2.7 副词及某些副词的运用

副词是主要用来做状语修饰动词和形容词的词。例如：

已经离开　尤其高兴
重新学习　更优秀

2.7.1 副词的种类

副词的种类很多，可以分为以下九种。

2.7.1.1 程度副词　如：

很　非常　太　十分　相当
最　极　挺　极其
更　更加　越
稍　稍稍　稍微　略

2.7.1.2 时间副词　如：

已经　已　曾　曾经
刚　刚刚　才
往往　逐渐　渐渐
正　正在　在　从来
立刻　马上　赶快
将　将要　就　就要
连忙　赶快
永远

2.7.1.3 重复副词　如：

也　又　再　还　重　重新　一再　再三　屡次

2.7.1.4 频率副词　如：

常　常常　经常　时时　往往　久久　不断
不时　有时　偶尔

2.7.1.5 否定副词 如：

不 没 没有 别 未 无 勿 莫 非
白 白白

2.7.1.6 范围副词 如：

都 总 全
共 一共 统统
只 仅 仅仅 就 光

2.7.1.7 语气副词 如：

难道 究竟 到底
简直 可 却
偏 偏偏 倒
也许 或许 大约 大概
居然 果然 竟然 显然 公然

2.7.1.8 情态、方式副词 如：

特地 特意 亲自 专程
急忙 连忙 赶紧
猛然 忽然
暗暗 悄悄
大力 稳步 阔步

2.7.1.9 协同副词 如：

一起 一同 一并 一道 一块儿 一齐

有些副词可以表示两种以上的意义。如"就"在"天就要黑了"中表示时间；在"他不让我去，我就要去"中，表示语气；在"我们家就有一间房子"中，表示范围。

2.7.2 副词的语法特征

2.7.2.1 副词都能充当状语，这是它的主要功能，主要修饰动词和形容词。

2.7.2.2 绝大多数副词不能修饰名词性成分，少数副词在以下情况中可以修饰名词性的成分。

第一，少数副词可以修饰带顺序义的名词性的谓语中心语。例如：

(1) 今天才星期三。
(2) 她才二十岁就结婚了。
(3) 他刚毕业一年，就已经副教授了，在我们这里，根本不可能。
(4) 他的专业好，才毕业一年，工资就已经五千了。

第二，个别表示范围的副词可以修饰主语。例如：

(5) 就他一个人到了。
(6) 就华山我没有去过，中国其他四大名山我都去过。

第三，程度副词"很"可以放在结构助词后面充当补语，"极"与"了"结合可以充当补语。例如：

(7) 他的汉语好极了。
(8) 重庆今年夏天热得很，有几天达到43度了。

2.7.2.3 副词大多数不能单独用，但"的确、当然、马上、刚好、不、没有、也许"等可以在应答句中单独用。例如：

(1) ——他的汉语真标准。
　　——的确。
(2) ——他们大概已经出发了。
　　——也许。

2.7.3 副词和形容词的区别

形容词能做定语，大多数能做谓语；副词不能做定语和谓语，大多数只能做状语。比较"突然"和"忽然"。前者是形容词，后者是副词。

这事太突然了　　非常突然　　很突然　　突然事件

天忽然阴了　　　*非常忽然　　*很忽然　　*忽然事件

2.7.4 部分副词的基本用法及相关句式

2.7.4.1 很　太

第一，"很"是最常用的一个程度副词，表示程度高。但有时用"很"并不表示程度高，它的语义已经部分虚化了，更多的是一种句法上的要求而已。汉语在一个孤立的单句中，形容词一般不单独做谓语，常常要有别的词语加在前面或后面，有的程度副词"很"就没有多少程度的意义。例如：

(1) 这孩子很聪明。

(2) 这件衣服很漂亮。

第二，"太"表示程度高，与"很"主要的不同之处是"太"常常含有程度过头的意思，带有一定的贬义色彩，有的形容词前面不用"太"而用"很"。当然"太"也用于表示褒义，用"太"表示褒义时带有赞叹的含义。例如：

(3) 他的学习态度很端正。

*(4) 他的学习态度太端正。

(5) 这儿社会秩序很安定。

*(6) 我们这儿社会秩序太安定了。

(7) 他个子很高。　（褒义）

(8) 他个子太高。　（带有贬义）

(9) 那些地方太混乱了。

(10) 她长得很漂亮。

(11) 她长得太漂亮了。

第三，"很"可以用来修饰动词带数量短语的述宾短语或中补短语。例如：

很+V+（数量短语+NP）

很看了一些书　　　很认识几个朋友

很找了一阵子　　　很等了一会儿

很花了一些钱　　　很跑了几个地方

(12) 他在中国时很跑了一些地方。

(13) 在那儿我很认识了一些人。

(14) 这个假期我很看了几本书。

(15) 我在你们家很等了一阵儿你都没来。

(16) 他上大学时很读了一些小说。

第四，用"太"的句子后面常加"了"，用"很"的句子常常不加"了"。例如：

(17) 他身体太好了。

* (18) 他身体很好了。

第五，"不很……"与"很不……"有区别。"不很……"表示程度减弱。例如：

(19) 他的身体最近很不好。（很不好＝很糟）

(20) 他的身体最近不很好。（不很好＝有点儿不好）

(21) 在这儿吃得很不舒服。

(22) 在这儿吃得不很舒服。

2.7.4.2　都

第一，表示总括全部。

A. 被包括的对象在前面。例如：

(1) 我们班的同学那天都去了。

(2) 昨天他们都不在家。

B. 如果总括的是受事，语序要变化，受事成分常常放在"都"前。例如：

(3) 我看完那几本书了。→ (4) 那几本书我都看完了。

(5) 我洗了那几件衣服了。→ (6) 我把那几件衣服都洗了。

C. 总括的对象前面可以用连词"不论、无论、不管"，形成以下格式：

不论/无论/不管……都+VP

(7) 不论多么难的问题都难不倒他。
(8) 无论干什么事，他都非常认真。
(9) 不管刮风下雨，张大爷都坚持早锻炼。

D. 在疑问句中，总括对象在"都"后面。例如：

(10) 你们都去哪儿玩了？
(11) 你在这儿都认识谁？
(12) 你们班都谁考上大学了？

第二，表示"甚至"

(13) 我在北京待了那么多年，都没听说过那个地方。
(14) 他都把你的名字忘了。
(15) 我是他最好的朋友，我都不知道他要结婚了。

第三，表示"已经"，后面可以是动词性成分，也可以跟带有顺序义的名词性成分。例如：

(16) 都那么大的人了，还不会洗衣服，害不害臊？
(17) 都七点半了，还不快起床！
(18) 都十一月了，天还一点儿不冷，今年天气有点儿反常。
(19) 饭都凉了，我给你热一热吧。

2.7.4.3 才

第一，"才"表示事情在不久前发生，相当于"刚"。例如：

(1) 他才走，你还追得上他。
(2) 我才从香港回来，给你带了一个小礼物。

第二，"才……，就……"
表示两个动作或两件事接着发生，其中的"才"可以用"刚"来替换。例如：

(3) 他才回到家，电话就打到家里来了。
(4) 你怎么才来就要急着走？多坐一会儿，咱们好好聊一聊。
(5) 外面才下了雨，现在马上就出太阳了。

第三，表示数量少程度低（包括时间早、时间短、年纪小、数量少等）。例如：

(6) 这孩子才四岁就会自己去买东西了。
(7) 这篇课文我才读了一遍，还要多读几遍。
(8) 今天才星期二，到周末还有几天，不必忙。

第四，用在后一个小句，表示只有在某种条件下，或由于某种原因，然后怎么样。前面常有"只有、必须、要、因为、由于、为了"与后面的"才"配合使用。例如：

(9) 学外语只有多练才能学好。
(10) 因为他是这方面的专家，才派他去。
(11) 这样做才利于孩子的成长。

第五，"才"与"就"有时是相对的。有时"才"表示说话人认为时间晚、时间长、数量大等，而"就"表示说话人认为时间早、时间短、数量小，短时间内即将发生。例如：

(12) 你怎么才来？
(13) 我跑了五趟才见到他。
(14) 今天他六点就来了。
(15) 我就来，你先走一步。
(16) 下个星期五才交作业，这个星期三他就做好了。
(17) 我一天才写完那篇文章，他两个小时就写出来了。

2.7.4.4 "都"与"才"

第一，"都"有时表示说话人认为程度高、时间晚、分量重等语义。例如：

(1) 都七点半了，你怎么还不起床，你今天八点不是还有课吗？

（2）都两点了，你怎么还不睡？

（3）他哥哥都三十岁了，还没有女朋友。

第二，"才"有时用来表示说话人认为程度低、时间早、分量轻等语义。例如：

（4）中国的水果特别便宜，夏天的时候，一斤西瓜才卖五六毛钱。

（5）他才十岁就开始抽烟。

第三，"才"表示说话人认为程度低、时间早、分量轻的语义，有时要与"就"配合起来使用，形成"才……就……"。例如：

（6）才6点你就把我叫起来，我今天又不上课。

第四，"都"表示说话人认为程度高、时间晚、分量重等语义，也可以和"才"配合使用，形成"都……才……"。例如：

（7）他都两岁了才开始学走路。

（8）都七点了，她才开始做饭，什么时候才能吃上饭啊？

（9）你看看，都什么时候了，你才来，让我们等了你一个小时！

2.7.4.5 就

副词"就"用法比较多，归纳起来，有以下几种：

第一，表示很短时间内即将发生。例如：

（1）全国羽毛球决赛明天就开始了。

（2）你们在那儿等一会儿，我这就走。

（3）饭眼看就做好了，你吃了饭再走吧。

第二，强调在很久以前已经发生。"就"前通常有时间词语或其他副词。例如：

（4）他的工作表现一直就很好。

（5）这本书以前我早就看过了。

（6）他五岁就上小学了。

第三，表示两件事紧接着发生。例如：

(7) 看见那个流氓，孩子们转身就跑。
(8) 他一玩起电脑来就什么都不顾了。
(9) 教练一教我马上就会了。

第四，加强肯定。例如：

(10) 你不让吃，我就要吃。
(11) 他们学校就在这条路的尽头。
(12) 不吃，不吃，就不吃。
(13) 我就不要他看我上网。

第五，确定范围，相当于"只"。例如：

(14) 老赵就去过上海，没去过别的地方。
(15) 我就有一本字典，没有多余的。
(16) 我就要红色的，不要别的颜色的。

第六，强调数量多寡。"就"读轻声，强调少，如例1、例2；"就"重读，强调多，如例3、例4。例如：

(17) 他就买了两个苹果，没有多买。
(18) 那天来上课的人不多，我们班就来了五个同学。
(19) 水果他要么不吃，一吃就吃四五个。
(20) 我们才练半小时，他们一练就两个小时。

2.7.4.6 也

副词"也"是汉语中用法比较复杂的一个副词，大致有四类用法。
第一，表示两事相同。例如：

(1) 你去香港旅游，我们也去香港旅游。
(2) 那房子要可以，不要也可以，你总得给我个答复。
(3) 老师也讲课，也让我们做练习。
(4) 草莓我也爱吃，芒果我也爱吃。

第二，表示无论假设成立与否，后果都相同。例如：

(5) 就是下雨，足球赛也要进行下去。
(6) 跑最后一名也要坚持跑完。
(7) 只要大家坚持下去，再大的困难也能克服。
(8) 这个包再重也就十公斤左右。
(9) 你解释了我当然清楚，你不解释我也清楚。
(10) 这些油渍擦也擦不掉了。

第三，表示"甚至"。加强语气，前面隐含"连"字，这样的"也"多用于否定句。例如：

(11) 人们都下地干活儿去了，街上人影儿也没有。
(12) 他太迷电脑游戏了，有时候玩起游戏来饭也不吃，觉也不睡。
(13) 外面一点儿风也没有，树叶一动也不动。

第四，表示委婉语气，去掉这样的"也"字，语气就显得直率，甚至生硬。例如：

(14) 音量也就是这样了，不能再大了。
(15) 难怪她不喜欢你，你也太不知道体贴她了。
(16) 改了几次，总也改不好。
(17) 这篇文章也还拿得出去。

2.7.4.7 没有 (没) 不

第一，词性问题

"没、没有"有时用做副词，有时用做动词；"不"只是副词，不是动词。副词"没有"放在动词和形容词前面，是对"VP+（了）"的否定。动词的"没有"后面跟名词，它是对"有NP"的否定。例如：

以下"没 (有)"是副词：

没有去　　　去了
没有来　　　来了
没有买菜　　买了菜
没有记下来　记下来了

没有好　　　　好了

以下"没(有)"是动词：

没有老师　　　有老师
没书　　　　　有书
没有肉菜　　　有肉菜
没有空调　　　有空调

第二，"不"与"没(有)"的区别

A. 用于否定动词及动词短语时，"不"主要从主观角度否定动作发出者发出行为动作的意愿。如"他不吃"是"他不愿意吃"。"不"主要可以用于否定现在、将来，也可以用于否定过去。"没"从客观角度对某一行为动作进行否定，主要用于否定过去的行为动作，"没有"有时在表示假设或估计时，也可以用于否定将来的行为动作。

(1) 他今天明天都不来。
(2) 他昨天没来。
(3) 他昨天不去是因为要加班。
(4) 他们以前没钱，现在也没钱。
(5) 如果他明天来时没带钱，我可以借给他。
(6) 要是你们来韩国时没见到我们，很可能我们是去欧洲了。
(7) 很可能我到他那儿时，他还没回家呢。

B. 用于否定形容词时，"不"否定的是性质和状态，而"没、没有"否定的是性质状态的变化。例如"水不凉"否定的是"凉"这种性质，而"水没凉"否定的"凉"这样的变化没有出现，即"水没变凉"。又如：

(8) 叶子还不绿。
(9) 叶子还没绿。
(10) 这种菜不酸。
(11) 这碗菜没酸吗？
(12) 今年北京天气不正常。
*(13) 今年北京天气没正常。

(14) 我们小区的供电到现在还没正常，常常停电。

从时间的角度来观察，"不"用于否定形容词时，所否定的可以是自然的恒常的性质或状态，包括现在也可能包括将来和过去；也可以单独否定过去、现在或将来的性质或状态。而"没"主要否定过去的状态没有变化，也可以否定现在状态变化没有实现。例如：

(15) 月亮不太亮。（不仅现在、将来、过去也不太亮）
(16) 昆明不冷。（昆明恒常的状态是不冷）
(17) 灯不亮。（灯的亮度不够）
(18) 灯没亮。（灯没有出现"亮"这样的状态）
(19) 叶子不黄。（现在不具有黄的状态）
(20) 叶子没黄。（没有变黄）
(21) 你的脸不红。（不具有"红"的状态）
(22) 你的脸没红。（"红"的变化没实现）

C. "不"和"没（有）"句法功能的差别

① "不"能够否定大多数充当谓语的形容词，充当谓语的形容词"没有、没"否定的是少数。

加"不"	不高兴	不愉快	不健康	不努力	不优秀	不文雅
加"没"				没努力		
加"不"	不高雅	不白	不红	不安静	不简单	不客气
加"没"		没白	没红			没客气
加"不"	不漂亮	不干净	不满意	不重要	不便宜	不粗
加"没"					没便宜	

(23) 其实他卖给我没便宜多少，只便宜了几块钱。
(24) 他卖给你不便宜，卖给我也没便宜，尽管我们还是朋友。

② 有的形容词只能被"不"修饰，如果把"不"换成"没"，"没"变成动词，形容词变成名词。如：

不困难（副词＋形容词）——没困难（动词＋名词）
不矛盾（副词＋形容词）——没矛盾（动词＋名词）
不民主（副词＋形容词）——没民主（动词＋名词）

不痛苦（副词＋形容词）——没痛苦（动词＋名词）
不耐心（副词＋形容词）——没耐心（动词＋名词）

③ 有的形容词只能受"不"修饰，不能直接受"没"修饰，而当该形容词放在一个动词后面构成一个中补短语时，"没、没有"这时否定带该形容词，即为：[副词＋（动词＋形容词)]。例如：

不早——＊没早——没来早
不低——＊没低——没调低
不薄——＊没薄——没变薄
不咸——＊没咸——没炒咸
不尖——＊没尖——没磨尖
不强——＊没强——没变强
不穷——＊没穷——没变穷
不整齐——＊没整齐——没放整齐

(1) 他做事不彻底。
＊(2) 他做事没彻底。
(3) 你没彻底搞明白。
(4) 他对人不热心。
＊(5) 他对人没热心。
(6) 他没热心帮助你。
(7) 这面粉不细。
＊(8) 这面粉没细。
(9) 这面粉没磨细。

④ 有的形容词只能被"不"修饰，被"没"修饰时，形容词变成动词。例如：

不差——没差钱　不进步——没进步

(10) 他学习不差。
＊(11) 他学习没差。
(12) 他没差钱。（"差"为动词）
(13) 他思想不进步。

(14) 他学习没进步。("进步"为动词)
(15) 他学习没进步那么多。("进步"为动词)

第三,"没有"与"没"的区别

"没"是"没有"的紧缩形式,动词和副词都是如此。但它们在用法上也有点儿区别,"没"往往不能用在句末;"没有"可以用在句末。例如:

(16) 路上一个人也没有。
* (17) 路上一个人也没。
(18) 你去了没有?
* (19) 你去了没?

第四,否定副词在句子中的位置

"不、没有、没、未"等否定副词在"把"字句、"被"字句中时,应该放在"把"和"被"之前,不能放在动词前面。例如:

* (20) 我把那事没告诉你爸爸。
(21) 我没把那事告诉你爸爸。
* (22) 你把你的书包不带回去吗?
(23) 你不把你的书包带回去吗?
* (24) 那本书被他没借走。
(25) 那本书没被他借走。

思考与练习 (13)

一、副词在句子中主要充当什么句子成分?
二、副词可以充当补语吗?
三、说副词只出现在动词、形容词前面对不对?
四、选择适当的副词填空。

(一) 也 就 都 才 还

1. 他的词汇量很大,这篇文章中的词他(　　)懂。
2. 昨天他(　　)考完试,你(　　)让他休息一会儿吧。

3. 这本书太难了，（　　）他一个人能看懂。

4. 这部电视剧你们都看过了，可我（　　）没看过呢。

5. 昆明我（　　）去过，那儿的气候真好，一年四季气温不高（　　）不低。

6. 那孩子你（　　）认识，他的钢琴弹得可好了。

7. 我今早到学校时（　　）七点。

8. 他爸爸（　　）十六岁（　　）去那家工厂当工人了。

9. 他（　　）到北京没几天（　　）病了。

10. 我在家（　　）待了三天（　　）走了。

11. （　　）三十岁的人了，还要父母钱，你好意思吗？

(二) 可　越　只　又　更

1. 昨天的晚会上，他一首（　　）一首地唱了好几首歌。

2. 这孩子从小就喜欢音乐，自从学拉小提琴后，他（　　）喜欢音乐了。

3. 王刚（　　）喜欢运动了，他喜欢打篮球、踢足球，（　　）喜欢游泳。

4. 中国（　　）往南走河流（　　）多。

5. 我现在什么都不想吃，（　　）想吃家乡菜。

6. 他儿子上次跑步得了第一名，这一次（　　）得了第一名。

7. 最近他（　　）看汉语书，英语书有好长时间没看了。

8. 他比以前（　　）瘦了。

9. 那家商店（　　）大了，什么东西都有。

10. 他（　　）长（　　）高，都快赶上他爸爸了。

(三) 最　更　稍微　比较

1. 来这儿旅游的人很多，一天（　　）少也有两万人，（　　）多可以达到十万人。

2. 他送给我的那件衣服（　　）有点儿小，要是再大一点儿就好了。

3. 这间屋（　　）暗，（　　）好换一个大一点儿的灯泡。

4. 在体育运动中，我喜欢踢足球，打网球，但（　　）喜欢的是游泳。

5. 虽然已是春天了，但天气还是（　　）有点儿冷，你得穿件毛衣。

　　6. 在这里待了三年了，我爱上了这里风景如画的环境，爱上了这里的生活，（　　）爱上了这里朴实的人民。

　　7. 这儿路（　　）滑，稍不小心就会滑倒。

　　(四) 不　没有

　　1. 这种菜我以前从来（　　）吃过。

　　2. 那地方我真的（　　）想去，你们去吧。

　　3. 我看这字（　　）可能是小李写的，这几天他（　　）回来过。

　　4. 我可（　　）听说过他有这样一个朋友。

　　5. 你好好想一想，今后就（　　）会有这样的机会了，你最好还是和我们一起去。

　　6. 天太晚了，估计（　　）公共汽车了。

　　7. 我真（　　）愿意让你去那么远的地方去工作。

五、用"不"和"没"填空。

　　1. 他一点儿（　　）穷，你不用给他钱。

　　2. 他不会（　　）钱，你放心。

　　3. 他穿衣服一点也（　　）随便。

　　4. 他（　　）方便来吗？

　　5. 你买的这种米（　　）差，挺好的。

　　6. 你的眼镜（　　）压碎吧？

　　7. 他平时也（　　）准时。

　　8. 他（　　）准时到达机场，客人自己去的饭店。

　　9. 小李办事（　　）仔细。

　　10. 我（　　）仔细想就答应了。

　　11. 他（　　）自觉遵守交通规则，说不定哪天会吃亏的。

　　12. 他（　　）自觉，我们也不好说他。

六、把下列句子中用得不对的副词改正过来。

　　1. 今天我出来得太急，把伞没带来。

　　2. 那么简单的题我究竟还做不出来吗？

　　3. 等你下一次来的时候，我们又好好谈一谈。

　　4. 不知道她是怎么了，说着说着猛然哭了起来，我也不知道该怎么劝她。

5. 你还知道，我并不喜欢吃肉，今后我来吃饭不要做那么多肉。
6. 我们立即才出发，你快一点儿。
7. 我每天早晨就要锻炼一下身体。
8. 不论怎么困难，她就决心把汉语学好。
9. 你们想去长城，我还想去。
10. 天都黑了，你就不快回家。

七、请在下列句子中适当的位置填上副词"就"。

1. 你们　先　走　一步，　我　去。
2. 他　十五岁　参加　了　工作。
3. 他们　说　干　干。
4. 他　这样　的　人，　他　白给　我　干　我　也　不要。
5. 你　最好　着　医生　这会儿　在，好好检查　一下。
6. 早　在　儿童　时期　我们　认识了。
7. 书架　上　有　那　几本　书。
8. 看见　他，　那个　小姑娘　扭头　跑。
9. 我　刚　出门　碰上　老李。
10. 这　问题　以前　早　研究　过了。
11. 专业　知识　来说，　我　远　不如他。
12. 他　一　干起　活来　什么　都　忘了。
13. 技术　而言，　我们　厂　的　篮球队　比　你们　强。
14. 他　再　有　钱　我　也　不　会　嫁　给他。
15. 再　加　一　点　满　了。
16. 那么　难　吃，　你　请　我　吃　我也　不　吃。
17. 这部作品　语言　看来，　不　像　宋朝　的。

18. 小李　　着　医疗队　来　的　机会，学　了　不少　医学　知识。
19. 他们　着　宿舍　周围　砌　了　一个　花　坛。
20. 出去的　时候　手　关一下　门。
21. 他　不　来，我们　也　有办法。
22. 我们　不　要　她　跟　我们　去。
23. 他　不干　不干，要　干就　真　像个　干　的　样子。
24. 他　不说　不说，一　说就　没　完　没　了。
25. 这　东西　他　拿　去　了　也　没用。
26. 比赛　比赛　吧,输　了　也　没　关系。
27. 小黄　从小　肯　学习。
28. 　　着　这场　雨，咱们　赶快　把　这些小树　栽　上。
29. 咱俩　才　抬一百斤，人家　一个人　挑　一百二十　斤。
30. 再　便宜　我　也不　想　买。
31. 我　有　一本，你　别　拿　走。
32. 你们　在　那儿　等　一会儿,我　这　走。
33. 　着　现在　太阳　好，你　把　被子　拿　出去　晒　一　晒。
34. 老师　一教　我　会　了。
35. 天　很　快　冷　了，我　得　为　你　准备　棉衣　了。
36. 他的　病　几年　以前　已经　确诊了。
37. 我　再　胖，也　赶　不　上　你。
38. 你　等　会儿，他　马上　回来。

39. 他 讲 完 我们 明白 了。
40. 他 既然 不 同意，那 算 了。
41. 你 不 让 干，我 要 干。
42. 老赵 学 过 法语，你 可以 问 他。
43. 老两口 有 一个 儿子。
44. 老赵 学 过 法语，没 学 过 别 的 外语。
45. 昨天 他 没 来，别人 都 来 了。
46. 这样，我们 来 到 了 西安。
47. 他 要 了 三张 票，没 多 要。
48. 老周 讲 了 半 小时，下边 就 讨论了。
49. 如果 他 去，我 不 去 了。
50. 他 就是 爱 下棋，一下 没完 没 了。

八、请在下列句子中适当的位置上填上副词"也"，有的句子可能需要填两个或两个以上"也"。

1. 你 去 北京 参观 访问，我们 去 北京 参观 访问。
2. 大人 好，孩子 好，没有 不 夸 她的。
3. 来 可以，不 来 可以，你 总得 给 我 个 信儿。
4. 我 说的 话，听 由 你，不听 由 你。
5. 风 停了，雨 住了。
6. 昨天 你 去 颐和园 了？
7. 将来 我 去 边疆 工作。
8. 老师 讲课，提 问题。
9. 我们 划船，游泳。

10. 天 亮了， 风 停了。
11. 他的个儿 高， 力气 大。
12. 地 扫了， 玻璃 擦了， 东西 整理了。
13. 他 会 英语， 会 汉语。
14. 馒头 我 吃， 米饭 我 吃。
15. 我们 唱 中国歌， 唱 外国歌。
16. 我们 中间 有 南方人， 有 北方人。
17. 他 前天 来了， 昨天 来了。
18. 这里的气候 我 喜欢， 不喜欢，看 怎么 说呢。
19. 他 有人 看着 认真 干， 没人 看着 认真 干。
20. 虽然 已经 下起 大雨 来了， 足球赛 要 按时 举行。
21. 你 不 说 我 知道。
22. 拼命 要 干 好 这项 工作。
23. 跑 最后 一名 要 坚持 跑完。
24. 三十人 没 这台 打谷机 快。
25. 你 说了 我 当然 知道， 你 不 说 我 知道。
26. 谁 不 说话， 眼睛 都 盯着 黑板。
27. 说 什么 咱们 不能 灰心。
28. 只要 大家 团结 一致， 什么 困难 能 克服。
29. 洗 洗 不 干净 了。
30. 听 没 听 进去 几句。
31. 再 修理 只能 这样了。
32. 最 远 就 远 二十米 左右。
33. 顶多 不 过 十公里。

34. 他 永远 不 知道 什么 是 累。

35. 反正 是 晚上 了，你们 就 明天 再 回村 吧。

36. 你 大小 是 个 负责人，怎么 一 句 话 不 说?

37. 人们 都 下 地 干 活儿 去 了，街上 人影儿 没有。

38. 他 一心 扑 在 工作上，有时候 饭 忘了 吃。

39. 他 头 不 抬，专心 学习。

40. 一颗 粮食 不 浪费。

41. 这儿 一点儿 晒 不着。

42. 树叶 一动 不 动。

43. 音量 就是 这样 了，不 能 再 大 了。

44. 这张画 还 拿 得 出去。

45. 我 看 只好 如此 了。

46. 难怪 她 不 高兴，你 太 不 客气 了嘛！

47. 情况 不 一定 会 像 你 说的 那样吧！

48. 你 不 是 外人，我 都 告诉 你 吧！

49. 节目 倒 不 错。

50. 写了 几次，总 写 不 好。

第三章

虚词的特征、应注意的用法及部分相关句式

3.1 介词及与介词相关的句式

介词是用在名词和其他名词性词语前组成介词短语的一种虚词。介词大多是由动词虚化而来的。例如：

按照	按	根据	照	照着	依照	依	通过
沿着	顺	顺着	向	向着	往	朝	朝着
从	自	在	由	打	自从	至	到
关于	对于	对	至于	就			
和	与	跟	同				
比	较之						

3.1.1 介词的语法特征

3.1.1.1 介词不能单说，要在后面加上宾语构成介词短语（又称为"介宾短语"）才能进入句子，充当句子成分。例如：

被她　　比我　　对于这个问题　　从学校　　根据国家规定
把那本刚刚买来的书　　就中国经济发展的战略问题

(1) 我被他害苦了。
(2) 以你的能力，你可以找到一份更好的工作。
(3) 这事由老张负责。

(4) 我们就照你说的去办。
(5) 他凭什么不负责任?

介词短语一般不能单说，但在对话里，有的介词短语能单说。例如：

(6) ——您从哪来?
    ——从上海。

3.1.1.2 介词不能重叠。例如：

* (1) 他比比你高。
* (2) 我对对他说了。
* (3) 你在在家里吃过了。

3.1.1.3 不能带动态助词"着、了、过"。例如：

* (1) 他给了我打针。
* (2) 你在跟着谁说话?
* (3) 他被过妈妈打了一顿。

"朝着、沿着、随着"，"为了、除了"中的"着、了"不是动态助词，而是这些介词的构词语素。

介词大多数是从动词虚化来的，现代汉语中许多介词兼属动词，有时是介词，有时是动词。做动词时有的可以重叠，有的可以带"着、了、过"。

3.1.2 某些介词的用法

3.1.2.1 对于 对 关于

第一，"对于"和"对"引进对象，或相关的人，或相关的事物。多数情况可以互换，但它们在用法上仍有一些差别：

A."对"引进的对象更广，能用于"对于"的都可以换用"对"；

B.表示人的名词性成分特别是单个的词前面多用"对"，表示事物的名词性成分一般用"对于"；

C."对"还相当于"朝"和"向"的意思。

(1) 她对我笑了笑。（"对"可换用"向"）
* (2) 她对于我笑了笑。

(3) 我们要对人民负责。（"对"可换用"向"）
* (4) 我们要对于人民负责。
(5) 王老师对学生要求很严格。
* (6) 王老师对于学生要求很严格。
(7) 我对他很尊敬。
* (8) 我对于他很尊敬。
(9) 对于我们双方在这个问题上的意见分歧，我们另外找时间坐下来好好谈一谈。
(10) 对我们双方在这个问题上的意见分歧，我们另外找时间坐下来好好谈一谈。

第二，"对于/对……来说"是一个介词短语，中间可以插入名词性词语或动词性词语。这种短语主要在句首做状语，也可以放在主语后面，表示从某人或某方面的角度来谈问题。

对于/对+NP/VP+来说

(1) 对于你来说，最好的一条路就是到国外把外语学好，再学一个有用的专业，然后回国来工作。
(2) 对于学外语来说，最有效的办法就是到以该语言为母语的国家去学习。
(3) 对孩子来说，母爱是不可缺少的。
(4) 药物对他的病来说不是最重要的，关键要加强锻炼，注意饮食。

第三，"关于"与"对于"的区别

A. "关于"引进涉及的事物，"对于"引进与动作的主体（人或团体）有相互关系的对象。例如：

(1) 对于冥王星的行星地位，我很感兴趣。
* (2) 关于冥王星的行星地位，我很感兴趣。
(3) 对于生物进化的问题，我了解得不多。
* (4) 关于生物进化的问题，我了解得不多。
(5) 对于他，我没有任何意见。

* (6) 关于他，我没有任何意见。

(7) 关于云南路南石林，当地还有许多传说呢。

* (8) 对于云南路南石林，当地还有许多传说呢。

(9) 对于不正之风，我们不能听之任之。

* (10) 关于不正之风，我们不能听之任之。

如果两种含义都有，"关于""对于"都可以用。例如：

(11) 关于（对于）食堂卫生的问题，学校领导一定研究解决。

(12) 对于（关于）冥王星的行星地位，这篇文章讲得很清楚。

(13) 对于（关于）生物进化的问题，这本书讲得很详细。

B. "关于"与"对于"构成的介词短语充当状语在句中语序上还有差别。"关于"构成的介词短语充当状语，放在主语之前，而"对于"构成的介词短语充当状语可以放在主语之前，也可以放在主语之后。

关于……+主语……

(1) 关于恐龙灭亡的原因，我看过一些分析文章。

* (2) 我关于恐龙灭亡的原因看过一些分析文章。

对于……+主语……
主语+对于……

(3) 我对于日本文学了解得不多。

(4) 对于日本文学，我了解得不多。

(5) 我对于中医、中药非常感兴趣。

(6) 对于中医、中药，我非常感兴趣。

3.1.2.2 至于

……至于+NP/VP，……

介词"至于"前面必须有一些话语，用在一个小句或句子开头，"至于"前说的是一个话题，而"至于"引出的是与前一话题相关的另一个话题，有时进一步把话题引向深入，后面的名词性词语或动词性词语就是引入的新话题。"至于"在语义上大致相当于"说到、谈到"。例如：

(1) 熊是杂食动物，吃肉，也吃水果，也吃果实块根。至于熊猫，则完全是素食动物。

(2) 这次出去旅游，小张负责交通，小李负责住处，小王负责吃饭，至于我嘛，负责选择旅游项目。

比较：至于——关于。"关于"不是在一个话题的基础上引出另一个话题，它所引出的主要是一个单独的话题。"关于"还可以用来构成文章名和书名，"至于"不能这样用。例如：

(3) 今天讲到这儿，关于茶叶的保健作用，我下次再介绍。
《关于冥王星的地位》《关于地球的起源》

3.1.2.3 就

"就……"所构成的介词短语可以放在主语前，也可以放在主语后。
第一，引进动作的对象或范围。例如：

(1) 大家就孩子的教育问题展开了热烈的讨论。
(2) 就专业知识来说，他们要比我们学得扎实得多。
(3) 就技巧而言，中国队要比他们略强一些。
(4) 昆明就气候来讲，是最适宜生活的城市。

第二，表示从某方面来论述，常常含有和其他人或其他方面比较的意思。其中的"就"大多数可以换为"对"。例如：

(1) 就我们没专门学过的人来讲，能够看懂这些书就很不错了。
(2) 就我来说，再干几小时也不成问题，可身体弱的人该休息了。
(3) 就我们公司来说，出多少钱不是问题，问题是出得是否值得。

3.1.2.4 就着

"就着"作为一个介词，其中的"着"不是动态助词，是构词语素，"就着"表示趁着什么，借着什么，以便干什么。例如：

(1) 你最好就着老师在，问一问老师那道数学题。
(2) 我就着那些医生来给他看病的机会，也让那些医生给我检查了一下身体。

(3) 就着现在他们休息的时候，你赶快去向他们请教几个问题，这个机会很难得。

3.1.2.5 从

第一，指出时间的起点，时间词语后面有的可以加"起"，形成"从……起"。例如：

(1) 我们从今天起每天锻炼一个小时。
(2) 从地震发生以后，灾区已经死了三十多人了。
(3) 他的手术从九点做起，已经做了五个小时了。

第二，指出动作变化的起点，后面可以跟名词性成分或动词性成分。例如：

(1) 我们从北京出发。
(2) 长江从青海发源经过了十个省流进大海。
(3) 下了一场大雨后，江水从五米涨到了六米。
(4) 几年之后他从外行变成了内行。
(5) 你一定要从切菜、选料做起，一步一步来，扎扎实实学，今后才能成为一个优秀的厨师。

第三，指出通过的场所。例如：

(1) 火车从山洞里钻了出来。
(2) 月光从云缝里射了出来。
(3) 游行队伍要从天安门前通过。

第四，表示凭借、根据。例如：

(1) 从地图上看，滇池只是很小的一个湖，但是它是云贵高原最大的淡水湖，是高原上一颗璀璨的明珠。
(2) 从你的症状看，你一定是感冒了。
(3) 我们要从实际情况出发，不要从书本出发。
(4) 从报案人描述的情况看，作案人不是第一次作案，而是一伙惯犯，有十分丰富的反侦察经验。

第五，表示范围。例如：

（1）我们从保护环境谈到节约能源和开发新的能源。

（2）从孩子身上我们可以学到许多的东西。

（3）这个问题应当从理论的高度来认识，不能只是就事论事。

从……到……

表示时间、空间、具体的事物或抽象的事物的范围。"从……到……"中间可以放入名词性成分、动词性成分，也可以放入形容词性成分。

（1）从北京到新疆乌鲁木齐要坐五十多个小时的火车。

（2）听到这个消息，从工人到干部都很高兴。

（3）从乌苏里江到喜马拉雅山，从东海之滨到天山脚下，各族人民都为祖国的繁荣而努力奋斗。

（4）我们要从生活上到心理上关心孩子的健康成长。

（5）这个厂的产品从原材料的购进到每一道工序都有检验员严格把关。

（6）从一个人的谈吐到衣着打扮往往可以看出其受教育的程度和个人修养。

（7）你应当从易到难，一步一步地学。

（8）从小到大我一直都在这个城市，从来没有离开过。

有的"从……到……"中的"到"前可以加进"一直、直"。例如：

（9）他从昨天上午一直到今天下午2点一直在写那份计划书。

（10）从小学直到大学他都是班里的尖子。

（11）为了和其他公司竞争，他们从设计新产品直到投入生产只花了三个月的时间，所以他们的新产品很快占领了市场。

（12）他们俩从第一次见面直到结婚，前后不过两个月的时间，大家都觉得这未免太仓促了点儿。

从+NP/VP+V+到……

（1）他们公司的股票从1元一股涨到26元一股。

(2) 昨天我见到了多年前的老朋友，我们从小时候孩子顽皮的恶作剧、这些年的磨难聊到各自的家庭、今后的理想。

(3) 从北京飞到伦敦要多长时间？

(4) 他们从一千元的资金发展到今天已经成为一家拥有上亿元资产的大公司。

(5) 他的心脏手术从9点做到下午4点才做完。

3.1.2.6 向

第一，"向"表示动作的方向。"向+NP"构成的介词短语常常放在以下动词前面或后面：

| 走 | 飞 | 冲 | 奔 | 流 | 飘 | 漂 | 转 | 倒 |
| 投 | 驶 | 拉 | 推 | 划 | 开 | 射 | | |

$\boxed{\text{V+向+NP}}$

(1) 看到那辆汽车，我猛地一下把他推向路旁，避免了一场车祸。

"向+NP"放在动词前，"向"后可以跟动态助词"着"。例如：

(2) 那辆失控的汽车向着路边的人群驶去。

"向"跟在动词后面时可以带动态助词"了"。例如：

(3) 他们把小船划向了岸边。

(4) 台风把他们的船刮向了完全相反的方向。

$\boxed{\text{向+NP+VP}}$

(5) 人往高处走，水向低处流。

(6) 部队正向南进军。

(7) 那小竹筏向下游漂去。

(8) 警察向示威的人群投催泪弹。

第二、引进动作的对象，"向"后面的名词性成分主要表示的是人或单位团体，在句中主要做状语。

⎡向+NP+VP⎤

（1）我向他借了一把雨伞。
（2）我们都应当向他这样的好学生学习。
（3）我向银行申请了贷款，不知道他们会不会批准。
（4）那个年老的乞丐向过路的行人要钱。

以上例句中的动词都带有"获取"的语义特征。也有的没有"获取"义。例如：

（5）这事只有你向他们解释吧。

⎡向+NP+表示/宣誓/发誓⎤

（1）我向领导表示了我对这个问题的看法。
（2）他向他妈妈表示今后一定要努力学习。
（3）全体运动员向祖国庄严宣誓：一定要全力拼搏，以最优异的成绩向祖国人民汇报。
（4）他向他女朋友发誓：海枯石烂也不会改变对她的爱。

3.1.3 "连"字句

介词"连"常常和副词"都、也"构成一种表示强调的句子，另外还隐含着比较的含义。"连"字句中，后面与"都"配合出现的频率要远高于"也"。

（1）连孩子都知道这里不能来。（隐含着：大人更应该知道）
（2）这道题连老师都不会做。（隐含着：学生更不会做）
（3）现在连路也看不见了，我怎么敢开车呢？
（4）这种鱼我连见也没见过。（隐含着：更别说吃了）

副词"都、也"可以和"连"配合使用，构成以下格式。

⎡连……都/也……⎤

（1）他连那么难的题都能做出来，可见他的数学水平的确很高。
（2）连老师都不认识这个字，更别说我们了。

(3) 他连下象棋都不会，更别说下围棋了。

(4) 你怎么连他也认不出来？

3.1.3.1 "连……都/也……"句的语义特点

第一，"连……都……"通过对一个语义范畴连续统（continual series）的两端的否定或肯定来强调某种情况。我们可以用以下示意图来表示：

A B C D E F G H I J K

由于 A 是最低程度的，K 是最高程度的，否定 A，隐含着 K 是根本不可能达到的。

(5) 连手都没拉一下。（王朔）（隐含着别的事根本不可能做过）

(6) 说出来连自己都不信。（王朔）（隐含着别人更不可能信）

由于 K 是最高程度的，肯定达到 K 或 K 附近的程度，隐含着不用说 A 或 A 附近的程度自然也是如此。

(7) 那时他连坐都坐不稳，要四周堆满枕头才能煞有介事地环顾左右，目力所及之处皆为新鲜有趣、闻所未闻的东西。（王朔）（隐含着站或走等其他动作根本不可能做）

(8) 她连我都指使得像个球儿似的团团转。（王朔）（隐含着她指使起别人来更不用说怎么指使了）

第二，根据我们对王朔 24 部小说中 160 个"连……都……"句的研究，否定性的"连……都……"占 60%。

(9) 我从小胆小，走路连蚂蚁都不敢踩。（王朔）

(10) 要说你连鸡都没见过，连我也不信。（王朔）

(11) 兜了一圈，连十分钟都没有就回去了。（王朔）

3.1.3.2 "连……都"句的成分特点

第一，连+NP+都

根据我们的调查，在王朔 24 部小说中 160 个"连……都……"句中，"连"和"都"之间为名词性成分的占 87.5%（其中 68.1%的是受事，13.75%是施事）。

(1) 我这病怎么连饭都不能吃了？（王朔）

(2) 怎么连个媳妇都留不住？（王朔）

第二，连+VP+都/也

"连……都"之间也可以是动词性成分，根据我们的调查，在王朔24部小说中的160个"连……都……"句中，"连"和"都/也"之间的成分动词性的占10%。例如：

(3) 那时他连翻身都没有力量。（王朔）

(4) 我连想都没想过。（王朔）

"连……都"之间有少数形容词可以进入。王朔24部小说中160个"连……都……"句中，"连"和"都"中间的成分为形容词性成分的仅有1例，"连红都不红"。我们可以这么说：

(5) 他说那么大的谎话，脸连红都不红一下。

第三，连+复杂形式+都

有少数比较复杂的成分可以进入"连……都"之间，构成"连……都"句。例如：

(6) 你那么有能耐，连我被窝里放个屁你都给数着。（王朔）

"连"主要放在主语后面部分，也有的放在句首。例如：

(7) 连客气、寒暄都很慌张。（王朔）

有的句首的"连"所引介的名词性成分是谓语中心语的受事，这样的"连"和它后面的受事可以移动到句子的主语后面。例如：

(8) 连这么个笨蛋你们都瞒哄不住，干什么吃的！（王朔）
→你们连这么个笨蛋都瞒哄不住，干什么吃的！

"连"后的名词性成分中带有数词"一"的后面多数是否定的。例如：

(9) 教室里连一个人都没有。

(10) 我连一分钱都没有。
(11) 他连一句英语也不会说。
(12) 他们连一分钟也没休息。

3.1.3.3 "连……都……"句法功能

"连……都"结构充当分句和谓语的占大多数，充当其他句法成分的不多，但都能充当。这一结构可以融入兼语句、"把"字句、"被"字句、连谓句等句式中，还可以构成紧缩复句。

(13) 你竟连我十年前的天涯海角随便说的话都知道得一清二楚。（王朔）
(14) 没劲还是没劲，但再没劲也不至于连筷子都拿不动。（王朔）
(15) 吓得连家都不敢回。（王朔）
(16) 这是个连傻瓜都遵循的逻辑，或者说是个简单的傻瓜式的思路。（王朔）
(17) 你到农贸市场买菜连价钱都不好意思问嘛。（王朔）

3.1.3.4 "连……都……"句中的歧义

有的"连……都……"句，如果句首的主语和"连"后面的成分是人或动物时，就可能造成歧义。例如：

(18) 这孩子连他爸爸都不认识了。
(19) 这只狗连他的主人都认不出来了。

思考与练习（14）

一、介词能单独充当句子成分吗？
二、介词主要的功能是什么？
三、请在下列句子横线处选择以下介词中适当的填上。
  在 从 向 关于 对于 对
  1. 你准备＿＿＿＿上海回国吗？
  2. 你＿＿＿＿大使馆申请签证了吗？

3. _____这个问题我想谈一点自己的看法。

4. 你_____北京有亲人吗？

5. _____他的观点我有一些不太同意。

6. 他_____什么地方打电话来给你？

7. 我_____他说了我的打算。

8. 你_____她说了什么？她一回来就哭起来了。

9. 难道你_____他没有感情吗？

10. 我们一定要_____思想上重视这个问题。

四、选择适当的介词填到适当的位置上。

　　在　　从　　向　　关于　　对于　　对

1. 他们　出去　时　没　你　说　什么吗？
2. 你　什么　时候　开始　学　汉语的？
3. 我　报纸　上　看　到了　你　说的　那　篇　文章。
4. 你　读　过　鲁迅　散文　的　评论文章　吗？
5. 他　走的时候　有　话　想　你　说，但没　说　出来。
6. 我们　应当　他　这样　的　人　学习。
7. 他　小　就　喜欢　唱　这些　歌。
8. 你　他　的　家　里　看　到　了谁？
9. 我们　再　也　不　能　荒漠化　的　问题视而不见了。

五、用"连……都/也……"改造下列句子。

1. 他没有见过他的亲生父亲。
2. 我不会说一句法语。
3. 老师觉得这道题很难。
4. 这个字幼儿园的孩子也认识。

六、修改下列病句。

1. 我向我朋友那儿借了一笔钱。

2. 你不从你走之前把这些手续办了吗？

3. 他一不小心向楼梯上摔了下来。

4. 你关于这个问题还有什么意见？

5. 关于你的住房，领导会认真考虑的。

6. 在车站上没有多少人。

7. 在路那边开过来一辆公共汽车了。

8. 我对于他说了你的意见了。

9. 你能不能从他要一些鲜花来。

七、请在括号内填上适当的介词。

1. 一天，与一位朋友闲聊，自然而然地又扯到胃病上来。朋友说，我的邻居也是一个老胃病了，他经常倒立，坚持了两年，结果不但能吃能睡了，（　　）多年的胃病也治好了。

2. 在将近十天的行程中，他向我们介绍了许多（　　）他和他的家乡的情况。

3. 正在斯里兰卡进行正式友好访问的中国全国政协主席贾庆林28日在总统府会见了斯里兰卡总统库马拉通加夫人。双方（　　）双边关系等问题进行了友好交谈。

4. 国家林业局日前发布《（　　）加强未成年人生态道德教育的实施意见》，就进一步加强未成年人生态道德教育做出部署。

5. 为迎接中国农历甲申年的到来，澳大利亚珀斯铸币局日前（　　）中国钱币博物馆赠送该局铸造的彩色猴年金银纪念币一套。

6. 随着气候变暖，作物生长季延长，昆虫在春、夏、秋三季繁衍的代数将增加。温度高还为各种杂草的生长提供了优越的条件。因此，气候变暖可能会加剧病虫害的流行和杂草蔓延。病虫害出现的范围也可能（　　）高纬度地区延伸。

7. 他这次去中国访问的一个重要目的，就是要（　　）中国学习如何实现持续的经济发展，如何在快速变革的社会中维持稳定和平衡。

8. 以"发展体育产业，促进奥运经济"为主题的首届中国体育创业论坛11月26日在北京体育大学举行。数位体育产业专家（　　）我国体育产业投资前景和体育产业高级人才培养作了专题报告，引起百余名与会体育专业人士的极大兴趣。

9. 徐匡迪在中国工业经济联合会第四次全国会员代表大会上说，我国工业发展面临的三大机遇是：经济全球化与世界制造业（　　）中国转移；国有大型工业企业改革深化和多种所有制工业共同发展；城市化进程不断加快，农村剩余劳动力（　　）非农产业转移。

10. 在华盛顿的美国官员为了保守秘密，甚至营造了一种虚假气氛，使人们误以为布什将在牧场过感恩节，甚至（　　）菜单内容都已向新闻界公开。

11. 但在本届奥运会上，法语仍没得到应有的尊重。在一次（　　）安全问题的会议上，因为只说英语而没有译成法语，由贝宁代表带头、一些非洲国家代表愤而退场，以示抗议。

12. 因为怕迟到被罚站，他经常是一路小跑去上学；后来考上离家25公里的邻县的一所中学，家里甭说汽车，（　　）自行车也没有，他全靠两条腿、一双脚往返家校两点一线，星期六下午回家，星期日下午背柴粮返校，如此这般风风雨雨跋涉了3年。

13. 1913年1月9日，理查德·尼克松在这里出生。这个占地850平方英尺（约79平方米）的农舍里布置得井井有条，但显得比较拥挤。一个客厅、一间卧室（尼克松父母居住）、一个厨房，一览无余，（　　）墙边都做上了简易坐凳。

14. （　　）石家庄外国语学校初一、初二年级的同学们来说，每周五下午的选修课成了大家的美好时光。

15. 欧盟委员会和欧洲货币联盟12个成员国的财政部长（　　）德国和法国的财政赤字超标问题举行了长达9个小时的通宵达旦的会议之后宣布，由于没有取得与会财长2/3的多数票，会议没有接受欧盟委员会负责经济和货币事务的委员彼得罗·索尔贝斯对德法两国采取惩罚措施的建议。

16. （　　）接收的艾滋病毒携带者，她们也是一视同仁，精心护理。

17. 参与考古发掘的北京大学明年还将组织一个（　　）周史研究的国际会议。

18. （　　）阿尔巴特街名的由来，听过一个传说：从前这里住着许多阿拉伯商人，他们经常用板车装载货物，人们就用板车的俄语发音，来命名这条街。不过，又有人说，"阿尔巴特"是阿拉伯语，意为近邻。

19. （　　）梅兰芳访美演出，美国著名的文艺评论家斯达克·杨在题为《梅兰芳和他的剧目》一文中这样评价："在一个属于古老民族的传统艺术和一个被他们的人民尊为伟大艺术家的人面前，我们大多数观众必定会感到卑微……梅兰芳的表演使我见到本季戏剧的最高峰，也是自杜丝的访问和莫斯科艺术剧院上演契诃夫戏剧以后所有戏剧节里的最高峰。"

20. 或许有人会说，用"零头布"读书，骤停骤读，难免会扫了人家的读书雅兴。然而，（　　）一个有志于读书的人来说，只要早早有心理准备，只要不是冥顽透顶，其必然会从中读出趣味来。

21. 她们约定"十年"之后再在香樟树下相聚。可这十年（　　）刚刚走出校门的三个女孩来说，竟像一生那么漫长。

22. 在这里（　　）李白的民间传说颇多，从其母食红鲤而生白，到老婆婆铁杵磨针，乃至诗镇石牛、井洗笔砚、勇斗白龙、匡山习剑等等，都和诗人的"谪仙"之名相符，亦充满了故乡人对李白的尊崇与热爱。

23. 欧阳自远在晚上专门举办了一场（　　）月球的讲座，文学家们欣然前往，虽然原本诗情画意的月球在院士的描述下成了一个死寂的巨大石头，但他们表示还是愿意了解最新的科研成果，当然这也并不妨碍他们继续写出（　　）月球的浪漫诗篇。

24. 作为国家教育发展研究中心的创始人，郝克明参与了（　　）教育体制改革的决定、中国教育改革和发展纲要、中国教育发展"九五"计划和2010年远景目标等一系列重大教育决策的研究，取得了重要科研成果。

3.2　连词及其运用中应注意的问题

3.2.1　连词的分类

连词首先分为并列和偏正两类，但每类里还可以表示不同的功能。它们所表示的意义关系也是多种多样的。例如：

选择——不是（与"就是"配合）（不是东风压倒西风，就是西风压倒东风）

取舍——与其（与其你去，还不如我去）；宁（宁要贵的，不要差的）

递进——不但、不单、不光、不只、甚至、乃至
顺承——跟着、接着、从而
解说——譬如、比如、即、总之
类及——此外、同样、另外
假设——如果、假若、倘使、要是
条件——只有、一旦、但凡、除非
原因——由于、因为、既然
让步——虽然、虽说、尽管、固然

从句法功能上大致可以分为三种：

第一，主要连接词、短语的。例如：

和　与　跟　同　及　以及　或

第二，主要连接词语、分句的。例如：

而　并　而且　并且　或者

第三，主要连接复句中的分句的。例如：

虽然　不但　不仅　但是　如果　因为　所以　然而　与其

3.2.2 连词的语法特征

3.2.2.1 表示词、短语、分句、句子之间的关系；

3.2.2.2 不能充当句子成分，也不能单独回答问题；

3.2.2.3 常常和副词配合使用。如："只有……才……"、"如果……就……"、"无论……都……"、"只要……就……"。

3.2.3 连词和介词的兼类

连词"和、与、跟、同"也兼属介词。

（1）我和小李都会说英语。（连词）

（2）我和小李说了那件事了。（介词）

"和、与、跟、同"的区分从以下几方面来看：

3.2.3.1 连词"和、与、跟、同"所连接的两部分一般可以调换位置

而语义不变，而介词后面的部分与它前面的部分调换位置后语义发生了变化。如例（1）变换为"小李和我都会说英语"后语义没有变化，而例（2）变换为"小李和我说了那件事了"语义发生了变化，说话人由"我"变为"小李"了。

3.2.3.2 连词"和、与、跟、同"连接的两部分在语义和语法上是对等的，连词与它所连接的两部分同时发生句法关系，它们处于同一句法平面，所以连词前面不能加入状语，例（3）不能成立。如果要加状语要加在连词后面的词语的后面，如例（4）。而介词与前面的部分没有直接的句法关系，它与后面的部分组合起来构成介词短语以后修饰谓语中心语，主语后面包括介词短语在内的整个谓语和前面的部分发生句法关系。介词与前面的部分不处在同一句法平面，所以介词前面可以加入别的状语，例（5）可以成立：

* （3）我以前和小李都会说英语。
（4）我和小李以前都会英语。
（5）我昨天和小李说了那件事了。

3.2.4 连词"并"及副词"并"

3.2.4.1 连词"并"的使用。"并"表示更进一层的意思，用来连接并列的双音节动词。例如：

（1）我们要保持并发扬优秀的民族传统。
（2）会议讨论并通过了中国第一部《语言文字法》。
（3）我完全赞同并全力支持你们的主张。

连词"并"还可以用在复句中后面的分句前面，仅限于主语与前面的分句主语相同，主语承前省略的情况。例如：

（1）他们1986年结婚，并于同年生了一对双胞胎。
（2）他应邀参加了会议，并在会上作了一个十分精彩的讲话。

3.2.4.2 "并"还有副词的用法。
第一，表示两件以上的事情同时进行或同等对待。例如：

(1) 学外语要取得好的效果，应当听、说、读、写并重。

(2) 在中国市场，机遇与挑战并存。

注意：仅限于用在某些单音节动词前。如"并举"。有的成语中也有此用法，如"相提并论"。

第二，用在否定词"不、没（有）、未、无、非"前，加强否定的语气，带有否定某种看法，说明真实情况的含义。例如：

(1) 你不要多心，他并没有跟我说你的坏话。

(2) 情况并不像你想象的那么糟，我们还有机会。

(3) 这些产品的效果并不像广告中吹得那么神。

(4) 讲团结并非不讲原则。

3.2.5　连词的省略

3.2.5.1　连词在复句中的省略。连词与副词配合主要用在复句中，在这样的句子中，副词作用更大。所以有的复句中的连词可以省略，但副词往往不能省略。例如：

(1) 只有你们去我才去。

(2) 你们去我才去。

(3) 如果明天下雨我就不去了。

(4) 明天下雨我就不去了。

3.2.5.2　并列连词有的可以省略。当并列连词用来连接名词时可以省略。例如：

(1) 工人、农民、解放军和知识分子都为我们国家的建设作出了很大的贡献。

(2) 工人、农民、解放军、知识分子都为我们国家的建设作出了很大的贡献。

(3) 这几年他们家先后买了电冰箱、电视机、洗衣机和计算机。

(4) 这几年他们家先后买了电冰箱、电视机、洗衣机、计算机。

当然用上连词"和"更好。

3.2.5.3 连接代词的连词一般不能省略。例如：

* (1) 我们、他们都要去。
* (2) 老王邀请他们、你们去。

3.2.5.4 连接人名和代词的连词也不能省略。例如：

* (1) 小王、我都希望你们、小李来。
* (2) 我、李明在黄山看到了日出。

思考与练习（15）

一、连词能不能单独回答问题？

二、连词常常和什么词在一起配合使用？

三、在以下句中适当的位置上填上适当的连词。

1. 你　他　的　关系　现在　怎么样？
2. 你们学校　他们　学校　都是综合　大学吗？
3. 我　二十年　前　就认识　你们的父母　你们的老师　了。
4. 中国　古代文学　当代文学　你　更　喜欢哪　一　种？
5. 小王　的　主意　老李　的　主意　都很　有　价值。
6. 中国的长城　埃及的金字塔　一样　都是　人类智慧的结晶。

四、用"并"改造下列句子。

1. 工程师找出了机器的毛病，工程师制定了修理的方案。
2. 他1999年毕业，他留在了学校附属医院工作。

五、用"并"加否定词来完成下列句子。

1. 说真的，你的意见我_____。
2. 我们_____，我们要鼓起勇气，坚持到底。

3. 这件事他_____。

4. 领导_____，我们还可以再做工作。

六、请在以下句子中括号处填上适当的介词或连词。

1. 为了满足国人长久的向往，中国国家博物馆将于 2003 年 12 月 5 日至 2004 年 1 月 5 日这一黄金季节，迎奉来自古老尼罗河的问候：包括埃赫那吞法老巨像在内的 143 件埃及国宝将辞别上海，（　　）首都观众见面。

2. 我国气候变化的趋势（　　）全球气候变化的总趋势基本一致。1985 年以来，我国已连续出现了 17 个全国大范围的暖冬。

3. 简而言之，除了法老引人注目外，日常生活用品、丧葬习俗文化都值得一看。其中最珍贵者当然是埃赫那吞法老巨像。这尊巨像高 1.9 米，重 1.8 吨，下面有裂纹（　　）被破坏的痕迹。在人类历史上，埃赫那吞法老第一个反对多神教，提倡一神教。

4. 现在不少农民靠自己的辛勤劳动为城里人建设美好的生活，但却得不到应有的理解（　　）尊重，他们不叫工人，而叫民工；他们干着最苦最累最危险的活，承担着老板拖欠工钱的风险；这还不够，还要被城里人取笑，成为被讽刺、被挖苦的对象。

5. 正像他们所说，城市的大楼是我们盖，城市的大桥是我们建，首都的发展变化举世瞩目离不开我们的辛勤劳动，看到北京的美好有我们的一份功劳，同时体会劳动是最光荣的。希望越来越多的媒体关注这一群体的工作状况（　　）业余文化生活，给予物质上精神上的支持，倡导自尊自爱自强。

6. 珀斯造币厂是澳大利亚仍然在生产运营中的最古老的造印厂，建于 1899 年，生产（　　）销售的贵重金属币、章、收藏品等均居世界领先水平。中国钱币博物馆副馆长姚朔民说，珀斯造币厂这套生肖猴彩色金银纪念币已在我国发行，收藏价值十分之高。

7. 最近几年，（　　）阿根廷经济受到金融危机的打击，但对华出口基本保持稳定。今年以来，阿根廷经济开始复苏，对华出口迅猛增长。

8. 中国女排的训练比国外队员要刻苦，人家每天练两个小时，中国女排的姑娘们要练 5 个多小时，（　　）国外的训练环境好，选手的身体素质好，但是，因为中国女排比她们流了更多的汗，所以才能夺冠。

9. （　　）在几年前，有人说冬季到新疆旅游，恐怕会被认为是痴人说梦。然而，近几年来，冬季到新疆旅游的人数大幅增长。今年入冬以来，来新疆旅游的人数，又比去年同期增长10%左右。

10. 刚入冬，就下了一场大雪，漫长的冬天里，（　　）没有痛痛快快地下过一场雪，会让人心中焦躁。我总以为，冬天无雪，就好像大地有山而无水，失去了灵性，没有了韵致。

11. 又到年关，（　　）那些辛苦劳作了一年的农民工来说，最揪心的莫过于不能顺利拿到工钱。虽然近年来日渐增多的拖欠农民工工资问题让他们心情无法轻松，但国务院刚刚发布的《关于切实解决建设领域拖欠工程款的通知》无疑给了他们很大的希望。

12. 这些优惠政策（　　）外资具有极大吸引力。

3.3　助词

3.3.1　什么是助词

助词是附着在词、短语、句子上面表示一定语法意义的虚词。

3.3.2　助词的分类

助词可以分为以下四类：
结构助词：的、地、得
动态助词：了、着、过
比况助词：似的/地、一样、（一）般
其他助词：所、给、们、第

3.3.3　助词的使用

3.3.3.1　结构助词"的、地、得"的使用

"的、地、得"在口语里都是读作轻声（·de）。
第一，"的"的功能。"的"的功能有以下几种：
① 定语的标志。例如：

工厂的设备　模糊的印象　实在的效果　真正的朋友　他的出现

② 附在实词或短语后面构成"的"字短语，使一个结构名词化。例

如：

国家的　红的　我的　吃的　开饭馆的　丈夫在中国开公司的

③插在述宾短语中，起某种强调作用。有时"的"插在述宾短语中，或插入离合词中间，强调过去某一时间发生的事情。例如：

(1) 他昨天到的北京。
(2) 我们今天开的业。

有时"的"插在述宾短语中，强调动作的发出者。例如：

(3) 今天吃饭是他出的钱，我没有出钱。

有时"的"插在述宾短语中，强调处所。例如：

(4) 他在美国读的博士。

第二，"地"的功能。"地"是状语的标志。动词或动词性短语、名词或名词性短语充当状语常常要加"地"。例如：

关心地问　充满感情地说　客观地历史地分析他在当时的影响

第三，"得"的功能。"得"是补语的标志，有的补语，如状态补语需要在动词和形容词后面加上"得"。例如：

描写得惟妙惟肖　紧张得听得见自己的呼吸　做得像真的

3.3.3.2　其他助词的使用

"给"口语中用在有的"把"字句和"被"字句中主要动词之前。例如：

把钱包给弄丢了　被他给搞坏了　让我给听到了

思考与练习（16）

一、结构助词"的、地、得"的主要功能是什么？
二、请在下列句子括号中填上适当的结构助词。

1. 在阅读历史文学作品、日记、信函等叙述时，学生要能够避免用现今的观点和价值标准去判断衡量历史，而是要历史（　　）考虑事件的前后联系和具体情况。

2. 在外旅游的那些日子，没有考试的紧张、没有城市的喧嚣，生活愉快（　　）如同一首田园诗。

3. 看到这样的情景，我气愤（　　）话都说不出来。

4. 大自然太神奇了，这幽静（　　）峡谷，山峰云雾缥缈，它像是仙境，也像是梦境。我畅游其中，怡然自得，好不惬意，深深（　　）吸一口气，大自然（　　）气息是那么清纯。

3.4 语气词

3.4.1 语气词及其特点

语气词一般用于句末，表示各种语气。语气词具有附着性，一般附着于句子末尾或分句末尾，读轻声。

3.4.2 语气词的分类

3.4.2.1 表示陈述语气的

表示陈述语气的主要有：了₂、呢、嘛、来着、着呢、罢了。

"呢" 表示持续，肯定某种行为或状态的存在或不存在，常常和"在、正、正在"等词配合使用。例如：

(1) 你的字典在书架上呢。
(2) 他们正开会呢。
(3) 你的事情还没有研究呢。
(4) 刚才吓死我了，我的心现在还砰砰砰地跳呢。
(5) 他还在生气呢，你别去惹他。

"呢" 还带有夸张和强调的语气。例如：

(6) 有我们呢，你不要害怕！
(7) 十万块钱呢，这可不是小数。

"嘛"

第一，表示事情本应如此或者理由是明显的。

(1) 我本来就不知道嘛。
(2) 有意见就提嘛，有什么不好说的。
(3) 没钱就不要买嘛。
(4) 这事应该他负责嘛。

第二，表示期望、劝阻。

(1) 你走快点儿嘛。
(2) 你开慢点儿嘛，这儿路滑。

第三，用在句中停顿处，提醒受话人注意。

A. 用在主语后面强调主语，或用在分句后面，有"说到"或"至于说"的意思。

(1) 这个问题嘛，我也不懂。
(2) 学汉语嘛，就是得经常说，经常看书、看电视。
(3) 我们不喜欢看他写的书，理由嘛，主要是他写的都是生活中的琐事。

B. 用在假设分句的末尾。

(1) 不喜欢嘛，可以换别的。
(2) 没有去过嘛，可以去一趟，那地方挺好的。

C. 用在某些副词、连词或应答语之后。

(1) 赶快嘛，时间不多了，去晚了就来不及了。
(2) 我没有带伞，所以嘛，我就打车回来了。
(3) 好嘛，就照你说的去办。
(4) 对嘛，你这样做就对了，别人有困难就应当帮助别人。
(5) 其实嘛，这地方我也没有来过，我只是听朋友说这儿很好。

"来着"用在句末，一般表示这是不久前发生的事情。例如：

(1) 我们昨天还在一起吃饭来着。
(2) 小王刚才还在这儿来着。

"着呢" 用在形容词性词语后面，表示肯定某种性质或状态，略带夸张的语气，用于口语。

(1) 这辆车贵着呢！
(2) 这孩子聪明着呢，才五岁，已经能认一千多汉字了，算术也会算。
(3) 那条路难走着呢，二十多公里，我们开车走了一个半小时。
(4) 去那儿远着呢！

形容词带上"着呢"以后不能再受程度副词修饰，不能再带程度补语。

辨析：语气词"着呢"不同于表示动作持续的"[（V+着）+呢]"，后者中的"着"是表示动作持续进行的动态助词"着"，"呢"是语气词。例如：

(5) 他在床上躺着呢。
(6) 她昨天哭了一夜，现在眼睛还红着呢。

"罢了" 表示"不过如此"、"算不了什么"，有时含有轻视的语气。

(1) 我只是随便说说罢了，没有别的意思。
(2) 几十块钱罢了，你不要放在心上。

"罢了"与"呢"正好表达相反的语气。例如：

(3) 几十块钱呢，你以为便宜呢？
(4) 十公里罢了，不远。
(5) 十公里呢，走路怎么去？

3.4.2.2 表示疑问语气的

表示疑问的语气词有三个：吗、呢、吧。其中只有"吗"是专用的疑问语气词，它只表示疑问语气。"吗"用在一般是非疑问句末尾。所谓"一般是非问"是发话人对情况的是与非没有多少把握,提出问题来问受话人。"吧"用在猜度是非问末尾。所谓"猜度是非问"是发话人对情况已经有了一定的把握,但又不能完全肯定,还有一定的疑问而发出的疑问。例如:

(1) 他是美国学生吗?（一般是非问）

(2) 他是美国学生吧?（猜度是非问）

(3) 你有自行车吗?（一般是非问）

(4) 你有自行车吧?（猜度是非问）

(5) 商店开了吗?（一般是非问）

(6) 商店开了吧?（猜度是非问）

"呢"用在特指问、选择问以及正反问末尾,表示深究的疑问语气。例如:

(7) 你去哪儿呢?（特指问）

(8) 图书馆今天开不开门呢?（正反问）

(9) 假期你是去上海,还是去香港呢?（选择问）

例（7）、（8）、（9）末尾的疑问语气词"呢"可以去掉,但加上它含有深究的疑问语气。"呢"可以加在一个词或短语后面构成特指问,这样的问句末尾的"呢"是不能去掉的。例如:

(10) 你的同屋呢?

(11) ——我不想去逛街。

　　——那去游泳呢?

(12) ——明天一定要出去玩。

　　——明天下雨呢?

3.4.2.3 表示祈使语气的

"吧"表示比较舒缓的祈使语气,常常带有商量的语气。"啊"表示的祈使语气比较强,在肯定句中有催促的语气,在否定性的祈使句中有比较强的劝诫或叮嘱的语气。例如:

(1) 你吃吧。

(2) 咱们坐出租车去吧。

(3) 你快来吧。

(4) 你吃啊!

(5) 你快来啊!

(6) 你不要忘了带护照啊!

(7) 你可别再抽烟、喝酒啊!

3.4.2.4 表示感叹语气的

表感叹语气的主要是"啊"。例如:

(1) 多么乖的孩子啊!
(2) 这儿的水真清啊!

思考与练习（17）

一、语气词一般出现在什么位置上?

二、语气词从它所表达的语气来看，可以分为哪几类?

三、请在下列句子括号中填上适当的语气词。

1. 你自己去（　　）。
2. 他已经来了（　　）?
3. 我的词典（　　）?
4. 我借一两天（　　），我很快还你。
5. 你真的不想去（　　）?
6. 这样的结局你原来想到了（　　）?
7. 他只是问问（　　），你不要担心，他不会要你的。
8. 我昨天才告诉你的，你不会忘了（　　）?
9. 这东西贵（　　），你可要保管好了。
10. 不喜欢（　　），咱们可以再逛逛别的商店。
11. 他刚才还在这儿（　　），怎么一转眼就不见了。
12. 这顿饭人均三百块钱（　　），真够贵的。
13. 旅游（　　），一天不能玩太多的地方。
14. 多么精细的做工（　　）!
15. 咱们慢慢走（　　）。

第四章

动　态

　　与印欧语系语言不同，汉语的动态的表达方式不完全靠语法形态来表示。汉语可以有多种表示动态的方式，可以在谓语中心语前面加副词来表示，也可以在谓语中心语后面加动态助词来表示，还可以在句末加语气词来表示，甚至可以在动词、形容词后面加有一定虚化程度的趋向动词来表示。

4.1 动态助词和语气词表示动态

4.1.1 "了"的运用

　　"了"一般可以分为两个，一个是动态助词"了"，另一个是语气词"了"。动态助词"了"表示动作完成、变化实现，它出现的位置是句中的动词或形容词的后面，宾语、部分补语之前：

　　V+了+……

（1）我昨天买了一本《现代汉语词典》。
（2）看了你给我的信，我明白了为什么你今年没有寄钱回家。
（3）他要了一盘鱼香肉丝。
（4）吃了药后，他睡了一觉。
（5）听了他的演奏，你有什么感想？
（6）他叫了你一声，但是你没听见。
（7）在那天的晚会上，他女儿为大家演奏了一首肖邦的钢琴曲。

(8) 我在北京住了三年。

语气词"了"表示陈述语气，除此之外，大多数还兼表动作、状态实现，新情况的出现。它用在陈述句末尾，也用在句中停顿处：

VP+了

(1) 太阳出来了。
(2) 下雨了。
(3) 他走了。
(4) 那家商店已经关了。
(5) 她现在比以前更漂亮了。
(6) 电话铃响了，你快去接电话。
(7) 雨停了，我们才走的。
(8) 雨又下大了，我们再等一会儿吧。
(9) 他刚一进来，你的脸就红了，是不是对他有什么意思呀？

纯粹的语气词"了"可以去掉，去掉以后句子的基本语义没有变化。去掉"了"以后基本语义发生变化的都是语气词兼动态助词，兼表动作或状态的实现。以上例（5）是纯粹的语气词。纯粹的语气词又如：

(10) 我已经通知过他了，你们不用通知他了。
(11) 我已经吃过饭了，你们吃吧。

以上语气词"了"都是出现在动词或形容词后面。
语气词"了"还用在祈使句后面，起煞尾作用。

(12) 别讲话了。
(13) 别抽烟了。

NP+了

在具有顺序义的名词性词语后面也可以加上"了"表示新情况的实现。顺序义的名词性词语如：

星期一　星期二　星期三　星期四　星期五　星期六　星期天
小学生　中学生　大学生　研究生　博士生

一月　　二月　　三月　　四月　　五月　　六月……

助教　　讲师　　副教授　　教授

小姑娘　大姑娘

(12) 都大姑娘了，还老哭鼻子，害不害羞？

(13) 张老师都教授了才住那么小的房子，更别说我们这些小助教了。

(14) 今天星期五了，你该回家了。

(15) 现在四月份了，还下雪，实在是少见。

(16) 你都研究生了，应该好好搞点儿研究。

就要/快要+VP+了

用在"就要/快要+VP+了"结构中，表示情况将要发生变化。例如：

(17) 他明年就要毕业了。

(18) 衣服快要洗好了。

(19) 天就要亮了。

(20) 饭就快好了，你吃了饭再走吧。

V+了+时段词语+（N）+了

"V+了+时段词语+（N）+了"表示某种行为动作到说话时为止进行或持续了多长的一段时间。请比较下列句子：

(21) 我在北京住了三年。

(22) 我在北京住了三年了。

(23) 比尔学了两年汉语。

(24) 比尔学了两年汉语了。

(25) 这本书我看了一个星期。

(26) 这本书我看了一个星期了。

(27) 你在香港生活了多长时间？

(28) 你在香港生活了多长时间了？

(29) 今年北京下了三场雪。

(30) 今年北京下了三场雪了。

不能用"了"的句子。汉语"了"加在动词、形容词后面表示动态，但不是所有的动词、形容词都能加"了"。不该用"了"而用"了"，是以汉语为第二语言的人最容易犯的错误。请先看以下例句：

*(1) 他从上幼儿园就学了钢琴。
*(2) 他每年都要去他奶奶家过了假期。
*(3) 他的同学今天来了看他。
*(4) 她一进了房间就哭了。
*(5) 我去了上海买了一件毛衣。

不能用"了"的地方也有一定的规律，一般说来要注意以下位置上不能用"了"：

第一，"想念、感觉、盼望、希望、打算"等表示持久性心理感知的动词，不是行为动词，它们后面不能加"了"。

*(6) 我一直盼望了你们来我家做客。
*(7) 假期我打算了到云南去旅游。
*(8) 来中国以后，我更想念了你们了。
*(9) 妈妈这几年一直希望了能有机会来中国旅游。

第二，连动句中后面的部分如果是前面动作行为的目的时，前面的动词一般不能带"了"，后面的动词带"了"。例如：

*(10) 他去了书店买词典，但没买到。
*(11) 我们单位的同事来了看我。
*(12) 我们到了科技宫参观。
*(13) 昨天他去了广州出差。

第三，句子带有表示经常性、反复性语义的词语，如"经常、一直、常常、老是、总是"之类的词语，句子谓语中心语的动词就不能带"了"。例如：

*(14) 我哥哥经常带了他的老同学来家里讨论问题。
*(15) 我在日本时，有了什么困难，他总是帮助了我。

*(16) 去年冬天我一直坚持了去游泳。

*(17) 过去我上课老是给老师出了难题。

第四，否定副词"没、没有"后面的动词性成分不能带动态助词"了"。这是由于否定副词"没、没有"否定的动词性成分所表示的动作行为并没有实现或完成。例如：

*(18) 因为买不到票，他们放假时没去了上海。

*(19) 他没带了钱来。

*(20) 你没写清楚了信封上的地址，当然寄不到。

*(21) 他现在没欠了银行钱了。

需要注意的是，句中有否定副词"没、没有"，句末可以带语气词"了"。例 (21) 句末的"了"是语气词，是可以带的。又如：

(22) 因为没买到飞机票，我们就没去上海了，后来我去了西安。

(23) 上大学时我经常锻炼身体，我现在好长时间没锻炼了。

第五，汉语属于孤立语（isolating language），不同于黏着语（agglutinating language，如日语、韩语）和屈折语（inflecting language，如大多数印欧语系语言），汉语表示语法意义的成分并不是强制性的，有的情况下常常不出现"了"这样的虚词。在连续的一段陈述性话语中，为了保持语气的连贯常常省略"了"，而如果在这样的句子中的许多位置上加进"了"反而不太流畅，甚至不太正常。例如：

(24) 有一年，我从青藏公路进入（　）拉萨（　），沿路看到（　）那些几步一扑，五体投地的朝圣者。他们大都蓬头垢面，衣裳褴褛。在拉萨城，正巧赶上（　）一个佛教的节日，所有的街巷上都流动着传经的信徒。他们背着孩子，牵着羊，全家人裹挟在人流中。他们从怀里掏出（　）大把崭新的钞票，布施给（　）路旁的僧侣和乞丐（　）。（刘元满《走进中国》p.103）

(25) 太阳已经斜到（　）山的西面。那片绿水在阳光下抖动，强烈地吸引着我们。大家几乎是欢呼着向山下走（　）去，小

心翼翼地跨过（　　　）或绕开（　　　）那些凸起的石块、葛藤。(张炜《怀念与追记》p.243)

思考与练习（18）

一、请在下列句中适当的位置上填"了"。

1. 你 上 星期 去 看 展览 吗？
2. 他 在 北京 住 三天 就 走 。
3. 你们 学校 的 游泳池 开 吗？
4. 他 昨天 起床 后 去 图书馆 看 一早晨 的 书 。
5. 那本书 我 看 完 马上 还 给 他 又 借 一本 。
6. 那天 从 你 家 出来 以后 我 打 一个 电话 给 他 。
7. 我 在这里 待 了 三年 ，我 明年 准备 回 国 。
8. 昨天 我 吃 饭 就 去 图书馆 。
9. 当 他 来 的 时候，我 已经 离开 家 。
10. 到 下个月 的 今天 ，他 离开 故乡 就 已经 有 三年 。

二、用名词"小学生、经理、十月、星期三"加上"了"各造一个句子。

三、修改下列病句：

1. 我很早以前就盼望了来中国留学。
2. 开始学汉语时我感觉了汉语语音太难。
3. 老太婆请了金鱼为她造一所新房子。
4. 我去了你们家找你。
5. 过去我学过了汉语。
6. 昨天吃了晚饭以前，我去了语言学院。
7. 这是一个很好的机会了，我决定了要去中国南方旅游了。

4.1.2 "着"的运用

4.1.2.1 "着"的主要用法

动态助词"着"表示动作或状态的持续。例如:

(1) 我进去的时候,他们还吃着饭。
(2) 别忘了,你的衣服还晒着。
(3) 我的自行车正修着,请把你的车借我用一下。
(4) 趁现在天还晴着,你把你的被子拿出去晒一晒。
(5) 我记得那人穿着一件红外衣。

$\boxed{V+着}$

"着"用在动词后,表示动作正在进行或状态在持续。

(6) 工人们在工地上紧张地劳动着。
(7) 孩子们在花园里玩着。
(8) 电脑开着,你不用就把它关了。
(9) 雨不停地下着,我们只好待在屋里。

只有可持续的动词才能带"着"。如:

跑 看 吃 开 坐 笑 喝 唱 打 听 画

非持续动词不能带"着",如"死、断、开始、开幕、结业"不能带"着"。下列句子中的动词不能带"着"。

*(10) 那只猫死着。
*(11) 电断着。
*(12) 会议开始着。

$\boxed{V+着+ VP}$

"着"可以用在连动句中表示前一个动作与后一个动作同时发生,前一个动作是后一个动作的伴随动作。例如:

(13) 他笑着对那孩子说:"你叫什么名字?"
(14) 他们常常吃着饭看电视。
(15) 咱们走着说吧。
(16) 他喜欢抽着烟想问题。

有的句子带"着"部分表示的是后面动作的伴随状态。例如:

(17) 她红着脸笑了笑,什么也没说。

有时前一个动作动词是后一个动作进行的方式。如:

(18) 这孩子喜欢躺着看书。
(19) 蹲着吃饭不是好习惯。
(20) 他们扛着旗子走。

有的连动句前面带"着"的动词表示方式或状态,后面的动词性成分表示原因或目的。例如:

(21) 一到周末,孩子就吵着去游乐园玩。
(22) 他急着去上班,没吃饭就走了。
(23) 他们来的那几天,我正忙着考试。
(24) 这个香蕉留着给你姐姐吃。

4.1.2.2 "着"的其他用法

4.1.2.2.1 表示命令、提醒的祈使句要求加"着"或可以带"着",这样的情况形容词和动词都有。例如:

(1) 慢着,你们先签了字再拿走。
(2) 稳着点儿,别慌!
(3) 小心(着)点儿!
(4) 你一个人在外面,要机灵(着)点儿!
(5) 过马路看着点儿。
(6) 我让你办的事你记着点儿!

例(3)、例(4)的"着"可以不用。可以构成这样句子的动词还有:托、捧、扶、挨、搂、待、拿、举、搁、仰等。

4.1.2.2.2 有的动词可加"着",也可以不加,加了"着"只是有缓和语气的作用,这种用法主要出现在书面语中。例如:

(7) 他们那儿的治安存在着许多问题。

(8) 这二十五朵花代表着云南的二十五个民族。

(9) 这件事在国际上有着广泛的影响。

4.1.2.2.3 前一个动词表示通过什么手段获取什么东西来用。例如:

借着花 | 买着穿 | 偷着用

(10) 我们还没有发工资,这几个月只能借着花。

(11) 我们小时候衣服都是家里自己做,现在大多数人都不做衣服,衣服都是买着穿。

(12) 我们是同屋,她很少买洗衣粉,经常偷着用我的洗衣粉。

4.1.2.2.4 表示以什么方式来干什么。

(13) 这件衣服正着穿反着穿都可以,两面都挺好看的。

(14) 这块肉炒着吃吧,那块肉煮着吃。

(15) 切肉是有讲究的,酱牛肉要横着切,不能竖着切,做牛肉干的牛肉就可以竖着切。

(16) 有的现代派的画作倒着看正着看都可以。

4.1.2.3 使用"着"要注意的一些情况

4.1.2.3.1 误把"着"用在结构较松的动宾型动词的后面。例如:

*(1) 孩子们在操场上跑步着。

*(2) 他一边洗澡着一边哼着歌。

*(3) 我正吃饭着,你等我一会,我马上就来。

汉语中有的动宾型动词两部分结合得比较松,中间可以加入别的成分,带动态助词时,要加在它们之间。以上例句要改为"跑着步"、"洗着澡"、"吃着饭"。

4.1.2.3.2 误把"着"用在结构比较紧的双音节合成动词中间。有的双音节合成动词的两个语素结合得比较紧密,中间不能加入别的成分,带动态助词时不能插入它们中间,要加在后面。例如:

(4) 虽然他离开家乡已经二十多年了,可是他随时都在关心着家乡的变化。

(5) 各国政府密切注视着国际油价的变化,因为油价关系着整个物价的走向。

4.1.2.3.3 也有个别的动宾型动词有时可以把动态助词插入中间,有时又加在后面。例如:

(6) 我们大家还为你担着心呢,你倒好,在外面玩得那么开心。

(7) 我还一直担心着这事呢。

思考与练习（19）

一、请在下列句子中适当的位置上填上动态助词"着"。

1. 他从小就喜欢听音乐学习。
2. 你看他一下，别让他跑了。
3. 你好好听，我们不会让你在这儿害人的。
4. 他们还在那儿等你呢，你快去！
5. 老师让你们等，他有话跟你们说。
6. 我们正说这事，他就进来了。
7. 你拿这些药，我去倒水。
8. 昨天晚上，我看书就睡着了。
9. 你别开车打手机，这样很危险。
10. 她说说忍不住笑了起来。
11. 你看路走，别只顾说话。
12. 你们先走，我现在手上还有点儿活。

二、用下列词语，选择"着"或"在……"或再加上一些必要的词语完成下列句子。

  1. 一幅山水画 墙上 挂
  2. 你 放 书 桌子
  3. 路两旁 一些 银杏树 种
  4. 孩子们 院子 玩
  5. 那盲人 站 商店 门口 拉 手风琴

三、修改下列病句。

  1. 那老人握我的手激动地说："太感谢你了，年轻人！"
  2. 晚会上，我们有的人跳着舞，有的人谈着话，有的人喝着酒，有的人唱着歌，大家玩得很开心。
  3. 他激动地看我，一句话也说不出来。
  4. 那两个星期，他病着，没有来上课。
  5. 他离开着心爱的岗位，心里怪难受的。

4.1.3 "过"的运用

  有两个不同语法意义的"过"，根据是否能与副词"曾经"配合出现在一个句法结构中，可以分为两个"过"。不能与"曾经"配合出现在一个句法结构中的是"过$_1$"，能够与"曾经"配合出现在一个句法结构中的是"过$_2$"。

$$\boxed{V+过_1（了）+（O）}$$

  4.1.3.1 "过$_1$"在动词后面表示的语法意义是动作的完结，这个"过"一般可以用动态助词"了$_1$"来替换，其语法语义与"过$_2$"有明显的差别。例如：

  （1）看过客厅，他们又去看卧室。
  （2）吃过饭，他们又到客厅里坐着说了会儿话。
  （3）看过儿子来的信，他终于舒了口气，他担心的事情总算过去了。

  有的"过$_1$"之后也可以在后面加上"了"。例如：

  （4）没听见锅响，大约已吃过了饭，是想什么心事。（吕新）

(5) 擦过了脸，他掏出一包果脯递给了女儿。（张炜）

(6) 刚办过了六十整寿，他的像片又登在全国的报纸上，下面注着："新任建设委员会会长包善卿"。（老舍）

4.1.3.2 动态助词"过₂"表示过去曾经有某种经历或某种状态，说话时这种经历或状态已不再存在。

V+过₂+（O）

(1) 我去过新疆，对那儿的情况有一定了解。（"我"现在不在新疆）

(2) 他爸爸当过兵。（现在"他爸爸"不是军人了）

(3) 他得过阑尾炎。（现在"他"没有这种病了）

(4) 李明的妈妈我曾经见过。

(5) 这种车我开过，开起来比较舒服。

(6) 你看过这部电影吗？

(7) 这种水果你吃过吗？

(8) 香港你去过吗？

(9) 你是学中文的，你肯定读过鲁迅的小说。

(10) 我总觉得我曾经跟你说过她过去的情况。

"过₂"也可以用在形容词后面表示过去曾经存在的状态。例如：

(11) 当年，我也曾漂亮过，也像个人似的。（老舍）

(12) 你不要看他现在这样，没人理睬他，他当年也曾经风光过。

(13) 他先前也是曾经阔过的，出门坐的是八抬大轿，吃的是山珍海味。

应注意以下情况不能用"过"。动词前有"经常、常常"等表示多次性的反复性的词语，或表示一种有规律的行为，动词后就不能加"过"。

*(14) 我们小时候常常去过野外捉青蛙玩。

*(15) 一星期我念过一个钟头的古文。

*(16) 我以前有时见过这样的情景。

*(17) 那时，他们有时来过我们家。

*(18) 我那时也不时地去过那儿。

句中有不定的时间词语，动词也不能加"过"。

4.1.3.3 "过"与"了"的比较

"过$_2$"强调的是过去曾经有某种经历或某种状态，说话时这种经历或状态已不再存在。动态助词"了"表示动作完成、变化实现，语气词"了"除了表示陈述语气之外，大多数还兼表示动作、状态实现。

有的用"过"的句子也可以用"了"，但用"过"与用"了"在语义上有一点差别，相比较而言，只是用"了"比用"过"离说话时间更近一些，用"过"则离说话时间更远一些。例如：

(1) 我今天早上吃过一个面包，现在有点儿饿了。
(2) 我刚吃了一个面包，现在不饿了。
(3) 那本书我看过，写得挺好，但时间长了，很多内容忘了。
(4) 那本书我上星期看了，写得挺好。
(5) 那本书我看过，但现在大多数内容都忘了。
(6) 那本书我看了，写得很感人。

用"过"一般通过过去的行为、动作来解释说话时的情况；"了"常常也用已经完成、实现了的动作、行为来解释说话时的情况，但也可以用来纯粹叙述一个事件、动作，不牵涉到别的时间的人和事。例如：

(7) 那孩子看到一位老大爷上来，连忙把座位让给了那位老人。
(8) 那儿的环境很好，房子周围种了很多树，栽了很多花。

"了"可以插入动词重叠式中，形成"V了V"重叠式，而"过"则不行。例如：

(9) 他看了看我，什么话也没说。
(10) 我试了试那件衣服，颜色太鲜艳了，我不太喜欢。

用"过$_1$"的句子可以用"了"来替换。当然语义上会有一点儿差别。

(已经)+V+过$_1$+O+了

"过$_1$"前面可以加上副词"已经"，后面带上宾语，句末又带上语气词"了"。这种句子中的"过₁"可以用动态助词"了"来替换，相比较而言，只是用"了"比用"过"离说话时间更近一些，用"过"则离说话时间更远一些。例如：

(11) 我已经吃过晚饭了，你们自己慢慢吃吧！
(12) 我已经吃了晚饭了，你们自己慢慢吃吧！
(13) 我试过那台机器了，很好用。
(14) 我试了那台机器了，很好用。
(15) 他说他看过那部电影了。
(16) 我已经看过那篇文章了，的确写得不错。

以上句子可以把宾语移到句首，变换为受事主语句，这样语气词"了"可以直接用在"过₁"后面。

(已经) +V+过₁+了

这种句子中的"了"实际兼有动态助词和语气词的功能。相比较而言，只是用"过了"有点强调的意味。

(17) 晚饭我已经吃过了，你自己慢慢吃吧！
(18) 那台机器我试过了，很好用。
(19) 那部电影他说他看过了。
(20) 那篇文章我已经看过了，的确写得不错。
(21) 你说的那盘CD我听过了，的确很好听。请你再给我推荐一盘。

例(17)—例(21)中的"过了"可以换成"了"。

(已经) +V+过₁+动量+（了）

"过₁"后面可以跟动量补语，然后可以再加上语气词"了"，也可以不加，加上"了"有强调的意味。这种句子中的"过₁"可以用动态助词"了"来替换。例如：

(22) 中国历史博物馆他已经参观过一次了。
(23) 中国历史博物馆他已经参观了一次了。
(24) 哈尔滨的冰灯我已经看过两次了，不想再看了。

(25) 哈尔滨的冰灯我已经看了两次了，不想再看了。

(26) 云南的过桥米线我吃过好几次了，今天咱们吃贵州菜吧。

(27) 云南的过桥米线我吃了好几次了，今天咱们吃贵州菜吧。

| 曾经+V+过₂ |

"曾经＋V＋过₂"中的"过₂"一般不能用"了"来替换，末尾也不能加语气词"了"。

(28) 中国的四大佛教名山九华山、峨嵋山、五台山和普陀山，我都曾经去过。

(29) 这话我曾经说过，你们都不听我的。

| 曾经+V+过₂+动量 |

"曾经＋V＋过₂＋动量"中的"过₂"不能用"了"来替换，末尾也不能加语气词"了"。

(30) 云南的香格里拉我曾经去过一次。

(31) 《论语》我们上大学学古汉语课时，我曾经通读过一遍。

(32) 《庄子》中的《逍遥游》我曾经认认真真地学过一遍。

| 曾经+V+过₂+O |

"曾经＋V＋过₂＋O"中的"过₂"不能用"了"来替换，末尾也不能加语气词"了"。

(33) 我曾经去过安徽的黄山，俗话说"五岳归来不看山，黄山归来不看岳"，是不是我可以不看山了？

思考与练习（20）

一、用"过"或"了"填空。

1. 我已经在家里吃_____饭_____，您不用忙_____。
2. 我年轻时去_____中国的许多地方，比如说北京、上海、西安、广州、成都、昆明、杭州等。
3. 这本书你看_____吗？如果没看_____，我建议你抽空看一看。

4. 看_____你的信，我对你的误会解除_____，对不起，我以前错怪_____你。

5. 听_____你介绍的情况，我们对这些少数民族的风俗有_____一定的了解。

6. 你没有尝_____这种鱼吧？

7. 我想你们都没去_____原始森林吧？

8. 他早忘_____他的救命恩人_____。

9. 他在日本的时候曾经学_____一年日语。

10. 这件事我告诉_____他，他应当知道。

11. 他的头发白_____不少。

12. 这个地方我五年前曾经来_____。

13. 这部电影我刚看_____，不想再看_____。

14. 你说的那家商店我曾经去_____，我不想再去_____。

二、修改下列病句。

1. 他以前学过了语法。

2. 这次事故伤过好几个人。

3. 你没去了八达岭长城吧？

4. 他好几年前弹了这首曲子。

5. 他唱的那首歌我以前听了。

6. 听他唱过几遍那首歌，我现在都会唱。

7. 他学过了画国画，现在还能画几笔。

8. 他写的小说我每一篇都曾经读了。

9. 那些农民正在地里收了麦子。

10. 孩子睡觉着，你别去影响他们。

11. 我去的时候，他们还没吃了饭呢。

12. 昨天他打电话来的时候，你干了什么？

三、请在以下句子中括号处填上适当的表示动态意义的词。

1. 中国的国有企业刚刚开始涉足国际市场，而且目前（　　）经历着由工厂向公司转变的过程，一个长期、明确的战略发展计划对于那些要融入国际市场的中国公司而言尤为重要。

2. 记者上前问队伍中的一位中年农民："你们为啥这么急（　　）还贷款？""有借有还，再借不难。"

3. 11月28日，今年首批进藏的3000多名新兵穿着新一代高原防寒服，精神抖擞地登上飞机，奔赴世界屋脊戍边卫国。新一代高原防寒服装正式配发部队，标志（　　）我军被服装备日趋轻型化、智能化、舒适化和系统化。

4. 据资料介绍，自内蒙古地轴北察右后旗乌兰哈达到商都县南高乌素深断裂带及附近，分布（　　）6座古火山，其中1号、2号、4号山形成规模小且不完整；3号、5号、6号山形成完整且规模大，为圆锥台形的典型状态。

5. 在谈到此次面试的程序及内容时，这位人士介绍说："面试时我们都坐在考场外面，按顺序等（　　），面试是一个一个进行，先陈述自己的竞聘报告，然后评委会问几个问题。问得最多的是对付朝鲜女足的战术策略。"

6. 大多数坐椅前后长度不够，再加上部分学校超员严重，有的教室极度拥挤。还有的课桌抽屉很小，放不下书包，孩子把书包放在椅子上，坐（　　）很容易疲劳。

7. 莎士比亚说（　　）："聪明的人善于抓住机遇，更聪明的人善于创造机遇。"

8. 在南非为其举行的欢迎仪式上，面对异国陌生的面孔和好奇的目光，在笼子里，它们还张牙舞爪，威武雄猛，吓得未曾见（　　）真老虎的南非人面带怯色，只敢远远地观望。

4.2　副词"在、正、正在"表示动态

副词"在、正、正在"常常放在动词和形容词前面表示动态，有时也和动态助词配合起来使用。用副词"在、正、正在"表示动态的句子，大多数句子前后要有表示时间的词语或句子。

在/正/正在+VP

(1) 我进去的时候，他正在看电视。
(2) 他上大学时，我还在上幼儿园。
(3) 他趁你在工作的时候，跑了出去。
(4) 我现在在写文章，你让我干什么？

> 在/正/正在+VP+呢

(1) 甲：然然在干什么？
    乙：然然在和她的同学滑冰呢。
(2) 孩子正在做作业呢，你别打扰她。
(3) 你们圣诞节在狂欢的时候我正在实验室里做实验呢。

> 在/正/正在+V+着

(1) 我们写作业时，妈妈正忙着给我们做饭。
(2) 我们还在上着课，你们不要在走廊里大声说话。
(3) 他正在看着书，突然外面响起了一阵急促的敲门声。

有的句子中的"在"是介词，它构成介词短语用在动词短语前表示处所，但这样的"在"有时兼有两种功能，它与句末的"呢"一起表示动作持续进行。例如：

(1) 韵梅在小床前一把椅子上打盹呢。
(2) 宝钗伏在几上和丫鬟莺儿在那里描花样呢。

4.3 虚化的趋向动词表示动态

4.3.1 "起来"表示动态

动词从不同的角度可以分出不同的类别。如从动词所表示的动作是否可以持续，可以分为持续动词与非持续动词（又称为"结束动词"）。大多数动词是持续动词。

持续动词：看、写、走、游、练、学习、工作、培育

非持续动词：毕业、承认、告诉、出生、获得、见、知道、割断、离开、提出

从是否包含有趋向的语义可以分出带有趋向意义的动词和非趋向义动词。

趋向义动词：站、立、爬、抬、举、抱、推、放

"起来"等除了用在动词、形容词后面做趋向补语之外，还用在非趋

向义的持续动词后面表示动态。

非趋向义的持续动词如：唱、叫、说、哭、笑、读、开、学、看、穿、睡

(1) 他们在车上唱了起来。
(2) 他与父亲辩论起来。
(3) 待了一会，他才慢慢展开信笺读起来。
(4) 郑柏年忽然剧烈地咳嗽起来。
(5) 人们忍不住笑起来。
(6) 还没等菜炒出来，他们就吃起来了。

有的动词带宾语时可以把"起来"分开，形成"V起O来"的格式。例如：

(7) 他高兴得唱起歌来。
(8) 他是个超级电子游戏迷，玩起电子游戏来常常通宵达旦地玩，什么都丢到脑后了。

有的趋向义动词后面加"起来"并不表示动作的趋向，而是表示动态。例如：

(9) 他的心立刻"砰砰"跳起来。

4.3.2 "下来、下去"表示动态

"下来、下去"也可以表示动态。"下来"用在动词后面，可以表示动作或者状态从某一时间点持续到下一个时间点，多数情况是从过去的一个时间点到说话时的时间点。例如：

(1) 这六个星期在北京这样紧张地学下来，比我在国内一年学到的汉语还多。
(2) 在这里学习很苦，有的人没能坚持下来，中途放弃了，我坚持下来了，并学到了很多的东西。

"下去"用在动词或形容词后面，表示动作或状态从说话时这一时间点继续到将来。

(3) 你们再这样闹下去，我只好让你们的父母来管教你们了。
(4) 这样干下去迟早会出事的。
(5) 这地方我绝对不会再住下去。
(6) 你一定要坚持下去，坚持就是胜利。

思考与练习（21）

一、汉语表示动态主要用什么语法形式？

二、汉语除了用动态助词表示动态之外，还可以用什么形式表示动态？

三、在以下句子中适当的位置上填上适当的表示动态的词。

1. 我 从 没 见 这样 的 怪事。
2. 他这人 学习 特别 刻苦，学 就 很 难 停 下来 。
3. 我们 都 喜欢 下 象棋，有时 下 就 一连 下 一个 晚上。
4. 现在的人 比 以前的人 讲究 生活的情趣，有点经济条件的人家 玩 很 舍得 花 钱。
5. 他们 说 以前 的 事 没 完 没 了。
6. 他 看 电视 哭，看样子 那部 电视剧 太 感 人 了。
7. 他 进来 的 时候，我们 大家 讨论 那 篇 小说 。
8. 李大夫 给 那 个 孩子 检查 身体，你们 先 在 外面 等 一会。
9. 看 你 的 信，我们 都 为 你 所获 得 的 成绩 感到 十分 高兴。
10. 他 在 那么 差 的 条件 下 写 那么 多 文章，我 非常 钦佩 他 自强不息 的 精神。
11. 这 是 我 见 的 最 好 的 车 。
12. 你们 在 新疆 一定 吃 烤羊肉 吧？
13. 你 用 家里 给 你 寄来 的

钱 而 又 不 认 真 学 习 , 你 难 道 没 有 一 点 内 疚 吗?

14. 我 相 信 , 只 要 坚 持 干 , 你 一 定 会 成 功 的 。

四、在下列句中的括号中填上适当的表示动态的词语。

1. 这是一片神奇壮美的土地,悠悠古汉台,雄奇剑门关,秀丽光雾山,神奇诺水河。这里有巴人文化、三国遗迹、红军故里,美丽的自然山水和灿烂的历史文化在这里交相辉映。"区域联动,优势互补,资源共享。我们(　　)联手构建川陕旅游金三角,打造西部旅游新亮点。"

2. 阿根廷,这个遥远的南美国家,(　　)日益被中国的发展所吸引,除了企业界的"中国热"之外,政界和民间也有许多人开始关注中国。

3. 我国的经济发展(　　)处在一个关键时期。

4. 晚上下班回来,见父亲(　　)穿着运动鞋又准备出外跑步,我说:"爸,怎么又去跑步啊?不用去了,不然会累的。"

5. 当前,日益严峻的艾滋病问题(　　)得到人们越来越多的关注,艾滋病的防治工作日益得到全社会的理解和支持,而问题的解决更需要社会各界的实际行动和共同努力。

6. 河北省武强县十几户农民引进墨西哥"米帮塔"食用仙人掌,种植成功,近20多亩日光温室大棚中的仙人掌长势喜人,但由于信息不灵,这些种植户眼巴巴守(　　)仙人掌卖不出去。随着天气一天天变冷,食用仙人掌成了他们的心病。

7. 云南省(　　)处于工业化从初期向中期过渡阶段,工业增长速度多年持续下滑造成近几年全省经济增幅不高。

8. 不可否认,无处不在的网络(　　)愈来愈大地影响着现代社会,并以不可阻挡之势日渐改变着我们的生活方式。

9. 今年10月中旬在刚果(布)西盆地地区暴发的埃博拉病疫情仍(　　)继续蔓延,至今已发现埃博拉病患者36人,其中18人死亡。

第五章

补语及其种类

补语是谓词性成分后面补充说明的成分。它是汉语中比较特殊的成分，所以我们要专门列出一章来介绍它。

5.1 补语与中心语

补语的中心语在补语前，由动词、形容词性成分充当。例如：

(1) 听到这个消息，他高兴得跳了起来。
(2) 你把那个椅子抬出去。
(3) 那孩子机灵得不得了。

例(1)、例(3)中补语的中心语是形容词，例(2)中补语的中心语是动词。

5.2 充当补语的词语

5.2.1 补语主要由动词、形容词性词语充当。例如：

(1) 风把那棵小树都刮断了。（动词充当补语）
(2) 那调皮的男孩把我们的玻璃砸坏了。（形容词充当补语）
(3) 看了他画的画，我们笑得腰都直不起来了。（动词性主谓短语充当补语）
(4) 她打扮得漂亮极了。（形容词性中补短语充当补语）

193

5.2.2 介词短语也可以充当补语。例如：

(5) 你们坐在我的衣服上了。

(6) 他躺在床上看书。

(7) 我们从胜利走向胜利。

5.2.3 少数程度副词也可以充当补语。例如：

(8) 我饿极了。

(9) 他英语好得很。

5.2.4 量词短语也常常充当补语。例如：

(10) 他们在这里住了一天。

(11) 漓江我去过一次。

(12) 你再读三遍！

5.3 补语的语义分类

补语从语义上来分，可以分为九类：结果补语、状态补语、程度补语、趋向补语、可能补语、动量补语、时段补语、时点补语、处所补语。用简易加线法分析时，补语用"〈 〉"标注出来。

5.3.1 结果补语

结果补语表示动作或变化所产生的结果。结果补语主要由形容词来充当，常用的形容词大多数都可以做结果补语，也可由少数单音节动词来充当。结果补语与中心语之间不加"得"。例如：

搞清楚 洗干净 说明白 写错 变坏 压低 抬高 抓紧 煮熟 哭肿

做完 说完 改成 听懂 看会 拿走 推倒 打死 拉住 撞翻 叫醒

(1) 你最近晒黑了。
   　　　　〈　〉

(2) 你的衣服洗干净了。
　　　　　　〈　〉

(3) 那台电脑被搞坏了。
　　　　　　　〈　〉

(4) 那个可怜的男子被那些流氓打伤了。
　　　　　　　　　　　　　〈　〉

(5) 我的书被弄湿了。
　　　　　　〈　〉

从语言的深层语义上来分析，结果补语是由两个句子合加起来的。例如"你最近晒黑了"是由"你最近晒太阳"和"你最近黑了"两个句子合加起来的。即：

你最近晒黑了＝你最近晒太阳＋你最近黑了
那人把他妻子杀死了＝那人杀他妻子＋他妻子死了

能做补语的动词不多，常见的有：
　　到　成　走　跑　倒　翻　掉　懂　见　死　透　丢　住

(6) 我终于搞懂了这台机器的原理了。
　　　　　　〈　〉

(7) 他把我的那本最好用的字典弄丢了。
　　　　　　　　　　　　　〈　〉

(8) 我军把敌人的先头部队打跑了。
　　　　　　　　　　〈　〉

(9) 我买到明天晚上的音乐会的票了。
　　　〈　〉

结果补语后面可以带动态助词"了"后还可以带宾语。例如：

干完了工作　买到了机票　抓住了机遇　哭肿了眼睛　踢断了腿
写完了作文　叫醒了他　弄坏了电脑　拿走了工资　学会了上网

以汉语为第二语言的学生在造句中比较容易犯缺少必要的结果补语的错误。例如：

*（1）有一天，一个老人在回家的路上，看了一只蛇。
*（2）我们一下车就看许多人手里举着木牌，上面写着一些字，他们大概是来接人的。
*（3）孩子们看西瓜就想吃。
*（4）听这样的话，姑娘脸红了。
*（5）医生们紧张地工作，他们一定会救他。
*（6）这本书我早就想买了，今天可买了一本。

"看、听"这两个动词后面的补语"到"，以汉语为第二语言的学生比较容易漏掉。例（1）、例（2）、例（3）中"看"的后面应当加补语"到"，或改为"看见"。例（4）"听"后面应当加上补语"到"。例（5）"救"的后面应当加上补语"活"。例（6）第二个"买"的后面的"了"改为"到"，句末加上语气词"了"。

5.3.2 状态补语

状态补语从语义上归纳，主要是描写某一行为动作使主语表现出的情态，所以又称为情态补语。状态补语前主要用结构助词"得"。

状态补语有肯定形式与否定形式。例如：

肯定	否定
摆得整齐	摆得不整齐
长得高	长得不高
准备得好	准备得不好
来得晚了	来得不晚
讲得清楚	讲得不清楚

状态补语是补语里最为生动和丰富的一类。从形式上讲，状态补语大多数要加"得"，少数的可以加"得个"或只加"个"。例如：

（1）今天我买了很多你们爱吃的水果，让你们吃个痛快。
（2）大家辛苦了一周了，今天让你们喝个饱、玩个痛快。
（3）他把那个盘子打得个稀巴烂。
（4）公车上颠得个东倒西歪的，她偏要从小包包里面摸出面小圆镜照来照去。

充当状态补语的有动词、形容词、动词性短语、形容词性短语、成语、主谓短语等。例如：

(1) 这段时间我忙得不亦乐乎。
            〈   〉

(2) 他的字写得很工整。
          〈   〉

(3) 教室里静得一根针掉在地上都听得见。
        〈   〉

(4) 听了那人的话，他气得脸色发青。
              〈   〉

(5) 地里的庄稼长得绿油油的。
          〈   〉

(6) 看了那幅画，他笑得前仰后合。
              〈   〉

各类谓词性词语和短语都能够做状态补语。

第一，形容词性状态补语

性质形容词补语	状态形容词补语
擦得亮	擦得锃亮
刷得白	刷得雪白
站得直	站得笔直
脸喝得很红	脸喝得通红
（对动作的静态说明）	（对动作的动态描写）

性质形容词状态补语多数可以在补语前加"不"进行否定，状态形容词却不行。

擦得不亮　　　　　　　*擦得不锃亮

状态形容词的补语可以变成"把"字句，性质形容词则不行。

*把皮鞋擦得亮　　　　　把皮鞋擦得锃亮

形容词重叠形式构成的中补短语可以作为连谓句的前一部分，后面可以出现另一个动作，而由非重叠形式的一般的性质形容词构成的中补短语不能作为连谓句的前一部分，它后面不能出现别的动作。例如：

他打扮得漂漂亮亮的出去了。　　*他打扮得漂亮的出去了。
他穿得体体面面的来参加宴会。　　*他穿得体面的来参加宴会。

第二，谓词性状态补语

A. 动词和动词短语做状态补语

动词	动词短语
高兴得笑了	高兴得咧着嘴笑
疼得哭了	疼得直哭
吓得跑了	吓得连忙跑回家去
气得哭	气得哭起来
冷得抖	冷得抖起来

动词直接做状态补语后面要加"了"，不能是单独的一个动词。如果不加"了"就可能成为可能补语。动词短语做补语则没有这个限制。状态补语因为是描述动作的状态的，所以动作都是已经实现的。"吓得跑"表示可能，只是说明动作的可能性，未必实现了。而"吓得跑了"是已经实现了的动作的状态。

B. 谓词性代词做状态补语

谈得怎么样　瘦得这样　他昨天急得那样

C. 成语、惯用语做状态补语

教室里静得鸦雀无声
他忙得不亦乐乎
公司被他搞得鸡犬不宁

他把大家搞得不知所措

他说得天花乱坠

"文革"把他折磨得人不人鬼不鬼的

D. 主谓短语做状态补语

干得汗水直流

哭得眼睛都红了

吃得胃病都犯了

喂得孩子胖乎乎的

5.3.3 程度补语

程度补语表示动作或性状的程度。程度补语可以分为用"得"的和不用"得"的，最常见的用"得"的程度补语是程度副词"很"（"很"是副词中唯一可以充当这种补语的），以下词语也可用在"得"后充当程度补语：

多　不行　不得了　了不得　要死　要命　厉害

(1) 这孩子聪明得很，你可骗不了他。
　　　　　〈　　〉

(2) 他糊涂得不得了，连自己什么时候结的婚都忘了。
　　　　〈　　　〉

(3) 这些孩子今天吵架，明天又好得不得了，别管他们的事。
　　　　　　　　　〈　　　　〉

(4) 我困得不行，我先睡了。
　　　　〈　　〉

(5) 他骄傲得不行。
　　　　〈　　〉

(6) 我身上痒得要命，我得洗个澡。
　　　　　〈　　〉

(7) 婆婆见添了孙孙，喜得了不得。
　　　　　　　　　〈　　　〉

(8) 我比这信上写的，要懒得多，坏得多。
　　　　　　　　　　　〈　〉　　〈　〉

(9) 天气热得厉害。
　　　　　〈　　〉

不用"得"的程度补语只有"极、透、多、死"等几个词能充当。这类补语要加"了"才能成立；另外还有"万分"也可以充当程度补语，但它后面不能加"了"。例如：

好极了　坏透了　烦死了　讨厌死了　困难多了

(10) 你小心，我哥哥恨透了你。
　　　　　　　　　〈　　〉

(11) 她伤心委屈极了。
　　　　　　　〈　〉

(12) 一个人在这待着，真是烦死了。
　　　　　　　　　　　　　〈　　〉

(13) 他的病好多了。
　　　　　　〈　〉

(14) 听到这种情况，我焦急万分，但又想不出什么办法来。
　　　　　　　　　　　　〈　　〉

"极、万分"又可以在谓语中心语前面充当状语（用"[ ]"来标明状语）。例如：

(15) 听到这种情况，我万分焦急，但又想不出什么办法来。
　　　　　　　　　　　[　　]

(16) 他的英语好极了。
　　　　　　　〈　〉

(17) 他的英语极好。
　　　　　　[　]

5.3.4 趋向补语

趋向补语是由趋向动词充当的，表示动作行为的趋向、变化以及性质状态的变化的补语。趋向补语往往读为轻声。这里所说的"趋向"是一个笼统的说法，其实有时趋向的意味不是太浓。例如：

(1) 那辆车开过来了。
　　　　　　〈　〉

(2) 我们正在山路上走着，一块大石头从山上滚了下来。
　　　　　　　　　　　　　　　　　　　　〈　〉

第一，表示动作行为的趋向

登上山顶	发来一封邮件
跑来一个人	寄来一件毛衣
扑了过去	拿出来
坐起来了	扔过去
（表示施事动作的趋向）	（表示受事动作的趋向）

第二，表示动作行为或性质状态的变化情况

爱上集邮了
他又哭起来了
他终于明白过来了
天渐渐暗下去了

第三，带趋向动词的结构的语序

如果是单音节趋向动词充当趋向补语，同时后面又有宾语，有以下两种语序：

V+O+补语

(1) 你给他送一杯咖啡去。
　　　　　　　　〈　〉

(2) 他寄了一千块钱来。
　　　　　　　〈　〉

| V+补语+O |

(3) 我给他寄去了一千块钱。
　　　　〈　〉

(4) 他们公司派来一个高级工程师解决这个技术问题。
　　　　　　〈　〉

如果趋向动词是双音节的,那么就可能有三种语序,即除了以上两种语序外,还有一种语序:

| V+补语+O+补语 |

(5) 他从柜子里拿出来一份合同书。
　　　　　　〈　　〉

(6) 他从柜子里拿了一份合同书出来。
　　　　　　　　　　　〈　　〉

(7) 他从柜子里拿出一份合同书来。
　　　　　　〈　〉　　　　　〈　〉

(8) 门外走进来一个楚楚动人的姑娘。
　　　　〈　　〉

(9) 门外走进一个楚楚动人的姑娘来。
　　　　〈　〉　　　　　　　〈　〉

(10) 爸爸从图书馆为我借回来一本福尔摩斯的小说。
　　　　　　　　　　〈　　〉

(11) 爸爸从图书馆为我借了一本福尔摩斯的小说回来。
　　　　　　　　　　　　　　　　　　　〈　　〉

(12) 爸爸从图书馆为我借回一本福尔摩斯的小说来。
　　　　　　　　　　〈　〉　　　　　　　〈　〉

趋向补语与中心语之间不加"得",有的能加"得",但加了以后就变成了可能补语。

5.3.5 可能补语

可能补语是表示可能和不可能语义的补语。可能补语可以分为两类:带结果意义的可能补语,带趋向意义的可能补语。

带结果意义的可能补语：

　　吃得饱　吃不饱　看得见　看不见　听得懂　听不懂

带趋向意义的可能补语：

　　唱得出来　唱不出来　记得下来　记不下来

可能补语的构成形式有三类：

A类 { 可能式：**V+得+动词\形容词**

不可能式：**V+不+动词\形容词**

(1) 我看得清黑板上的字。
　　　　〈　　〉

(2) 我看不清黑板上的字。
　　　　〈　　〉

(3) 肚子饿了，再难吃的饭都咽得下去。
　　　　　　　　　　　　〈　　　〉

(4) 这样的饭我可咽不下去。
　　　　　　〈　　　〉

(5) 铁门关着，叫不开，我爬墙进来的。
　　　　　〈　　〉

B类 { 可能式：**V+得了** (liǎo)

不可能式：**V+不了** (liǎo)

(1) 你吃得了那么多吗?
　　　　〈　　〉

(2) 我可吃不了那么多。
　　　　〈　　　〉

(3) 你管得了他吗?
　　　　〈　　〉

(4) 他又不是我儿子,我管不了他。
〈   〉

(5) 明天你来得了吗?
〈   〉

(6) 明天我有事,我来不了。
〈   〉

这类"V+得了"语义上大致相当于"能+V","V+不了"语义上大致相当于"不能+V"。"吃得了、管得了、来得了"大致相当于"能吃、能管、能来"。"吃不了、管不了、来不了"大致相当于"不能吃、不能管、不能来"。

C类 { 可能式:**V + 得**
不可能式:**V + 不得** }

充当补语的"得"不是结构助词,而是动词。

(1) 这种野菜吃得吗?
〈   〉

(2) 这种野菜吃不得。
〈   〉

(3) 这样办,要不得。
〈   〉

(4) 他的话相信不得。
〈   〉

有许多"V+得"在语义上相当于"能+V";"V+不得"相当于"不能+V"。北方话主要用"能+V"、"不能+V",南方话主要用"V+得"、"V+不得"。例如"吃得、看得、笑得"相当于"能吃、能看、能笑";"吃不得、看不得、相信不得"相当于"不能吃、不能看、不能相信"。

这种中补短语还可以带宾语。例如:

(5) 你这样做,今后叫我怎么见得人?
〈   〉

(6) 我刚动了手术，吃得海鲜吗？
〈　　〉

(7) 三仙姑……羞得只顾擦汗，再也开不得口。
〈　　〉

(8) 他现在还没完全好，还下不得地。
〈　　〉

5.3.6　动量补语

动量补语是表示行为动作或状态变化的次数的补语。动量补语前面不加"得"，由动量短语充当。例如：

(1) 这本书你看过几遍？
〈　　〉

(2) 听了这话，她很生气，狠狠看了她丈夫一眼。
〈　　〉

(3) 这酒味道很好，你喝一口尝一尝。
〈　　〉

(4) 他朝敌人狠狠踢了一脚。
〈　　〉

以上都是动词后面跟动量补语，少数形容词后面也可以跟动量补语。例如：

(5) 哈里森计划当天就完成铺顶的工作，然后他们向主人讨一瓶白兰地酒高兴一下。
〈　　〉

动量补语与宾语的位置：

$\boxed{\text{V+ 补语 + O}}$

普通名词做宾语，补语多数紧跟在动词后。例如：

(1) 我看了一遍你借给我的那本书，觉得写得很好。
〈　　〉

(2) 我和老李交换了一下意见，统一了认识。
　　　　　　　〈　　〉

(3) 我们结婚三年，他就买过一次菜。
　　　　　　　　　　　〈　　〉

V+O+补语

人称代词做宾语，多数是宾语紧跟在动词后面。例如：

(1) 他骗过我们好几次。
　　　　　　〈　　〉

(2) 我问过他一次，他不承认。
　　　　　〈　　〉

(3) 我去他们家看过他一次。
　　　　　　　　〈　　〉

借用的量词构成的补语，补语一般放在宾语后面。例如：

(4) 那流氓从后面砍了他一刀。
　　　　　　　　　〈　　〉

(5) 他打了那男的一巴掌。
　　　　　　　〈　　〉

(6) 你问他一声，他去不去。
　　　　　〈　　〉

(7) 那个队员趁裁判没有看见，狠狠踢了我们的队员一脚。
　　　　　　　　　　　　　　　　　　　　〈　　〉

有的动量补语可以放在宾语前，也可以放在宾语后。"……把"、"……眼"充当补语，宾语为指人的词语时，补语可前可后。例如：

(1) 你拉老王一把。
　　　　　〈　　〉

(2) 你拉一把老王。
　　　〈　　〉

(3) 她看了我一眼。
　　　　　〈　　〉

(4) 她看了一眼我。
     〈　　〉

指人的词语、地名做宾语时,补语可前可后。例如:

(5) 我弟弟去过一趟海南。
         〈　　〉

(6) 我弟弟去过海南一趟。
              〈　　〉

(7) 上星期我去医院看过两次他妈妈。
              〈　　〉

(8) 上星期我去医院看过他妈妈两次。
                   〈　　〉

5.3.7　时段补语

时段补语表示与行为动作或状态相关的某种时间的长度。时间不论长短,在时间轴上都是一定的长度。时段补语主要由表示时间意义的量词短语充当。时段补语主要可以分为以下几种:

1. 表示行为动作或状态持续的时间的。例如:

(1) 我在这儿等了你一个小时了。
              〈　　　〉

(2) 他在北京待了三年。
          〈　　〉

(3) 那小伙子追了她两年,她才答应和他好。
            〈　　〉

(4) 你等我一会儿!
       〈　　〉

(5) 你看着孩子一下,我一会就来。
          〈　　〉

(6) 我累了一天了,你做饭吧!
        〈　　〉

(7) 我们才轻松了几天他就有意见,我们那些天忙得饭都顾不上
          〈　　〉

吃，他怎么没看见？

2. 表示动作完成以后到说话时间（或到某一特定的时间）有多长一段时间了。

(1) 他离家三天了，怎么也不打个电话来。
　　　　〈　　　〉

(2) 会议已经结束两年了，我们上次见面后就再也没见过。
　　　　　　　　　〈　　　〉

(3) 到下个月5号，我们已经认识三年了。
　　　　　　　　　　　　〈　　　〉

(4) 时间过得真快，我们已经大学毕业十年了。
　　　　　　　　　　　　　〈　　　〉

(5) 他走了一个小时了。
　　　　〈　　　　〉

"已经"可以放在动词前，也可以放在动词后时量短语前。例（5）是一个歧义句，可以表示"他"离开某地以后已经有多长时间了，也可以表示"他"行走了多长时间。

3. 表示偏离某个标准时间有多长时间。例如：

(1) 对不起，我来晚了几分钟。
　　　　　　　〈　　　〉

(2) 这趟航班要晚点一小时。
　　　　　　　〈　　　〉

(3) 你应当提前十分钟，先做些准备工作。
　　　〈　　　〉

5.3.8 时点补语

时点补语表示行为动作发生的具体时间。时点有大有小，大的时点可能是"侏罗纪 (Jurassic)"、"上古"，小的时点可能是某一秒。时点补语常常由介词短语充当。例如：

(1) 鲁迅出生于1881年。
        〈   〉

(2) 恐龙生活在中生代（Mesozoic）。
         〈   〉

(3) 活字印刷术发明于宋代。
           〈   〉

5.3.9 处所补语

处所补语表示与行为动作或状态相关的地点、处所及某些具体或抽象的范围等，由介词短语充当。例如：

(1) 这事发生在学校，学校就应该管。
          〈   〉

(2) 他这些年来一直生活在外国，对中国的情况不太了解。
                〈   〉

(3) 鲁迅生于浙江绍兴。
         〈   〉

(4) 大学毕业后，我们这班同学走向天南海北，再也没机会聚在一起。
                        〈   〉

(5) 一切真知都来源于实践。
            〈   〉

(6) 我们要从胜利走向胜利。
          〈   〉

(7) 禽流感已经出现在世界各地。
            〈   〉

思考与练习（22）

一、补语的位置在哪儿？
二、补语从语义上来分可以分为哪几类？
三、带补语的是什么成分？
　　四、用〈 〉标出下列句子的补语。

1. 你把那些书收起来。

2. 我看不完那本书。

3. 你走得动吗?

4. 我们已经晚了半小时了。

5. 听到那个消息,他气坏了。

6. 电脑被他拿去修了。

7. 去年北京热得不得了。

8. 他叫什么名字,我想起来了。

9. 他今天送了一封信来。

10. 昨天晚上,我实在难受得要命。

11. 他那天带回一个陌生人来。

12. 如果你接到一些熟人或素不相识的人发来的暧昧短信,你别太当回事。

13. 冬春换季,不少人显出"春乏"的懒散,加之节日期间整天饱食少动,许多人感觉腹胀。

14. 自己"高姿态"了几回,妻子也有汗颜流露,从此,家庭"战事"逐渐消去。

15. 夫妻间输了不失去什么,赢了也得不到什么,结果不是矛盾激化夫妻反目,就是双方心存芥蒂。

五、修改下列病句。

　　1. 我一进家就看桌上有一封信。

　　2. 你听什么声音了吗?

　　3. 他一说这句话，就出去了。

　　4. 来中国之前，我学了汉语三年，但还是不会说几句汉语。

　　5. 我上大学时，曾经去中国五岳中的华山玩过一遍。

　　6. 我们一段时间在那儿谈话。

　　7. 再过两个月，我该回去韩国了。

　　8. 他把衣服放下在床上。

　　9. 对不起，我给你们带一些麻烦来了。

　　10. 说完，他又喝酒来。

　　11. 你们把那些书拿下。

　　12. 他走进去那家饭店。

　　13. 我爱我女儿不得了。

　　14. 它好像掉进去那个洞里了。

　　15. 海龟说："我很想把你带龙宫。"

　　16. 他的妻子病得很。

六、请按要求造句。

　　1. 请造两个带结果补语的句子。

　　2. 请造一个带程度补语"极了"的句子，再造一个带程度补语"要命"的句子。

　　3. 请造一个带趋向补语"出来"的句子。

　　4. 请造一个带时段补语的句子。

　　5. 请造一个带动量补语的句子。

　　6. 请造一个带时点补语的句子。

　　7. 请造一个带处所补语的句子。

七、用下列的词语做补语，在它前面添上适当谓词或其他词构成一个中补短语：

　　1. （　　）来　　　　　2. （　　）进来

　　3. （　　）极了　　　　4. （　　）多了

　　5. （　　）不得了　　　6. （　　）了不得

　　7. （　　）死了　　　　8. （　　）要命

211

9. （　　）很　　　　　10. （　　）不行
11. （　　）要死　　　　12. （　　）透了
13. （　　）坏了　　　　14. （　　）一趟
15. （　　）一会儿　　　16. （　　）三年
17. （　　）跳了起来　　18. （　　）烦了
19. （　　）干净　　　　20. （　　）清楚
21. （　　）于1995年　　22. （　　）在书架上

第六章

部分特殊句式和特殊格式

6.1 "被"字句

汉语的"被"字句是应用得最多的表示被动意义的句子。"被"字句从形式上可以分为两种，一种是"被"字后面有动作行为发出者的，另外一种是"被"字直接加在动词性成分之前的。例如：

(1) 她的钱包被那个男的偷走了。
(2) 她的钱包被偷走了。

"被"字的语法功能是什么呢？它的语法功能是构成被动句。和"被"字用法相似的还有介词"叫(教)、让、给"，这几个介词常用于口语。

6.1.1 "被"字句的语义

"被"字句对主语来说大多数是不如意的事情或者是不希望发生的情况。但是仔细分析起来有的句子不一定对主语来说是不如意的。

(1) 优秀的毕业生都被那些大公司挑走了。
(2) 好的姑娘都叫人家挑完了。(赵树理)
(3) 悄悄话让他给听见了。(杜鹏程)

例(1)和例(2)都含有一种不如意的情绪，例(3)表示了一种不希望发生的情况，但这些都不是针对主语的，而是针对未进入句子的说话人的。

另外，随着语言的发展，"被"字句表示不如意的情况也有了一些变化，有一些对主语来说明显是有利的情况也可以用"被"字句来表达。"他被老师批评了"这是很常见的句子，但是也可以说"他今天被老师表扬了"，也可以说"他被授予了上校军衔"，"他被上级嘉奖了"，"他被选为人民代表"。

有一些表示褒义和贬义的反义词或反义的短语，都可以构成"被"字句。例如：

(1) 孩子被你教育坏了。
(2) 孩子被我教育好了。

被惩罚：被嘉奖

被否决：被通过

被赶走：被请来

被说哭了：被说笑了

6.1.2 "被"字句的构成

6.1.2.1 最典型的"被"字句

"被"字句最典型的句子构成形式是：

| 句式1 | NP_1（受事）+被+NP_2（施事）+VP |

"被"字句中谓语动词可以只是个光杆动词，但是这种情况很少。例如：

(1) 我要利用你们，而不被你们利用。(老舍)

(2) 他们被敌人包围，在风搅雪雪搅风的雪地里，艰苦作战。(刘白羽)

(3) 我爸爸被害，一定也和小林有关系。(张天翼)

(4) 那时做百姓才难哩，全留着头发的被官兵杀，还是辫子的便被长毛杀。(鲁迅)

"被"字句中谓语动词大多数是中补短语，或者要带"了、着、过"。例如：

(1) 他儿子被那些坏人打伤了。

(2) 他儿子被那些坏人打了。
*(3) 他儿子被那些坏人打。
(4) 那些蛋糕被你的朋友吃完了。
(5) 那些蛋糕被你的朋友吃了。
*(6) 那些蛋糕被你的朋友吃。
(7) 众人都被他说乐了。(浩然)
(8) 无论在哪里,自己也没像今天这样,被人这样尊重过。(刘白羽)
(9) 灯影不住地给风吹动着,屋里的器具也像跟着晃动起来。(草明)

有时"被"字后面的名词性成分可以是几个并列的名词性成分。例如:

(10) 这些年,妈妈一直被我们几个孩子的学费、住宿费、生活费压着,她自己一直没有买过一件新衣服,一直都在穿她出嫁时的那几件衣服。

有的"被"字句可以出现几个并列的"被+NP(施事)"。例如:

(11) 他做这样的坏事,也常常被自己的良心、被自己的同情心所困扰着。
(12) 人们在这里行走,四面叫水、叫树木包围,真不知道水和绿色是从天上来的、四边来的,还是从下面那深得像井底似的、水面上不断蹿着水花和布满浮萍的池子里涌上来的。(孙犁)

"被"字句后面的"施事"也可以是非名词性的成分,可以是动词短语或主谓短语。例如:

(13) 别让他们也被唱戏吸过去。(陆文夫)
(14) 孩子们被那些人打架吸引住了,围在那儿观看。
(15) 我被他善于应付各种复杂场面给征服了,于是慢慢地喜欢上了他。

"被"字句句首的受事成分有时也可以是主谓短语。例如:

(16) 我和她逛街被她妈妈看见了。

(17) 他们俩谈恋爱被他们的父母知道了。

主动句型变换为带"被"字的被动句：

他打了我。⇔ 我被他打了。

6.1.2.2 带"所"字的"被"字句

书面语中动词前面可以加上助词"所"构成以下"被"字句：

| 句式2 | NP_1（受事）+被+NP_2（施事）+所+VP |

(1) 他这样的不讲道德的行为被我们大家所唾弃。

(2) 我们都被他超人的毅力所感动。

带"所"字的"被"字句中的"被"字常常可以用"为"字，这样，书面语的意味更浓。例如：

(3) 他们的办法虽然干脆，怎奈行不通，为人民所痛恨。(老舍)

(4) 他的卖国行为为大家所不齿。

这种"被"字句"被"后面的成分有时也可能是并列的几个形容词。例如：

(5) 她全身被悔恨、羞愧、痛苦、恐惧所控制。（冯德英）

6.1.2.3 带"给"字的"被"字句

| 句式3 | NP_1（受事）+被+NP_2（施事）+给+VP |

"被"字句中动词前面加上助词"给"是一种口语性比较强的句子，当然其中的"给"也可以省略。例如：

(1) 我们真让你给弄糊涂了。

(2) 那些钱又教他们给吃了。(老舍)

(3) 我的自行车叫他给弄坏了。

(4) 妈妈你管管哥哥，我的书都叫他给撕坏了。

6.1.2.4　带宾语的"被"字句

| 句式4 | NP₁（受事）+被+NP₂（施事）+VP+NP₃ |

6.1.2.4.1　宾语NP₃是前面"NP₁（受事）"所属的

这种"被"字句中的动词性成分带有宾语，宾语NP₃是前面"NP₁（受事）"所属的，有可能是他身体的一部分，有可能是他的什么东西或他的什么人。例如：

(1) 他被机器扎断了一个指头。
(2) 后来骂我的人也被警察剪去了辫子。(鲁迅)
(3) 由于他们经营的食品出了大问题，他们被工商局没收了营业执照。
(4) 这几个可怜的孩子被侵略者害死了父母，他们成了孤儿。

句中"被"字后面的成分可以不出现。例如：

(5) 由于他们经营的食品出了大问题，他们被没收了营业执照。

句子变换举例：

　　机器轧断了他的一个指头。
⇔ 他的一个指头被机器轧断了。
⇔ 他被机器轧断了一个指头。
　　侵略者害死了这几个可怜的孩子的父母。
⇔ 这几个可怜的孩子的父母被侵略者害死了。
⇔ 这几个可怜的孩子被侵略者害死了父母。

6.1.2.4.2　宾语NP₃是前面"NP₁（受事）"中的一部分

这种"被"字句中的动词性成分带有宾语，宾语是"受事₂"，是前面"NP₁（受事）"中的一部分，是一个表示数量的词语。

这种句子语义在于表示某一个总数的人或者事物被用去（占去、消耗）了多少。例如：

(1) 50个饺子被他一个人吃了40个。

(2) 他儿子花钱大手大脚的，一万块钱被他一个月用了8000块。

(3) 我们这个专业当时特别好找工作，我们班的同学被一家大公司一下就要走了四分之一。

(4) 我的工资被她用去了一大半。

(5) 这栋七层的大楼被他们公司占了五层。

句子变换举例：

她用去了我的工资的一大半。⇔我的工资的一大半被她用去了。
　　　　　　　　　　　　⇔我的工资被她用去了一大半。

6.1.2.4.3　宾语NP₃是被给予的某种东西或者名称

这种句子中的宾语是"受事₂"，是被给予的某种东西或者名称。这种名称可以是好的名誉或荣誉，也可以是坏的称呼。进入这种句子的动词都是带有"给予名称"的语义成分在内的，如"授予、给予、誉为、称为"。例如：

(1) 他被北京大学授予荣誉博士学位。

(2) 由于他在战斗中英勇顽强，击败了敌人的多次进攻，被授予了二级战斗英雄的光荣称号。

(3) 由于他经常做好事，被群众誉为"活雷锋"。

(4) 那些没有生命的东西，在童话中被赋予了生命。

(5) 他多年来在这一带作恶多端，总给群众带来灾难，被大家称为"活阎王"。

句子变换举例：

北京大学授予他名誉博士学位。⇔他被北京大学授予荣誉博士学位。
大家称他为活阎王。⇔他被大家称为"活阎王"。

6.1.2.4.4　宾语NP₃是工具或材料

有的"被"字句有两个受事成分，动词后的"NP₃"从语义上分析是工具或材料，是被强调的成分。例如：

(1) 箱子被他捆好了绳子。

(2) "文化大革命"时期的标语被人涂上了石灰。

(3) 他正走在河滩上,一颗炸弹把他震倒,浑身被盖上一层土。(杨朔)

句子变换举例:

这种句子中作为动词后面的受事成分有的可以用介词"用"提到动词之前,也可以把"被"后面原来的施事成分去掉,表示工具或材料的受事成分直接跟在"被"之后。例如:

箱子被他用绳子捆好了。⇔箱子被绳子捆好了。
　　　　　　　　　　　⇔箱子被他捆好了绳子。
"文化大革命"时期的标语被人用石灰涂上了。⇔"文化大革命"时期的标语被石灰涂上了。

如果不强调句中的工具或材料,可以把其中表示工具或材料的名词性成分删掉。例如:

箱子被他捆好了绳子。⇔箱子被他捆好了。
"文化大革命"时期的标语被人用石灰涂上了。⇔"文化大革命"时期的标语被人涂了。

6.1.2.4.5　宾语NP_3是动词的结果

有的"被"字句动词后面的宾语是动词性成分产生的结果。例如:

(1) 我的衣服被火烧了一个洞。
(2) 我们小学时每天写60行汉字,还有很多数学作业要做,三年级的小学生,中指就被笔磨出了一个很大的老茧。
(3) 那时冬天他没有手套,手被冻出了一些冻疮。

句子变换举例:

我的衣服被烧+出现了一个洞→我的衣服被火烧了一个洞。⇔火把我的衣服烧出了一个洞。
手被冻+出现了一些冻疮→手被冻出了一些冻疮。

6.1.2.4.6　主语NP_1（受事）是材料或者工具

有的带宾语的"被"字句前面的主语NP_1（受事）是材料或者工具。这种句子语义表达的重点在于强调某种材料用于做什么，或者某种工具用来干什么。掌握它的语义表达重点可以帮助我们造句。例如：

（1）那些木料被他打了一套家具。

（2）你送她的那块花布被她做了窗帘。

（3）那支派克金笔被我用来签名。

（4）那辆卡车被他们用来拉煤。

句子变换举例：

　　他用那些木料打了一套家具。

⇔那些木料被他打了一套家具。

⇔那些木料他打了一套家具。

　　我用那支派克金笔来签名。

⇔那支派克金笔被我用来签名。

⇔那支派克金笔我用来签名。

⇔我签名用那支派克金笔。

6.1.2.4.7　宾语NP_3是其他人（第三方）

这种句子所表达的语义是什么东西被什么人送给或卖给其他人（第三方）了。句首的"NP_1（受事）"常常是一种东西（个别情况下也可能是人或者动物），"被"后面的"NP_2（施事）"有时可以省略，句末的"NP_3（受事）"是被送的东西（或人、动物）的接受者。例如：

（1）那些旧衣服被我送给我们家的小时工了。

（2）你的旧棉衣被妈妈捐给灾区了。

（3）我的小狗被我爸爸送给别人了。

（4）那时他爸爸生病，家里兄弟姊妹多，她刚生下来，就被她妈妈送给了她现在的父母。

（5）你的中学课本被我给了你表弟了。

（6）我的自行车被我卖给刚进校的新生了。

（7）我本来想借他那间在学校附近的房子住几年，但是那房子被他租给留学生了。

进入这种句子的动词主要是"送、捐",这是无偿的(即不要钱);也可以是"卖、租"等,这是有偿的;还可以是"借"等动词;还可以是"告诉、透露"等动词。例如:

(8) 我的字典被他借给别人了。
(9) 我们的秘密被她女朋友告诉给别人了。
(10) 你们的秘密计划被他透露给记者了,今天的报纸已经登出来了。

句子变换举例:

我的小狗我爸爸送给别人了。⇔我的小狗被我爸爸送给别人了。
⇔我爸爸把我的小狗送给别人了。
我的字典他借给别人了。⇔我的字典被他借给别人了。
⇔他把我的字典借给别人了。
我们的秘密她女朋友告诉给别人了。 ⇔我们的秘密被她女朋友告诉给别人了。 ⇔她女朋友把我们的秘密告诉给别人了。

6.1.2.5 带处所介词短语的"被"字句

| 句式5 | NP$_1$(受事)+被+NP$_2$(施事)+V+介词+NP$_3$ |

有的"被"字句动词后面带表示处所的介词短语,这些介词短语主要是由"在"加上表示处所的名词或方位短语构成,少数的可以由介词"于"构成。例如:

(1) 我的笔记本电脑被那几本破书压在下面。
(2) 贝克汉姆被球迷们围在中间。
(3) 济南沦陷,交通断绝,我们母子被困于济南。(胡絜青)

跟在动词后面的大多数是表示处所的框式介词短语。所谓框式介词短语是由"介词+NP+方位名词"构成的介词短语。例如:

在桌子下面　在山里　在河边　在空中　在大海上　在学校外面
(4) 曾沧海父子被围裹在一大群杂色的队伍里了。(茅盾)
(5) 没有票的观众被拦在运动场外面。

(6) 他的外衣被他忘在河边了。

(7) 我的钥匙被锁在屋里了。

句子变换举例：

贝克汉姆被球迷们围在中间。⇔球迷把贝克汉姆围在中间。
没有票的观众被拦在运动场外面。⇔把没有票的观众拦在运动场外面。

6.1.2.6　带趋向动词再带处所词语的"被"字句

句式6	NP₁（受事）+被+NP₂（施事）+V+趋向动词+处所词语

(1) 那孩子被他推下了坑。

(2) 她被她爸爸带回了乡下。

(3) 四天之后，阿Q在半夜里忽被抓进县城里去了。(鲁迅)

(4) 他的孩子都被他送进了城里的学校。

句子变换举例：

她爸爸带她回了乡下。
⇔她被她爸爸带回了乡下。
⇔她爸爸把她带回了乡下。
他送他的孩子进了城里的学校。
⇔他的孩子被他送进了城里的学校。
⇔他把他的孩子送进了城里的学校。

6.1.2.7　带动量补语／时段补语的"被"字句

句式7	NP₁（受事）+被+NP₂（施事）+V+动量补语／时段补语

有的"被"字句动词后面的数量短语是动量补语或时段补语。例如：

(1) 他被那个树桩绊了一跤。

(2) 我们被洪水困了三天三夜。

(3) 一条静静的小溪，也许被敌人与我们抢渡过多少次。(老舍)

(4) 今年夏天他们在香格里拉玩时,也被大雾困了几个小时。

(5) 你知道吗?你被他骗了三年,他在那边早就结婚了,还有一个五岁的儿子。

"被"字后面的NP$_2$(施事)可以不出现。例如:

(6) 我刚来时也被骗过一回。

句子变换举例:

那个树桩绊了他一跤。⇔他被那个树桩绊了一跤。
洪水困了我们三天三夜。⇔我们被洪水困了三天三夜。
他骗了你三年。⇔你被他骗了三年。

6.1.2.8 由兼语句变换来的"被"字句

| 句式8 | NP$_1$(受事)+被+NP$_2$(施事)+VP$_1$+VP$_2$ |

有的"被"字句与兼语句有变换关系,有的兼语句句首的名词性成分(受事)是后面的"动词$_1$"的受事,而"动词$_1$"是构成兼语句的使令性动词,如"叫、派、选、选举、逼"等。例如:

(1) 她丈夫被总公司派来北京工作。
(2) 李静被大家选为班长。
(3) 他被妈妈叫来帮忙。
(4) 那孩子被那些小流氓逼着交出钱包里的钱。

句子变换举例:

总公司派她丈夫来北京工作。
⇔她丈夫被总公司派来北京工作。
⇔总公司把她丈夫派来北京工作。
大家选李静为班长。
⇔李静被大家选为班长。
⇔大家把李静选为班长。

6.1.2.9　与部分连谓句有变换关系的"被"字句

| 句式9 | NP$_1$（受事）+被+NP$_2$（施事）+VP$_1$+VP$_2$ |

有的"被"字句是从主动的连谓句变换而来的。

(1) 那些不健康的画报被他爸爸找出来扔了。
(2) 你给我的书被我妈妈看到没收了。
(3) 那几张好的照片被我朋友看到要走了。
(4) 他儿子被警察找到送回家了。

句子变换举例：

　　他爸爸找出那些不健康的画报扔了。
⇔ 他爸爸找出那些不健康的画报把它们扔了。
⇔ 那些不健康的画报被他爸爸找出来扔了。
　　警察找到他儿子送回家了。
⇔ 警察找到他儿子把他送回了家。
⇔ 他儿子被警察找到送回家了。

上述句子中第一个动作和第二个动作都是"被"字后面的施事所做的，而有的句子第二个动作不是施事做的，可能是句首的受事自己主动的动作。

(5) 他被自行车撞伤住进了医院。

句子变换举例：

自行车撞伤他，他住进了医院 ⇔ 他被自行车撞伤住进了医院

例（6）一般情况下，第二个动作是其他人所做的，但是做这事的人没有出现在句中。

(6) 他儿子被汽车撞伤送进了医院。

句子变换举例：

汽车撞伤了他儿子，他儿子被送进了医院。
⇔ 他儿子被汽车撞伤送进了医院。

6.1.2.10　带两个"被"字结构的连谓"被"字句

| 句式10 | NP$_1$（受事）+被+NP$_2$（施事）+VP$_1$+被+NP$_3$（施事）+VP$_2$ |

有的"被"字句两个动作是不同的施事者所做的，这样句子中就可以出现两个"被"字，句中的第二个动作是其他人做的。上面的例（6）就可以构成这样的句子：

(1) 他儿子被汽车撞伤被警察送进了医院。
(2) 他这样只会花钱不会挣钱的男人被媳妇看不起被外人鄙视。
(3) 这样的卖国贼被国人唾骂被外国人看不起。
(4) 周杰伦创作的新歌一出来就被年轻人传唱，被唱片公司刻录成CD在市场上发售。

句子变换举例：

国人唾骂这样的卖国贼，外国人看不起这样的卖国贼。
⇔ 这样的卖国贼被国人唾骂被外国人看不起。

有的有两个"被"字结构的连谓"被"字句，其中第二个"被"字后面的"施事"可以不出现，这样就形成了以下句式：

| 句式11 | NP$_1$（受事）+被+NP$_2$（施事）+VP$_1$+被+VP$_2$ |

(5) 在这里学生整天被教师看着被管着，他们觉得很不自由。
(6) 周杰伦创作的新歌被年轻人传唱，被做成CD在市场上发售。
(7) 这些大片儿被网上恶搞被编成各种笑话。

句子变换举例：

网上恶搞这些大片儿，它们被编成各种笑话。
⇔ 这些大片儿被网上恶搞被编成各种笑话。

有的有两个"被"字结构的连谓"被"字句，其中"被"字后面的"施事"都可以不出现，这样就形成了以下句式：

| 句式12 | NP$_1$（受事）+被+VP$_1$+被+ VP$_2$ |

(8) 这些大片儿被恶搞被编成各种笑话。
(9) 他儿子被撞伤被送进了医院。
(10) 他被谩骂被侮辱。
(11) 在这里，孩子们整天被看着被关着，觉得很不自由。
(12) 现在的独生子女被宠着被爱着，什么苦都没吃过。

句子变换举例：

　　他被别人谩骂被别人侮辱。
⇔ 他被谩骂被侮辱。
⇔ 他被谩骂侮辱。
　　现在的独生子女被长辈宠着爱着。
⇔ 现在的独生子女被宠着被爱着。
⇔ 现在的独生子女被宠着爱着。

6.1.2.11　连谓句后面部分是"被"字结构的

有的连谓句后面是一个"被"字结构。

| 句式13 | NP$_1$+VP$_1$+被+NP$_2$（施事）+VP$_2$ |

(1) 我滑冰被人撞伤了腿。
(2) 老太太上街被别人撞伤了。
(3) 他偷税被税务局罚了款。
(4) 他爸爸做生意被别人骗了一大笔钱。

句子变换举例：

　　老太太上街，别人撞伤了老太太。
⇔ 老太太上街，老太太被别人撞伤了。
⇔ 老太太上街被别人撞伤了。

他偷税，税务局罚了他款。
⇔ 他偷税，他被税务局罚了款。
⇔ 他偷税被税务局罚了款。

6.1.2.12 兼语句与"被"字句结合的句子

| 句式14 | NP_1（施事）+VP_1+NP_2（兼语）+被+NP_3（施事）+VP_2 |

这种"被"字句是兼语句与"被"字句结合的句子，其中第一个动词是构成兼语句的使令性动词"使、叫、让"等，它后面的名词性成分既是使令性动词的宾语又是后面动词性成分的主语。例如：

(1) 那只潘多拉犬为了不让自己的主人给冻着，趴在主人身上，这样救了主人的命。
(2) 他让自己的身子被雨淋湿了。
(3) 他伏在小李的身上，让自己给冰雹打得一身疼痛。(巴金)

句子变换举例：

他被雨淋湿了自己的身子。
⇔ 他让自己的身子被雨淋湿了。
那只潘多拉犬为了不冻着自己的主人，趴在主人身上。
⇔ 那只潘多拉犬为了不让自己的主人给冻着，趴在主人身上。

6.1.2.13 与"把"字句结合的"被"字句

| 句式15 | NP_1（受事）+被+NP_2（施事）+把+NP_3（受事）+VP |

(1) 他被小偷把自己一年辛辛苦苦挣的钱偷了。
(2) 那个精美的木雕仙鹤被他把嘴摔断了。
(3) 那枚珍贵的纪念邮票被他把一个角弄掉了。

句子变换举例：

小偷把他自己一年辛辛苦苦挣的钱偷了。
⇔ 他被小偷偷走了自己一年辛辛苦苦挣的钱。
⇔ 他被小偷把自己一年辛辛苦苦挣的钱偷了。

　　　　他把那个精美的木雕仙鹤的嘴摔断了。
⇔那个精美的木雕仙鹤的嘴被他摔断了。
⇔那个精美的木雕仙鹤被他把嘴摔断了。
　　　　他把那枚珍贵的纪念邮票的一个角弄掉了。
⇔那枚珍贵的纪念邮票的一个角被他弄掉了。
⇔那枚珍贵的纪念邮票被他把一个角弄掉了。

思考与练习（23）

一、请根据以下句式及例句各造三个句子。

　　（1）NP_1（受事）+被+NP_2（施事）+VP（他被老师批评了一顿）

　　（2）NP_1（受事）+被+NP_2（施事）+给+VP（我的自行车被他给弄坏了）

　　（3）NP（受事）+被+NP（施事）+V+动量补语／时量补语（你妹妹被他骗了三年。你妹妹被他骗了三次。）

二、模仿"那些木料被他打了一套家具"这样的主语NP_1（受事）是材料或者工具的"被"字句造两个句子。

三、"50个饺子被他一个人吃了40个"，其中的宾语NP是前面"NP（受事$_1$）"中的一部分，这种句子语义在于表示某一个总数的人或者事物被用去（占去、消耗）了多少。请造两个这样的句子。

四、"那些旧衣服被我送给我们家的小时工了"这种句子所表达的语义是什么东西被什么人送给或卖给其他人（第三方）了。请造两个这样的句子。

五、有的"被"字句动词后面带表示处所的介词短语，如"贝克汉姆被球迷们围在中间"，请造两个这样的句子。

六、"我的钥匙被锁在屋里了"跟在动词后面的大多数是表示处所的框式介词短语，请造两个这样的句子。

七、"她被她爸爸带回了乡下"的构成是"NP（受事）+被+NP（施事）+V+趋向动词+处所词语"，请按照这样的格式造两个句子。

八、有的"被"字句动词后面的数量短语是动量补语或时段补语，如"他被那个树桩绊了一跤"和"我们被洪水困了三天三夜"，请各造两个这样

的句子。并按照以下句子变换的方式,将自己所造的句子进行变换:

那个树桩绊了他一跤。⇔ 他被那个树桩绊了一跤。

九、"她丈夫被总公司派来北京工作"是由部分兼语句变换来的"被"字句,其格式为"NP_1(受事)+被+NP_2(施事)+VP_1+VP_2",请按照此格式造两个句子,并根据以下变换方式对自己造的句子进行变换:

总公司派她丈夫来北京工作。⇔ 她丈夫被总公司派来北京工作。

十、"那几张好的照片被我朋友看到要走了"的格式是"NP_1(受事)+被+NP_2(施事)+VP_1+VP_2",请按照这一格式造两个句子。

十一、有的"被"字句两个动作是不同的施事者所做的,这样句子中就可以出现两个"被"字,句中的第二个动作是其他人做的。如"他儿子被汽车撞伤被警察送进了医院"。请模仿该句造两个句子。

十二、"他儿子被撞伤被送进了医院",其格式为"NP_1(受事)+被+VP_1+被+VP_2",请按照这一格式造两个句子。

十三、有的连谓句后面是一个"被"结构,如"老太太上街被别人撞伤了",请模仿该句造两个句子,并按照以下变换方式,对自己所造的句子进行变换:

老太太上街,别人撞伤了老太太。⇔ 老太太上街,老太太被别人撞伤了。⇔ 老太太上街被别人撞伤了。

十四、"那个精美的木雕仙鹤被他把嘴摔断了"是"被"字句与"把"字句结合的句子,请模仿这一句子造两个句子,并根据以下变换方式,对自己造的句子进行变换:

他把那个精美的木雕仙鹤的嘴摔断了。⇔ 那个精美的木雕仙鹤的嘴被他摔断了。⇔ 那个精美的木雕仙鹤被他把嘴摔断了。

十五、请把以下主动句变换为"被"字句。

1. 我打坏了你的眼镜。
2. 我把房间打扫干净了。
3. 银行的监视器拍下了抢劫者抢劫的全过程。
4. 她烧了我过去给他写的所有信件。
5. 他伤透了我的心。
6. 大家都嘲笑他,看不起他。
7. 他摔坏了我的那个精美的花瓶。
8. 韩国的总公司派我爸爸来北京的分公司工作。

9. 他一个月花去了我工资的一大半。
10. 我看见他儿子躲着抽烟。

6.2 "把"字句

6.2.1 "把"字句的句式语义

"把"字句是汉语中常见而又复杂的一种特殊句式。"把"字句的句式语义主要是主语对动词的受事作了某种处置。根据学者的研究，多数"把"字句表示某一物体在外力的作用下从甲点转移到乙点。例如：

(1) 他把家从昆明搬到了北京。
(2) 他一到北京就把钱存进了中国银行。

6.2.2 "把"字句的构成及其运用

"把"字句中的"把"是一个介词，其功能是把原来充当动词宾语的受事成分提到动词之前。

6.2.2.1 谓语主体为一个动词的"把"字句

| 句式1 | NP_1（施事）+把+NP_2（受事）+V+（了/着） |

汉语中由一个动词充当谓语主体的"把"字句并不多，而且大多数动词后面也要带上"了"或者"着"。例如：

(1) 你把盘子里的菜吃了！
(2) 小李把那只小狗送别人了。
(3) 你把护照带着。
(4) 把窗户开着，透透气。
(5) 他们把门锁了。
(6) 要知道你们主要是把大家的心伤了。（王朔）

也有少数"把"字句动词后面可以不加"了"或者"着"，但是，动词前面要加状语。例如：

(7) 你先把话题往低处引，改变形象，让她认为你是个粗俗的人。（王朔）

(8) 代表团来了，你把他们往环境好的地方引，别去旧房子那儿。

(9) 他们统帅大军，冲锋陷阵，驰骋疆场，直到把敌人全歼。（王朔）

例(7) 中的状语是"往低处"，例 (8) 中的状语是"往环境好的地方"，例 (9) 中的状语是"全"。

句子变换举例：

你吃了盘子里的菜。⇔ 你把盘子里的菜吃了。

小李把那只小狗送别人了。
⇔ 那只小狗被小李送别人了。

6.2.2.2 动词重动形式构成的"把"字句

| 句式2 | NP_1（施事）+把+NP_2（受事）+V_1—V_1 |

如果单个的动词后面不带"了"或者"着"，那么动词就要以动词重动形式作为句子的谓语中心语来构成"把"字句。动词重动形式有多种，在"把"字句中出现的主要是带"一"的。如"谈一谈、说一说、试一试"。这样的"把"字句只能用在口语中，而且主要是用在祈使句中。例如：

(1) 你把你的看法说一说。

(2) 你先把你的想法谈一谈。

(3) 辛楣又把相片看一看，放进皮夹。（钱钟书）

表示已经发生过的事情用带"了"的重动形式"V了V"，当然这样的用法不多见，仅限于个别动词。例如：

(4) 崇祯把稿子看了看，提笔改了两个字，加了一个内容，就是严厉责备卢象升。（姚雪垠）

句子变换举例：

你说一说你的看法。⇔ 你把你的看法说一说。

6.2.2.3 结果补语"把"字句
第一，结果补语"把"字句的构成

| 句式3 | NP$_1$（施事）+把+NP$_2$（受事）+V+补语（结果补语） |

"把"字句中大多数"把"字结构后面的谓词性部分不是一个单一的动词，而是一个动词带上补语构成的中补短语，而补语中结果补语构成的"把"字句又是比较常见的。

第二，结果补语"把"字句的主要使用情境

当一个人或团体对某人或某物施加动作之后产生了一个结果，这样的情况下就用结果补语"把"字句。如"小王"动了我的电脑，结果是我的电脑坏了，用汉语可以用"把"字句来说：

（1）小王把我的电脑搞坏了。

例（1）也可以用一般的带宾语的主谓句说成"小王搞坏了我的电脑"，但是多数中国人会选择用"把"字句来说。例（1）也可以转换成"被"字句，当人们回答"你的电脑怎么了"或者"你的电脑呢"这样问题时，倾向于用"被"字句。

又如，"他"修冰箱，结果是冰箱好了，用"把"字句说就是：

（2）他把冰箱修好了。

例（2）中中国人常常把受事成分"冰箱"放在主语的位置上，用受事主语句表达，说成"冰箱他修好了"，也可以用一般的带宾语的主谓句说成"他修好了冰箱"，但这样的说法要少于前面两种说法。

（3）你把盘子里的菜吃完了，别剩那么一小点儿又不吃了！
（4）他不说还好，他这一说把我弄糊涂了。
（5）阴城的深夜，静寂得可怕，他们觉得若是吐出一个字，就必定象炸弹似的把一切震碎。（老舍）

句子变换举例：

小王搞坏了我的电脑。
⇔小王把我的电脑搞坏了。
⇔我的电脑被小王搞坏了。

6.2.2.4 趋向补语"把"字句

第一，趋向补语"把"字句的构成

| 句式4 | NP₁（施事）+把+NP₂（受事）+V+补语（趋向补语） |

有的"把"字句充当谓语主体部分的是趋向补语构成的中补短语。

第二，典型的趋向补语"把"字句的主要使用情境

典型的趋向补语"把"字句主要用于表述什么人通过动作使某物体从原来所在的空间位置向着某一个方向移动。如"车"原来在车库里，他的动作使得车出来了，移动方向是从里往外出来。这一语义用"把"字句说就是以下的例（1）：

(1) 他把那辆车从车库里开出来了。

(2) 你把药从柜子里拿出来！

例（1）和例（2）都在句子中说明了物体原来的位置，但是在语境中，很多物体原来的位置是交际双方明白的，或者是语境已经提供的，不言自明的，不用在句子中说出来，所以多数句子不用说明被移动物体原来的位置。例如：

(3) 你把脚抬起来！我扫一下这里。

(4) 别把狗放出来！我害怕！

(5) 中士，把我的车开过来。（王朔）

(6) 巡警们把学生押了进去。（老舍）

(7) 我看把我所有的力量拿出来，直接的或间接的去杀几个敌人，便是我的立场。（老舍）

(8) 国际局势很糟，欧洲免不了一打，日本是轴心国，早晚要牵进去的，上海天津香港全不稳，所以他把母亲接到重庆去。（钱钟书）

句子变换举例：

你抬起脚来。⇔你把脚抬起来。

有的趋向补语"把"字句并不能进行这样的变换，例（1）变换以后就很别扭，所以不进行上述变换。

6.2.2.5 动量补语"把"字句
第一,动量补语"把"字句的构成

| 句式5 | NP$_1$(施事)+把+NP$_2$(受事)+V+补语(动量补语) |

动量补语"把"字句中的补语是一个表示动作次数的"动量短语"。

第二,动量补语"把"字句的主要使用情境

典型的动量补语"把"字句主要用于表述某人对某物或另外的人施加了某一动作,并说明动作的次数。如"他爸爸"打了"他"一次,而且打得很重,可以用一般的带宾语的主谓句说"他爸爸狠狠地打了他一顿",也可以用介词"把"把宾语"他"提到动词之前,这样就形成了以下例(1):

(1) 他爸爸把他狠狠地打了一顿。

例(1)强调"他爸爸"怎样处置"他"的。

(2) 他们公司的领导把他骂了一顿。
(3) 我把要考的古文背了一遍。
(4) 安佳迅速把屋里归置了一遍,使一切井井有条,一尘不染。
(5) 金山把这两句重复了好几遍。(老舍)
(6) 他把听写中的错字又写了三遍。

句子变换举例:

　　他爸爸狠狠地打了他一顿。
⇔ 他爸爸把他狠狠地打了一顿。
⇔ 他被他爸爸狠狠地打了一顿。
　　我把要考的古文背了一遍。
⇔ 我背了一遍要考的古文。

6.2.2.6 时段补语"把"字句
第一,时段补语"把"字句的构成

| 句式6 | NP$_1$(施事)+把+NP$_2$(受事)+V+补语(时段补语) |

时段补语"把"字句中的补语是一个表示时间长度的"时段短语"。

如"一天、半小时、三年、一个世纪"。

第二，时段补语"把"字句的主要使用情境

典型的时段补语"把"字句主要用于表述什么人对某物或某人进行某种动作，并且说出动作的时间长度。例如：

(1) 他们出去玩把这只小狗饿了一整天。
(2) 我们把会议延长了半天。
(3) 他们把我的护照签证耽误了一个星期。
(4) 他跟方老太太关了房门，把信研究半天。（钱钟书）
(5) 警察把肇事司机的驾照扣了一个星期。

句子变换举例：

他们把我的护照签证耽误了一个星期。
⇔ 我的护照手续他们耽误了一个星期。
⇔ 我的护照手续被他们耽误了一个星期。

6.2.2.7 状态补语"把"字句

第一，状态补语"把"字句的构成

句式7	NP$_1$（施事）+把+NP$_2$（受事）+V+得+补语（状态补语）

状态补语"把"字句的主要动词后面加上结构助词"得"，然后加上表述具体状态的词语，有时可能是一个小句。例如：

(1) 今天把我冻得直哆嗦。
(2) 他那个不孝之子的话把他气得全身直发抖。

第二，状态补语"把"字句的主要使用情境

当表述某人或者某物所进行的动作使得动作的受事表现出某种状况时，就可以使用这样的"把"字句。如"那个顾客"批评那个女售货员，使那个售货员说不出话来，这样的情况就可以说成以下例（3）：

(3) 那个顾客把那个女售货员说得话都说不出来。
(4) 牧乾很想不坐下，而且要还给他一句漂亮的话，可是她真打不

起精神来，象个小猫似的，她三下两下把身子团起，在极难利用的地势，把自己安置得相当的舒适。（老舍）

(5) 一个大浪把船身晃得利害，鲍小姐也站不稳，方鸿渐勾住她腰，傍了栏杆不走，馋嘴似地吻她。（钱钟书）

(6) 象咱们这样的业余杀人犯根本没技术把死者的笔迹模仿得维妙维肖。（王朔）

句子变换举例：

    那个顾客把那个女售货员说得话都说不出来。
⇔ 那个女售货员被那个顾客说得话都说不出来。
    今天把我冻得直哆嗦。
⇔ 今天我被冻得直哆嗦。
⇔ 今天我冻得直哆嗦。

6.2.2.8 位置处置"把"字句

位置处置"把"字句有不同的构成形式，一种是处所补语构成的，另一种是非处所补语后面再跟处所词语构成的。

第一，位置处置"把"字句的种类

A. 处所补语"把"字句

句式8	NP_1（施事）+把+NP_2（受事）+V+补语（处所补语）

句式8中的处所补语主要由"在+名词性词语+方位名词"这样的框式介词短语放在句中的动词后面构成，少数别的介词加上名词性词语构成的介词短语充当处所补语也可以。例如：

(1) 他把哨子放在唇边。（老舍）
(2) 你把我的包放在椅子上。
(3) 他要把我们公司引向何方？

B. 处所宾语"把"字句

句式9	NP_1（施事）+把+NP_2（受事）+V+（补语）+处所宾语

处所宾语"把"字句是动词后面跟一个动词做补语（也可以不用加这样的动词补语），然后再加上处所宾语。例如：

(4) 小李把他女儿送回姥姥家了。
(5) 你把他送老家吧，现在你们夫妻俩都忙，孩子假期没有人照顾。
(6) 你把我的自行车停到我家门口。

例(4) 动词后面跟趋向动词"回"做补语，然后接处所宾语"姥姥家"；例 (5) 动词后面没有补语，直接跟着处所宾语"老家"；例 (6) 动词后跟动词"到"做补语，然后接处所宾语"我家门口"。

第二，典型的位置处置"把"字句的使用情境

当表述甲人或甲物通过外力使得乙物（或乙人）从A位置置于B位置时，就可以使用位置处置"把"字句。这里的位置可以是具体空间上的位置，如上述几例，又如例 (7)、(8)；也可以是比较抽象的位置，如例 (9)、(10)、(11)：

(7) 他们要打，都不愿把拳头打在教育局局长的脸上，那张脸上挂着官场中所有的卑污，与二三十年来所积聚的唾骂。（老舍）
(8) 我问你，你赚多少钱一个月可以把我供在家里？（钱钟书）
(9) 如果你不是以救死扶伤的革命人道主义去对待他，那无异于落井下石、谋财害命，把自己的欢乐建筑在他人的痛苦之上！（王朔）
(10) 他没有必成个学者的志愿，可是也不愿把时间都花费在办事上。（老舍）
(11) 您要时刻想到，多少不相干的人把理想寄托在您身上呢。（王朔）

句子变换举例：

你把我的包放在椅子上。⇔ 我的包你放在椅子上。
把理想寄托在您身上。⇔ 在您身上寄托理想。

6.2.2.9 带助词"给"的"把"字句

| 句式10 | NP_1（施事）+把+NP_2（受事）+给+V+（补语） |

有的"把"字句要把助词"给"加在谓语中心语动词前面，多数情况下后面要加补语。这种句式主要用于口语。例如：

(1) 他不说还好，他这一说把我给弄糊涂了。
(2) 你把帽子给戴好了！
(3) 大风把我们的自行车给刮倒了。
(4) 我把大门给锁上了！
(5) 杨妈这一番话，算是把金秀心里那点委屈给挑透了。（陈建功）
(6) 他这一问，这还真把我给问住了。（陈建功）
(7) 对对对，吴老板，我只记住老板了，把姓儿给忘了。（陈建功）

句子变换举例：

我把大门给锁上了。
⇔ 我锁上了大门。
⇔ 大门我锁上了。
⇔ 大门被我锁上了。

6.2.2.10 与双宾句有变换关系的"把"字句
第一，句式种类

| 句式11 | NP_1（施事）+把+NP_2（受事$_1$）+V+给+NP_3（受事$_2$） |

句式11中谓语中心语后面加上动词"给"。例如：

(1) 他把这只小狗送给了我。
(2) 高松年的亲随赶来，满额是汗，把大信封一个交给鸿渐，说奉校长命送来的。（钱钟书）

| 句式12 | NP_1（施事）+把+NP_2（受事$_1$）+V+ NP_3（受事$_2$） |

句式12谓语中心语后面直接带宾语。例如：

(3) 把实话告诉了他们，他们必定会马上释放了他的。（老舍）
(4) 鸿渐把适才的事告诉辛楣。（钱钟书）

第二，与双宾句有变换关系的"把"字句使用情境

由双宾句变换来的"把"字句中有两个受事，"把"后面有一个受事，这一般是东西，也可以是有生命的受事（人或者动物），动词后面的受事是人或者单位机构等。当要把某物或者某人处置给另一方时，就可以用这种句式。

(5) 孙小姐知趣得很，说自己有雨帽，把手里的绿绸小伞借给他。（钱钟书）

(6) 他把这支派克金笔赠给了我。

有时所谓处置不是整体的转移，而是认识或者知晓。例如：

(7) 也许他真把你介绍给人了呢？（钱钟书）

句子变换举例：

他把这支派克金笔赠给了我。
⇔ 他赠给了我这支派克金笔。
⇔ 这支派克金笔他赠给了我。

6.2.2.11 "把A+V作B"句式
第一，句式构成

| 句式13 | NP (施事) +把+A (受事$_1$) +V (作为、当作) +B (受事$_2$) |

谓语中心语动词是"作为、当作、看作"。例如：

(1) 你不要客气，把这儿当作是你的家，想吃什么就说。

(2) 他提议，把这两间房作为交换条件。（钱钟书）

(3) 我把他当作自己的亲兄弟。

(4) 不自知的东西，照了镜子也没有用——譬如这只街肉的狗，照镜以后，反害他大叫大闹，空把自己的影子，当作攻击狂吠的对象。（钱钟书）

第二，句式主要使用情境

本来不是B事物（或人、或行为），陈述某人看A为B事物（或人、或行为），这种情况就可以使用句式13。例如：

(5) 他把吃苦看作是锻炼意志，所以他不怕吃苦。

（6）她把这只狗当作她最好的朋友。

句子变换举例：

　　我把他当作自己的亲兄弟。
⇔ 他被我当作自己的亲兄弟。
⇔ 他被我当作自己的亲兄弟来看待。

6.2.2.12 "把A+V成B"句式
第一，句式构成

| 句式14 | NP_1（施事）+把+NP_2（受事$_1$）+V+成/为+NP_3（受事$_2$） |

（1）你们可以把这间房子改为书房。
（2）我们不能扣留住闪电来代替高悬普照的太阳和月亮，所以我们也不能把笑变为一个固定的、集体的表情。（钱钟书）

第二，"把A+V成B"句式使用情境

经过动作行为使A变成B，表述这样的情况就可以用句式14。又如：

（3）他把这篇小说改成了电影剧本。
（4）他们把那些木料做成了家具。
（5）他决心把自己的孩子培养成一个音乐家。
（6）这种快乐，把忍受变为享受，是精神对于物质的最大胜利。
　　　（钱钟书）

句子变换举例：

　　他们把那些木料做成了家具。
⇔ 那些木料他们做成了家具。
⇔ 那些木料被他们做成了家具。

6.2.2.13 "把"字比较句
第一，句式15的构成

| 句式15 | NP_1（施事）+把+NP_2（受事$_1$）+和+NP_3（受事$_2$）+比（一下） |

"把"字比较句中的动词可以是"比、比较、相比、对比"。例如：

(1) 柔嘉没想到她会把鸿渐跟老李相比。（钱钟书）
(2) 你把不满一岁的小孩子或小狗跟小猫比一下，就明白猫和其他两种四足家畜的不同。（钱钟书）
(3) 穆勒曾把"痛苦的苏格拉底"和"快乐的猪"比较。（钱钟书）
(4) 通过示范使学生把自己的动作和示范动作对比，认识错误的所在，以便纠正。

第二，句式15的使用情境

当表述某人拿A和B比时，就可以用句式15。又如：

(5) 你不要老把自己和别人比，这样你会很痛苦，俗话说"人比人，气死人"。

第三，句式16的构成

句式16	NP_1（施事）+把+NP_2（受事$_1$）+和+NP_3（受事$_2$）+比+……

句式16中"比"后面可以加上其他词语，用来说明这样比会怎么样，有时句首的施事可以不要。例如：

(6) 有时你把自己的短处和别人的长处比会让你很痛苦。
(7) 把自己的短处和别人的长处比会让你看到自己的不足。

第四，句式16的使用情境

当表述某人拿A和B比会怎么样时，就用句式16。又如：

(8) 老把自己的丈夫与别人的丈夫比是很不好的。

6.2.2.14 不及物动词（形容词）致使"把"字句

第一，句子的构成

句式17	NP / VP+把+NP（施事）+$V_{不及物}$ / 形容词+……

句子的主语可以是名词性词语，也可以是动词性词语，谓语中心语可以是不及物动词，也可以是形容词。例如：

(1) 儿子的婚事把他妈都愁成什么样了。
(2) 这一大堆孩子可把你们夫妻俩累坏了。
(3) 那几年闹饥荒把我父母都苦老了。

第二，不及物动词（形容词）致使"把"字句的使用情境

表述某事或某人使得（致使）什么人表现出什么样或者什么状态，就用这种句子，而多数情况是表示产生不如意的结果。又如：

(4) 谈恋爱的事把她伤心死了。
(5) 很多公司歧视女性，她找工作的经历把她气坏了。
(6) 儿子考上大学把他高兴坏了。

句子变换举例：

致使"把"字句中的"把"变换为"让"、"使"或"使得"。例如：

谈恋爱的事把她伤心透了。⇔谈恋爱的事让她伤心透了。
儿子考上大学把他高兴坏了。⇔儿子考上大学使他高兴坏了。

6.2.2.15 及物动词致使"把"字句
第一，句子的构成

| 句式18 | NP／VP+把+NP（施事）+V及物+…… |

句式18与句式17不同，句式18谓语中心语动词是及物动词。例如：

(1) 你这样叫把我都吓出心脏病来了。
(2) 外面的鞭炮声把我惊醒了。

第二，及物动词致使"把"字句的使用情境

表述某事或某人使得（致使）什么人怎么样了，就用这种句子。

(3) 孩子升学的事把他父母都操心死了。

句子变换举例：

孩子升学的事把他父母都操心死了。
⇔他父母操心死孩子升学的事了。

⇔ 孩子升学的事他父母都操心死了。

⇔ 孩子升学的事使他父母都操心死了。

6.2.2.16 联合短语充当"把"后面的受事

| 句式19 | NP₁（施事）+把+NP₂（受事_联合短语_）+VP |

有的"把"字句中的受事是一个联合短语。例如：

(1) 什么也不想，他已把过去现在及将来完全献给抗战。（老舍）

(2) 他又摹仿上海大商店卖"一元货"的方法，把脸盆，毛巾，牙刷，牙粉配成一套卖一块钱，广告上就大书"大廉价一元货"。（茅盾）

(3) 想到了这个，他们三步当作一步走的，急快回到庙中，好把热泪，委屈，和一切要说的话，都尽情的向大家倾倒出来，仿佛大家都是他们的亲手足似的。（老舍）

6.2.2.17 "把"字结构后面是连谓短语

| 句式20 | NP₁（施事）+把+NP₂（受事）+VP₁+VP₂ |

有的"把"字句中"把"字结构后面是两个或多个动词性成分构成的连谓短语。例如：

(1) 譬如一串葡萄到手，一种人挑最好的先吃，另一种人把最好的留在最后吃。（钱钟书）

(2) 鸿渐把这信给孙小姐看。（钱钟书）

(3) 鸿渐郁勃得心情像关在黑屋里的野兽，把墙壁狠命的撞、抓、打，但找不着出路。（钱钟书）

(4) 把饭给自己有饭吃的人吃，那是请饭；自己有饭可吃而去吃人家的饭，那是赏面子。（钱钟书）

(5) 反过来说，把饭给予没饭吃的人吃，那是施食；自己无饭可吃而去吃人家的饭，赏面子就一变而为丢脸。（钱钟书）

思考与练习（24）

一、请在下列句子中横线处填上适当的介词。

1. 不行，我不能跟你们聊了，光聊天_____正事都耽搁了。
2. 好吧，_____游戏机放回去。
3. 你不能这样，为钱_____自己卖了。
4. 我还想开玩笑，他却立即_____电话挂了。
5. 我记得我_____照片取了下来装进我的包里然后回到了餐厅。

二、把下列句子变换为"把"字句。

1. 你拿出护照来。
2. 你带孩子回老家去。
3. 他记下了昨天发生的事情。
4. 老师告诉了大家考试分数。
5. 衣服他洗得干干净净的收了起来。
6. 房间他搞得乱七八糟的。
7. 他辞了他的工作。
8. 他儿子的成绩使他气坏了。
9. 打扫房间、洗衣服、做饭累得她腰都直不起来。
10. 那块丝绸料子她打算做一件旗袍。

三、用下列词语造"把"字句，语序自己安排，还需要加一些别的必要的词语。

1. 做　红烧肉　猪肉　妈妈
2. 从　柜子　拿　存折　他
3. 他　交　电话费　电信局
4. 中国银行　存　美元　我
5. 电视机　修　拿　维修部　爸爸
6. 菜　吃　你
7. 搞　电脑　他
8. 护照　延长　半年
9. 踢　他　我的小狗
10. 放　桌子　箱子　你

四、用所要求的句式造"把"子句。

1. 用句式1 "NP_1（施事）+把+NP_2（受事）+V+（了／着）"造两个"把"字句。

2. 用句式2 "NP_1（施事）+把+NP_2（受事）+V_1一V_1"造两个"把"字句。

3. 用句式3 "NP_1（施事）+把+NP_2（受事）+V+补语（结果补语）"造两个"把"字句。

4. 用句式4 "NP_1（施事）+把+NP_2（受事）+V+补语（趋向补语）"造两个"把"字句。

5. 用句式5 "NP_1（施事）+把+NP_2（受事）+V+补语（动量补语）"造两个"把"字句。

6. 用句式9 "NP_1（施事）+把+NP_2（受事）+V+（补语）+处所宾语"造两个"把"字句。

7. 用句式11 "NP_1（施事）+把+NP_2（受事$_1$）+V+给+NP_3（受事$_2$）"造两个"把"字句。

8. 用句式13 "NP（施事）+把+A（受事$_1$）+V（作为、当作）+B（受事$_2$）"造两个"把"字句。

6.3 比况短语

比况助词"似的、似地"（过去大多数作家的作品中都用"似的"，后来规定充当状语的用"……似地"，其他的用"似的"）。"似的、似地"构成的比况短语可以分为两大类，一类是直接跟在名词性成分和谓词性（动词、形容词）成分后面的；另一类是与"像"这样的词构成一个"像……似的"结构的。过去用"象"的多，少数人用"像"，后来规定了一律用"像"。我们这里一般用"似的"，引用的例句，一律遵照作者原来使用的字，不作改动。

6.3.1 ……+似的

"似的"前面不出现"像"类似的动词的"……似的"短语有以下一些种类。

6.3.1.1 名词性成分+似的

第一，名词+似的

比况助词直接跟在名词后面，构成比况短语。有的是单音节名词后面跟"似的"。例如：

猫似的　血似的　箭似的　羊似的　梦似的
猪似的　海似的　鱼儿似的　人儿似的

有的是双音节名词后面跟"似的"。例如：

野兽似的　豆腐似的　仙女似的　云雾似的
箭头儿似的　台阶似的　天使似的　珍珠似的

(1) 外面是连天漫地一片黑，海似的。（朱自清）
(2) 我晕在爱里，迷忽的在生命与死亡之间，梦似的看见全世界都是红花。（老舍）

第二，名词短语+似的

一朵玫瑰似的　流水似的　明镜似的　小尾巴似的　黄杨木雕似的

第三，VP+似的

A. 动词＋了＋似的

少数动词后面可以加上"了"，然后再加"似的"构成比况短语。例如：

(3) 通信员端来热水让他洗脚，他傻了似地愣坐在炕沿上没反应。（张正隆）
(4) 我有时候疯了似的吻他，然后把他推开，甚至于破口骂他；他老笑。（老舍）
(5) 于是又理亏了似的，说不出话来。（张弦）

B. 述宾短语＋似的

(6) 每逢李保得志或者自以为稳操胜券时，他的咳嗽声就格外的频繁而响亮，好象这样"吭吭"两下，枣园沟就会发生七级地震似的。（张一弓）

(7) 张全义要走，又偶然想起什么似地停下来。（陈建功）

C. 中补短语+似的

(8) 忽然听到太太或小顺儿的声音，他吓了一跳似的，从世界大势的阴云中跳回来：他知道中日的战争必定会使世界的地理与历史改观，可是摆在他面前的却是这一家老少的安全与吃穿。

有的中补短语是"VP+得+什么似的"。例如：

(9) 祁老人和天佑太太听说瑞丰得了科长，喜欢得什么似的！（老舍）

(10) 刘师傅气得什么似的，可是没追上前去；丁约翰既不敢打架，何必紧紧的逼迫呢。（老舍）

(11) 林先生急得什么似的，心是卜卜地乱跳。（茅盾）

D. 主谓短语+似的

(12) 她恶虎扑食似的下去，双手卡住了那坏人的喉。

(13) 刘顺明英勇地大张双臂冲上去母鸡护雏似地把领导们护在身后。（王朔）

(14) 荒妹只觉得心头被扎了一刀似的，扑在床上哭了。（张弦）

E. 形容词性联合短语+似的

(15) 春风很小很尖，飕人们的脑子；可是墙角与石缝里都悄悄的长出细草芽，还不十分绿，显着勇敢而又乖巧似的。（老舍）

F. "把"字结构+似的

(16) 瑞丰知道这一问或者没怀着好意，但是他仍然把他当作好话似的回答。（老舍）

第四、词语+也+似的

"词语+也+似的"是一种比较特殊的形式，"也"前面的多数是单音节词，其中"飞也似的"已经一定程度的凝固化了，出现频率比较高。"……也似的"中"也"前面的词语可以是动词或名词，也可以是一个短语。这种结构主要是充当状语。例如：

(1) 紧接着看见心心飞也似地奔跑着。（李国文）

(2) 收拾停当，她风也似地出门去了。（陈建功）

(3) 这太太杀猪也似的乱叫。（汪曾祺）

(4) 见面那天，恰逢阳春三月好晴天，庭院里那两株海棠树，盛开着雪也似的繁花。（王慧章）

(5) 兰姑喊着，风也似的卷回沙发旁边，一把就搀起了奶奶。（琼瑶）

(6) 徐守仁怯生生地推门进来，手里端着一个白玉也似的瓷碟子，里面装了满满的蜜饯无花果。（周而复）

(7) 子璇一语不发，跳上车子，头也不回的、飞快的、逃也似的骑走了。（琼瑶）

6.3.2 动词"像/好像/仿佛/跟……似的"构成的比况短语

比况助词"似地/的"常常与动词"像、好像、仿佛、跟"组合构成"像……似的"、"好像……似的"、"仿佛……似的"、"跟……似的"等比况短语。按照"像……似的"中间的成分来分，又可以分为以下几种：

6.3.2.1 像+NP+似的

其中的NP有的是名词，有的是一个定中短语。例如：

像老鼠似的　像刺猬似的　像猪似的　像火似的　像孩子似的
像炸弹似的　像暴雨似的　像兔儿似的　像棵老树似的
像个饿猴子似的　像一条巨蛇似的　像讨人怜爱的母狗似的

6.3.2.2 像+VP+似的

像失了火似的　像饮着人世上最醇最香的美酒似的
好像有毒似的　如同向全世界发表公告似的

(1) 老花农赞美的语气是由衷的，好象回味起吃过的一条特别美味的鱼似的。（冯骥才）

(2) 本地人掏出角把钱，买得几串，就坐在车里吃起来，像吃水果似的。（汪曾祺）

(3) 这三个字好象有毒似的，刚一到他们耳中，两个嘴巴已打在曲

248

时人的脸上。（老舍）

(4) 如同做了亏本生意似的，他十分不情愿地问道："如果允许这样子，我们搞了二十多年不是白搞了吗"（张一弓）

"好像……似的"结构中可以是带"把"字短语的一个复杂的连谓短语。例如：

(5) 在常委发言的整个过程中，他都在很有兴味地倾听着，而且一杯接一杯地喝着清茶，好象把各种意见泡在茶水里吞下去可以大大地有助于消化似的。（张一弓）

"像"后面有"被"字结构。例如：

(6) 庄亦雅象由梦中被人唤醒似的发出这个声音来。（老舍）

(7) 瑞宣象被针刺了似的猛的站起来。（老舍）

"好像……似的"中间的成分可以是"在……中"。例如：

(8) 忽然的，槐树尖上一亮，象在梦中似的，他猛孤丁的看见了许多房脊。（老舍）

6.3.2.3　好像是……似的

(1) 当他的眼珠定住的时候，他好象是很深沉，个性很强似的。

(2) 好象是有一种暗中的谅解似的，他们都不敢提默吟先生。（老舍）

(3) 她的赤包儿式的脸上已褪了粉，口与鼻大吞大吐的呼吸着，声势非常的大，仿佛是刚刚抢过敌人的两三架机关枪来似的。（老舍）

6.3.2.4　像+惯用语+似的

(1) 我不能像小喇叭似的到处广播。

6.3.2.5　像+主谓短语+似的

"像……似的"中间可以是小句。如"好像小鸡喝水似的"，又如：

(1) 四处什么也看不见，就好象全世界的黑暗都在等着他似的，由

黑暗中迈步，再走入黑暗中。（老舍）

(2) 你老这么一味谦虚我要生气了，好象我夸你是害你似的。（王朔）

(3) 街上的坦克，象几座铁矿崩炸了似的发狂的响着，瑞宣的耳与心仿佛全聋了。（老舍）

(4) 敌兵用全身的力量挣扭，钱先生的手，象快溺死的人抓住一条木棍似的，还了扣。（老舍）

(5) 瑞全的半碗酒吃猛了点，一着凉风，他的血流得很快，好象河水开了闸似的。（老舍）

(6) 大赤包依然不往起立，象西太后坐在宝座上接受朝贺似的那么毫不客气。（老舍）

(7) 铁牛笑得象小姑娘穿新鞋似的："不累，一年才开一次会，还能说累？"（老舍）

有的主谓短语还是被动句。例如：

(8) 他必定说这一套，好象活人得叫死人管着似的。（老舍）

6.3.2.6　好像+复句+似的

(1) 好象一到他们那儿，就能吃上大肉，住上高楼，成把成把的人民币往口袋里揣似的。（张贤亮）

(2) 她这一回不是嘿嘿冷笑，不是连忙报告，而是猛扑过去，象老鹰抓小鸡般的，想一把攫获住阿芳，撕个粉碎似的。（李国文）

有的"像……似的"中间是两个动词短语构成的顺承分句。例如：

(3) 杜亦甫的态度很自然了，象吃下一料泻药，把心中的虚伪全打净了似的。（老舍）

6.3.2.7　在"连……都……"句中

有的"好像……似的"构成"连……都"句，表示强调。例如：

(1) 看这一家子，老少男女都是啬刻鬼，连看回电影都好象犯什么罪似的！（老舍）

6.3.2.8　其他词构成的"X……似的"

"仿佛"构成的比况短语比较书面语化。出现的频率大大少于"像、好像"构成的比况短语。例如：

(1) 白鹭并未打下，这一来，倒把结婚希望打落，于是留下个笑话，仿佛失恋似的走了。（沈从文）
(2) 鹿书香闭上了眼，仿佛极疲倦了似的。（老舍）

少数的是"如同……似的"。例如：

(3) 如同到了一夜，狂风大作，雨点如从水龙头上喷出似的，向槛内廊上倾倒。（郑振铎）

有的是"和……似的"。例如：

(4) 我的姓和我的衣裳似的，勤换着点儿啊，新鲜！（老舍）
(5) 他的嗓子就和根毛儿似的那么细，坐在最前面的人们也听不见一个字。（老舍）

"像"前面可以加副词性修饰语"都"、"老"等。例如：

(6) 乡下孩子，老象饿疯了似的！（老舍）

有的是"显得……似的"。例如：

(7) 有的事是成心多给了方枪枪一些，显得他多关键似的，这是我利用职权营私了，不好意思。（王朔）

6.3.3　比况短语的句法功能

6.3.3.1　比况短语充当谓语

第一，"名词+似的"直接充当谓语

(1) 瞅您这白衣白帽，洗得多干净，天使似的。（王朔）
(2) 你不是就喜欢她这型的，圆圆的，脸红扑扑的，水蜜桃似的？（秦牧）
(3) 秘书当即板正脸，将介绍信塞给我，急急地接电话去了，一走，腰

下极显眼地露出一截红裤带，一摆一摆，小尾巴似的。（吕新）

(4) 还有一位通讯科的新闻干事，一副神灵活现的样子，公鸡似的。（吕新）

(5) 刀顺过来，猛的一个跺泥，身子直挺，比众人高着一头，黑塔似的。（老舍）

(6) 来，我看看你，看这肉皮儿怎这么细呀，豆腐似的！（老舍）

(7) 路依山而建，共有四五层，台阶似的。（朱自清）

有的是并列的几个名词构成的比况短语充当并列的分句的几个谓语。例如：

(8) 喊声震天，血似的，箭似的，血箭似的，一边飞走一边向四外溅射着血花。（老舍）

"名词+似的"充当谓语，前面有副词"都"。例如：

(9) 我戏耍他们，嘲弄他们，他们都羊似的驯顺老实。（老舍）

构成连谓句中的一部分。例如：

(10) 我心里明镜似的知道你是好人。（老舍）

第二，"动词性成分+似的"充当谓语

(1) 干嘛老这么看我，盯贼似的？（王朔）

第三，"跟/和+名词+似的"做谓语

"跟……似的"是口语性质的说法，充当谓语的最多。这种情况在作家作品中有，最近在北京口语中用得也比较多。

(1) 我跟个'鸡'似的，怎么去你家呀？（王朔）

(2) 我说你这人怎么跟女的似的？（王朔）

(3) 他也就会跟自个老婆厉害，在外边见谁都跟三孙子似的。（王朔）

(4) 我们单位有的过去跟他关系不错的蒙邀去他家玩，回来说他家搞得和宾馆似的。（王朔）

(5) 跟谁养的什么宠物似的。（王朔）

(6) 要不说你老奸巨滑呢，一天到晚不知都在琢磨什么，阴得跟糖尿病人似的，哪天我叫你卖了还不知道呢。（王朔）

(7) 跟头猪似的！（王朔）

(8) 这小丫头长得多好看，跟小洋人似的。（王朔）

(9) 瞧这护城河的水跟金子似的。（王朔）

少数的中间是动词性的。例如：

(10) 他玩牌是臭，跟不会玩似的。（王朔）

第四，充当复句中分句的谓语

"像……似的"结构可以省略前面的主语，在一个复句中作为第一个分句，主语在后面的分句才出现，即所谓主语蒙后省略。例如：

(1) 象是经历了一个恶梦而终于在阳光下醒来似的，县委和公社的领导人舒了一口气，枣园沟勤劳善良的庄稼人舒了一口气。（沈从文）

有的是主语出现在前面的分句中，后面的分句主语承前省略。例如：

(2) 他不能仅为自己的吃喝努力，他必须把她从那间小屋救拔出来，而后与他一同住在一间干净暖和的屋里，象一对小鸟似的那么快活，体面，亲热！（老舍）

(3) 他这人总是这么傲慢，街里街坊住着，平时见我也不打招呼，好象跟我说话会玷辱他身份似的。（王朔）

有的"像……似的"的主语是前面分句谓语的宾语。例如：

(4) 我一辈子也没有听见过这么脆的嗓子，就像一个牙口极好的人咬着一个脆萝卜似的。（汪曾祺）

6.3.3.2 比况短语充当状语

第一，"名词+似的"构成的"似的"比况短语可以直接充当状语。例如：

(1) 热了，累了，就鱼儿似的跃入水中。（张正隆）

(2) 花钱大手大脚，流水似的不把钱当钱。（张正隆）

(3) 他们野兽似的吞吃，他们不必要而故意的挑剔毛病，骂人。（老舍）

(4) 这些人也就人儿似的先混过一天是一天，在没劲中要露出劲儿来，象打太极拳似的。（老舍）

(5) 没说下半句，他猫似的跑到屋门那里，爬下去，耳朵贴着地，听了听。（老舍）

(6) 这么一想，我那始终没落的眼泪雨似的落下来。

(7) 那么，吃上二三年的苦，而后大人似的去耍手艺挣钱，家里再有个小媳妇，大概也很下得去了。（老舍）

(8) 大立心神不定，另有所思，却也机器人似地随着徐伯贤点点头。（陈建功）

第二，"名词短语+似的"直接充当状语。例如：

(1) 瑞丰太太肉滚子似的扭了出来。（老舍）

(2) 她一阵风似的走到铁匠棚跟前。（张一弓）

(3) 看到一个合适的人，或听到一句有灵感的话，他便一个木楔子似的挤到生意中去。（老舍）

第三，"小句+似的"充当状语。例如：

(1) 要将船送到彼岸，必须这么往上爬，水越大，越要爬得远，然后掉头，飞机俯冲似地冲过河中的激流。（映泉）

第四，"述宾短语+似的"充当状语。例如：

(1) 一盒"小粉包"变戏法似的不见了。（张正隆）

(2) 金秀果然很敏感，回头看了他一眼，半开玩笑似地说："怎么，你还想审查审查？"（陈建功）

(3) 只有这几个警笛象是消息很灵通，开着玩笑似的给大家以死亡破灭的警告。（老舍）

第五，"像……似的"充当状语。例如：

(1) 你还象蟹似地寄居在别人的壳里？（聂绀弩）
(2) 我拎到盥洗室洗干净，象对孩子似地使劲给他擦手擦嘴巴。
(3) 他像个孩子似的哭起来。（汪曾祺）
(4) 他像哄孩子似的对她说："别怕，我在这儿呢！（老舍）
(5) 她谈得很怪，不大说话，象影子似地悄悄来悄悄走，总是若有所思地坐在那里出神，对谁都是待搭不理的。（王朔）
(6) 她是个活泼美丽的京剧演员，步履轻盈，像只喜鹊似地蹦蹦跳跳，从北屋飞到当院："什么特大新闻呀？（陈建功）
(7) 翠鸟象箭似的由水面上擦过去，小鱼大鱼都不见了，水上只剩下浮萍。（老舍）

第六，比况短语充当前置状语。例如：

(1) 风也似的，小花在前，他们在后紧随，又回来了！（老舍）
(2) 一阵风似的，他们又跑远了。（老舍）
(3) 象道歉似的，他向虫低语："你以为稻草里很安全，可是落在了我的手里！（老舍）
(4) 象猫似的，他们捉住老鼠不去马上吃掉，而要戏耍好大半天；用爪牙戏弄被征服者是他们的唯一的"从容"。（老舍）
(5) 象刚停落下来的鸟儿似的，他东张张西望望，心里极不安。（老舍）
(6) 象箭似的，树人跑回洗家。（老舍）

有的"像……似的"充当状语可以删去，也就是删去一个表示比喻的状语。例如：

(7) 这末几个字是一个一个由他口中象小豆子似的蹦出来的，每蹦出一个字，他的右手大指便在自己的胸上戳一下。（老舍）

有的这样的状语不能删去，因为删去以后后面的动词就不恰当了。换言之，有的后面的动词的选择与"像……似的"的语义相关，受它限制。例如：

(8) 瑞丰的小眼珠由排头溜到排尾，看出来在那些死板板的脸孔下都藏着一股怒气；假若有人不识时务的去戳弄，那股怒气会象炸弹似的炸开，把他与蓝东阳都炸得粉碎。（老舍）

6.3.3.3 比况短语充当定语

(1) 你想《人间指南》一个芥豆似的机构，在华盖云集的京里，哪有他们横冲直撞的份儿？（王朔）

(2) 葛老头苦笑一下，缓缓地，不停地摇着他那黄杨木雕似的小脑袋。（莫怀戚）

(3) 这个梧桐苗似的小伙子与我从来关系密切，他兴奋得跳起来。（张炜）

(4) 大赤包今天穿了一件紫色绸棉袍，唇上抹着有四两血似的口红，头发是刚刚烫的，很象一条绵羊的尾巴。（老舍）

(5) 老人还是感到一根针一根针似的小细寒风，向脑门子，向肩头，继续不断的刺来。（老舍）

"NP+似的"构成的"似的"短语可以直接做定语。例如：

(6) 那个猫似的仆人已立在门外。（老舍）

(7) 一个漂亮小伙子所最怕的恐怕就是娶个丑八怪似的老婆吧。（老舍）

(8) 那时候，我年轻，漂亮，作事麻利，所以我一定不能要个笨牛似的老婆。（老舍）

(9) 然后，她还会毫无顾忌地俯在他耳边告诉报社的内部新闻，她那秀发撩弄着他，她那银铃似的笑声惊扰着他，她那浓馥的香水气息刺激着他。（李国文）

(10) 然而确有些醉意，顺着鬓角往饭碗里滴滴有响的落着珍珠似的大汗珠。

(11) 那位女士把一团棉花似的又软又白的手腕挽住他的虎臂，一对英雄美人，挟着一片恋爱的杀气，闯入了杏雨茶楼。（老舍）

例（11）是在介词"把"后面的名词性成分中充当定语。

6.3.3.4 比况短语充当补语

(1) 木门开了，一个瘦得像眼镜蛇似的男人出现在铁门后，隔着纱网眉眼绰约。（王朔）

(2) 偏这老二长得宫女似的，那俩丫头没法看。（王朔）

(3) 张家的三姑娘，长得仙女似的！（老舍）
她一天到晚往脸上拍粉，嘴唇抹得血瓢似的。（老舍）

(4) 老王顾不得头上的包了，脸笑得一朵玫瑰似的，似乎再碰它七八个包也没大关系。（老舍）

(5) 张二搬走了，搬走的那天，他又喝得醉猫似的。（老舍）

(6) 每天干十二个小时，我们下班在地铁里困得像一滩烂泥似的。

有的是虚指的"什么"+"似的"放在形容词后面充当程度补语，表示程度高。例如：

(7) 孙小姐走后，一屋人围著留下来的南希反复打量，兴奋得什么似的。（王朔）

(8) 全国人民高兴得什么似的，又都有点意犹未尽。（王朔）

有的是在"把"字句中动词后面充当结果补语。例如：

(9) 那些只有一个爱人的同学，时常的哭，把眼哭得桃儿似的。

(10) 绕到上边来，与高处的火接到一处，通明，纯亮，忽忽的响着，要把人的心全照亮了似的。（老舍）

(11) 目前的城市建筑太单调，都是火柴盒式的标准设计，没有变化，没有装饰，没有我们民族的特有风格；但是也有些地方盲目复古，飞檐翘角，雕梁画栋，把宾馆修得象庙堂似的。（陆文夫）

(12) 她既会持家，又懂得规矩，一点也不象二孙媳妇那样把头发烫得烂鸡窝似的，看着心里就闹得慌。（老舍）

6.3.3.5 比况短语充当宾语

比况短语也有充当宾语的，但是不多。例如：

（1）要饭的花子有时不饿也弯着腰，假充饿了三天三夜；反之，巡警却不饱也得鼓起肚皮，假装刚吃完三大碗鸡丝面似的。（老舍）

（2）云还没铺满了天，地上已经很黑，极亮极热的晴午忽然变成黑夜了似的。（老舍）

"名词+似的"构成的比况短语可以充当判断动词"是"的宾语。例如：

（3）小邱也是花儿似的，在人们脑中他永远是青春，虽然他长得离花还远得很呢。（老舍）

有的是"把"字句的宾语。例如：

（4）有些个老头儿老太太都把他爱成宝贝似的，因为他老随着他们的意思说话吗！（老舍）

6.3.3.6 "把"字句中的比况短语

（1）他告了饶，我把他当个屁似的放了！（老舍）

（2）他决定不屈服，他把生命象一口唾液似的，在要啐出去的时节，又吞咽下去。（老舍）

（3）他们把地象白给似的卖出去，放弃了房子，搬到城里去住。（老舍）

6.3.4 比况短语的表义分析

6.3.4.1 比况短语的修辞学分析

从修辞的角度来分析，比况短语在语句中是比喻中的明喻，"似的"和"像……似的"等形式就是明喻的形式标志。由于比况短语在句中出现的位置不同，所以，这种明喻也是有区别的。有的前面的分句是一个具体的陈述，后面的比况短语对前面的分句所作的陈述用比喻修辞手法来作更加生动的描写，而在比喻中又常常兼带有夸张的辞格。例如：

(1) 这时节小吕总是那么兴奋，话也多，说话的声音也大，好像家里在办喜事似的。（汪曾祺）

有的比况短语并不是比喻辞格的运用，实际"似的"有些多余，删去它语义并没有明显的变化。例如：

(2) 于是荒山上的人们也随着舒松地长叹着，提起他或她的宝贵的行李回城了——没有逃跑的人都站在大门口，用嘲讽似的眼色看着这些徒劳往返的男女，仿佛在说："早知不来，何必跑！"（施蛰存）

有的由最典型的明喻标志"好像"构成的比况短语实际并不是典型的比喻，只是带有一点儿夸张罢了。因为它并不是把A比作B，只是说有的人这样认为。例如：

(3) 好象他一点别的毛病没有，而最适宜当主任似的。（老舍）

"像……似的"比况短语放在一个形容词前面，通过这个明喻辞格来形象地增强形容词所要陈述的性质或状态的语义。例如：

(4) 等，等，一秒钟就象一天似的长。（映泉）
(5) 他望着这碑，这水池，这石棺，像刀绞似的痛苦。（邓友梅）

6.3.4.2 比况短语后面的分句对前面进行解说

有的比况短语后面从语义上对前面进行解说。即为：

```
……似的，解说分句
```

有的比况短语构成的分句是一个修辞格，为了进一步表述其语义，后面会有解说性的分句。后面部分与前面的"像……似的"有进一步解说的关系，可以看作是解说复句。例如：

(1) 我不能象傻王九似的，平白无故的丢去一只眼睛，我还留着眼睛看这个世界呢！（老舍）
(2) 他们至少也许还有一二十年的生命，难道这么长的光阴都要象牛马似的，在鞭挞下度过去？（老舍）

(3) 他忍心的等着；他的钱象舞台上的名角似的，非敲敲锣鼓是不会出来的。（老舍）

6.3.4.3　比况短语在其他分句后面，进一步比喻

有的则是比况短语"像……似的"作为后面的分句，是一个比喻，进一步解释前一个分句的动作，进行比喻性的、十分生动的描写，形成以下情况：

分句1+"似的"分句

(1) 他很冷淡的笑了笑，象冰上炸开一点纹儿似的。（老舍）

(2) 老太太款款摆动着手臂，雁翅似的。（王朔）

(3) 小王高声大噪，辩论似的。（陈建功）

(4) 心中空空的象短了一块要紧的东西，象一位五十岁的寡妇把一颗明珠似的儿子丢了一样的愁闷！（老舍）

(5) 想到了这个，他们三步当作一步走的，急快回到庙中，好把热泪，委屈，和一切要说的话，都尽情的向大家倾倒出来，仿佛大家都是他们的亲手足似的。（老舍）

6.3.4.4　像……似的+那么+形容词

有的"像……似的"后面有"那么+形容词"，它在语义上对前边中间的名词部分进行进一步的形容，后面部分去掉也是可以成立的，但加上语义更加丰富、明了。例如：

(1) "英国府"三个字仿佛粘在了她的口中，象口香糖似的那么甜美。（老舍）

(2) 汽车上，电车上，人力车上，人家与铺户的门前，都悬着旗，结着彩，可是北平象死了似的那么静寂。（老舍）

思考与练习（25）

一、按照"NP+似的"格式，模仿下列比况短语，造5个类似的比况短语。例示：

猫似的、血似的、箭似的、羊似的、梦似的、野兽似的、豆腐似的。

二、按照"像+NP+似的"格式，模仿下列比况短语，造5个类似的比况短语。例示：

像老鼠似的、像刺猬似的、像猪似的、像火似的、像孩子似的
像炸弹似的、像暴雨似的、像兔儿似的

三、按照"像+VP+似的"格式，模仿下列比况短语，自己造5个类似的比况短语。

像失了火似的、像喝了酒似的

四、模仿"他花钱大手大脚，流水似的不把钱当钱。"造5个"……似的"比况短语充当状语的句子。

五、模仿"你不是就喜欢她这型的，圆圆的，脸红扑扑的，水蜜桃似的?"造5个"……似的"比况短语充当谓语的句子。

六、模仿"像孩子似的脸"，造5个"……似的"这样的定中短语。

七、用"像……似的"比况短语完成下列句子。

1. 他两天没有睡觉了，现在睡得像_____。

2. 天气太热了，这里没有空调，呆在房间里像_____。

3. 她的声音很动听，_____。

4. 他说话太快了，_____。

5. 这个球场的照明系统很好，晚上像_____。

第七章

复 句

7.1 复句概说

7.1.1 什么是复句?

复句是由两个或两个以上分句构成的句子,复句末尾有终结性的停顿。分句是复句的构成成分,分句与分句之间一般有较短的停顿,书面语中用逗号、分号或冒号表示不同的停顿。

复句中的分句有的是主谓分句,有的是非主谓分句,有的甚至是一个词。例如:

(1) 他们去上海,我们去香港。
(2) 运动可以锻炼身体,还可以愉悦身心。
(3) 姥姥每天早晨都起得很早,然后做早饭,打扫卫生,锻炼,最后买菜回家,准备做中午饭。

7.1.2 复句中的主语

复句中的各个分句,有的出现主语,有的不出现主语。出现主语的,有的主语相同,有的主语不同。不出现主语的,很多是由于主语相同而省略了主语。例(1)是两个主谓分句构成的复句,两个分句的主语不同;例(2)两个分句中前一个分句出现了主语,后一个分句由于主语与前面的分句相同,主语承前省略了;例(3)第一个分句出现了主语"姥姥",后面的分句的主语都是"姥姥",所以都省略了,其中有一个分句仅出现了一个动词"锻炼"。

复句中有的由于主语相同，前面的分句主语不出现，主语出现在后面的分句中。这样的情况称为主语蒙后省略。例如：

(4) 考虑到他的身体状况最近不太好，领导让他不要下乡了。
(5) 看到他闷闷不乐的样子，我们也不敢多说话。
(6) 展望未来，我们对中国市场的前景充满了信心。

有的复句主语相同，但主语都出现，这是为了强调主语。例如：

(7) 时间就是金钱，时间就是生命。

7.1.3　复句中的关联词语

复句中有的有关联词语。所谓关联词语包括连词、副词两种。书面语中的复句关联词语出现得比较多，口语中的复句关联词语出现得比较少。例如：

(1) 她不仅饱读诗书，而且琴、棋、书、画样样都会，是公认的才女。
(2) 蜜蜂整日忙碌，受到赞扬；蚊子不停奔波，人见人打。
(3) 没有饭可以喝粥，没有肉可以吃素，但没有知识就只能绝望。
(4) 即便是最博学的人，也有他不懂的东西。

7.2　复句的分类

复句按照分句之间的意义联系，可以分为联合复句和偏正复句两大类。联合复句中的各个分句之间的关系是平等的，偏正复句的分句有主要与次要的区别。偏正复句中的正句是表达主要句意的。例如：

(1) 他喜欢看书，也喜欢旅游。
(2) 李明浩在北京学了两年汉语，又去上海读研究生。
(3) 虽然李明善口语不太好，可是她的阅读能力很强。
(4) 只有你学好了英语和汉语，才能得到这份工作。

例(1)和例(2),两个分句没有主次之分,两个分句之间的关系是平等的,属于联合复句,而例(3)和例(4)后面的两个分句是句子主要要表达的句意,属于偏正复句。

复句的分类见下表:

7.2.1 联合复句

7.2.1.1 并列复句

并列复句中的分句是叙述或描写有关联的几件事情或者是同一件事情的几个方面。分句之间的关系是平列的,或是对举的。有的没有关联词语,有的有关联词语。常用的关联词语有:

平列	单用	又、也(还可以合用)
	合用	既……又……;又……又……,一方面……另一方面……
对举	合用	不……而……;不是……而是……;是……不是……

表示平列关系的如:

(1) 读史可以辨是非,读诗可以养性情。

(2) 悲剧将人生的有价值的东西毁灭给人看,喜剧将那无价值的撕破给人看。(鲁迅)

(3) 游戏是儿童最正当的行为,玩具是儿童的天使。(鲁迅)

(4) 于是——洗手的时候,日子从水盆里过去;吃饭的时候,日子从饭碗

里过去；默默时，便从凝然的双眼前过去。（朱自清）

(5) 风停了，雨也停了。
(6) 他又想多拿钱，又不想干活。
(7) 他这个人既有学问又幽默。
(8) 我来中国学习一方面可以提高我的汉语听说水平，另一方面可以游览中国的名山大川。

表示对举的并列复句，不同的分句是从肯定和否定两方面的对照来陈述事情或道理的。例如：

(9) 我不是批评你，而是要帮助你找出失败的原因。
(10) 这是他的错，不是你的错。

7.2.1.2 顺承复句

顺承复句是几个句子按照一定的顺序说出连续的动作或相关的情况。顺承复句有的没有特定的关联词语，有的有关联词语。常用的关联词语有：

单用	就　　便　　然后　　于是
合用	一……就　　先……后……　　首先……然后……

(1) 我们看完电影，就回家了。
(2) 老师讲完以后，我们便展开了讨论。
(3) 炒鱼香肉丝先把料备好，然后把花生油烧至六成热，煸炒泡辣椒待出红油后，撒入辣椒粉，放入肉丝煸炒，菜肴将熟时，把小碗内兑好的汁倒入锅内翻拌均匀，淋入香油，于是一道美味的鱼香肉丝就做好了。
(4) 大伙一鼓励，于是我又有了信心，坚持学了下来。
(5) 等你爸爸回来，我们就开饭。
(6) 你先从基本的动作学起，然后再学难的。

7.2.1.3 选择复句

选择复句可以分为两种：一种是未选定的，说话人说出两种或两种以上的情况，让人从中选择；另一种是选定的，说话人说出两种情况，并且已经选定了其中的一种。常见的关联词语有：

未选定	多选一	还是　或者 是……还是……　或者……或者　要么……要么……
	二选一	不是……就是……
已选定	选前舍后	宁可……也不……
	舍前选后	与其……不如……

说话人未选定的，例如：

(1) 你要那个红色的，还是要那个蓝色的？

(2) 你唱一首歌吧，或者跳舞。

(3) 你们是吃川菜，还是吃粤菜？

(4) 咱们或者坐公交车去，或者坐地铁去，或者坐出租车去。

(5) 要么去云南丽江，要么去广西桂林。

(6) 你要么到北京学习，要么到上海学习，要么到广州学习，随你的便。

(7) 不是鱼死，就是网破。

(8) 不是你去，就是小王去。

(9) 这事不是你做的，就是你哥哥做的。

已经选定的是说话人在权衡了所存在的两种情况，选定了其中的一种。"宁可……也不……"是选定了前面的分句说的情况，舍弃后面的情况。例如：

(10) 宁可与敌人明打，不欲受同人暗算。（鲁迅）

(11) 宁可多出钱买质量好的，也不买便宜的质量差的。

"与其……不如……"是说话人舍弃前面的分句说的情况，而选择了后面分句说的情况。例如：

(12) 与其临渊羡鱼，不如退而结网！这句话本意是说，与其站在河塘边，急切地期盼着、幻想着鱼儿到手，还不如回去下工夫结好渔网，这样就不愁得不到鱼。

(13) 与其跟着他干，看着他挣大钱，不如咱们自己干呢。

(14) 咱们与其在这儿闲着，还不如找点儿活干干，挣点儿零用钱。

7.2.1.4 递进复句

递进复句后面的分句的意思比前面的在程度上更进一层。分句之间的意思一般由小到大、由浅到深、由易到难，反之也可以。分句之间一般要用关联词语。常用的有：

	单用	而且　　并且　　更
一般递进	合用	不但（不仅）……而且（还、也）…… 不但不……反而……
衬托递进	合用	尚且……何况……　　别说……连……

一般递进关系的复句：

(1) 这儿的水果品种多，而且还非常便宜。
(2) 代偿制度不仅解决了贫困地区缺乏高素质教师的问题，而且解决了贫困家庭学生就业、还款难的问题，同时为银行化解了风险。
(3) 各个阶段的糖尿病人都要充分重视对自身胰岛功能的保护，而且是越早越好。
(4) 什么美白产品没有副作用并且效果好？
(5) 在千钧一发之际，走在最后的次仁多吉迅速将冰镐插进冰里，并且用强健的身躯死死顶住，他用机智和勇敢保护了友人的生命。
(6) 日本的公共厕所随处可见，都十分清洁卫生并且有残疾人专用设施。
(7) 他不但会写汉字，而且会画中国画。
(8) 有的动物不但有记忆而且有幻想。
(9) 普洱茶不仅具有独特的陈香气，滋味醇厚，而且具有可贵的药效，历来被认为是一种具有保健功效的饮料。
(10) 西丛鸦不仅能记住自己藏食物的时间和地点，还能记住自己在藏食物时有没有被看到。

有的递进关系复句比较特殊，前一个分句是否定的，后面的分句是肯定的，通过正反的比较把意思推进一层。例如：

(11) 你帮了他很大的忙，他不但不感谢你，反而在背后说你的坏话，真是不应该。

(12) 你这样做不仅不能帮助孩子，反而会害了孩子。

衬托递进的复句是一种强调的说法，前面的分句提出一种对比明显的情况作为衬托，后面的分句根据前面的情况对同类的事情得出进一步的结论。例如：

(13) 那么简单的现代文尚且看不懂，何况古汉语呢。

(14) 这样的问题别说小孩子回答不出来，连大人也不一定回答得出来。

7.2.1.5 解说复句

解说复句分句之间的关系是解释或说明的关系。绝大多数不用关联词语，少数的后面分句用"即"、"就是"等词语。有后面分句解释前面分句的。例如：

(1) 上班族长时间使用鼠标，手腕要进行密集、反复、过度的活动，使贯穿手掌部的经络受到压迫，进而导致食指、中指关节疼痛，拇指肌肉无力等症状，即人们常说的"鼠标手"。

(2) 我有一个好伙伴，他的名字叫回忆。他是一个诚挚不变的朋友，不管黎明到黄昏，或是黑夜到白昼，常会为我捕捉往日快乐。（千百惠歌词）

有的是前面的分句总说，后面的分句解释说明。例如：

(3) 世上有两种东西最美丽，一种是失去的，另一种是还未曾得到的。

(4) 从北师大到故宫有两条路线，一是坐22路公共汽车，到前门下，穿过天安门广场，从天安门城楼下面的门洞到故宫前门；另一条线路是坐810到故宫后门。

7.2.2 偏正复句

7.2.2.1 转折复句

转折复句正句与偏句意思相反。例如，前面的话听着是好话，后面的主句变成不好的话了；或者反过来，前面的偏句听着是不好的话，后面的正句转成好话了。常用的关联词有：

单用	但是　　只是　　可是　　不过　　却
合用	虽然……但是……　虽然……可是……　尽管……但（是）……

(1) 她数学成绩很好，可是她英语听说能力还不行。
(2) 我好心让她跟我们一起出去玩，却被她拒绝了。
(3) 我很喜欢吃北京烤鸭，可是又怕吃多了发胖。
(4) 我很想见她，只是不知道见了她说什么好。
(5) 他成绩虽然不好，但是他应变能力很强。

"尽管"的语气比"虽然"重一些。例如：

(6) 这里尽管生活条件不是太好，但学习条件我比较满意。
(7) 尽管领导不支持我们，但是我们最终还是成功了。
(8) 尽管这件衣服不是什么名牌，但是价钱也不便宜。

7.2.2.2 条件复句

条件复句前面的偏句提出条件，后面的正句说出在这样的条件下产生的结果。条件复句分为两种，第一种是有条件的，从句中往往用连词"只要、只有"。第二种是无条件的，从句中用"无论、不论、不管"等连词。关联词语有单用的和合用的。合用的关联词语主要有：

有条件的	只要……就……　　只要……便……
	只有……才……　　除非……才……
无条件的	无论（不论、不管）……都（总、也、还）……

用"只要"的是所谓充足条件，表示有了所说的条件，就会产生某

种结果，但不排除别的条件下也可能产生同样的结果。例如：

(1) 只要坚持天天练习，你就能学好汉语。
(2) 只要我喜欢，他就会给我买。
(3) 只要还有一线希望，我便会做百分之百的努力。

用"只有"的是所谓必要条件句，必要条件是必不可少的，没有这样的条件，就不能产生所说的结果。例如：

(4) 语言只有经常说，才不会遗忘。
(5) 除非公司出钱，我才考虑去。

无条件的条件复句是：

(6) 无论刮风下雨，他都按时上班。
(7) 不管困难多大，我都要坚持下去。

有的句子偏句可以在后面。例如：

(8) 天天锻炼很难坚持，除非是退休在家或没有事情干的人。

7.2.2.3 假设复句

假设复句是偏句说出一种假设，正句表示假设实现之后产生的结果。常用的主要关联词语有：

一致	单用	就　便　那么
	合用	如果（假如、倘若）……就（那么、那）……
相背	单用	也　还
	合用	即使（就算、哪怕、即便）……也（还）……

用表示一致关系的关联词语的复句，假设与结果是一致的，也就是说，假设成立，结果就会出现。例如：

(1) 没有钱，就不要买那么贵的了。
(2) 如果下雨，我们就不去了。

(3) 倘只看书，便变成书橱。（鲁迅）

(4) 假使做事要面面顾到，那就什么事都不能做了。（鲁迅）

(5) 如果一只西丛鸦发现自己在藏食物时被另一只西丛鸦看到了，它会再把食物重新藏到另外一个地点。

(6) 倘若世界上有后悔药，那么很多悲剧就不会发生了。

用表示相悖的关联词语"即使/即便……也……"，偏句和正句的意思是相悖的，假设和结果不一致。偏句是退一步说，大多有一些夸张，假设出现一种极端的情况，把假设当成事实承认下来；正句强调假设实现以后结果也不会改变。例如：

(7) 即使所有的钟表都停止了，时光也会照样流动。

(8) 这样的东西即便是不要钱白送给我，我也不要。

(9) 即使是天才，生下来的第一声啼哭也绝不会是一首好诗。（鲁迅）

7.2.2.4 因果复句

因果关系复句一般是偏句说出理由，正句说出结果。因果复句分为两种，所用的关联词语不同，常见的有：

说明	单用	由于　　所以　　因此　　因而
	合用	因为……所以……　　由于……所以……
推论	单用	既然　　就
	合用	既然……那么……　　既然……就……

(1) 他经常锻炼身体，所以很少生病。

(2) 因为这里气候炎热、雨水多，所以热带植物十分茂盛。

(3) 因为这里气候寒冷，野生动物繁衍很困难。

(4) 这里山高、路滑、坡陡，所以必须限制车速。

"由于"常常单用，也可以与"因此、因而、所以"合用。例如：

(5) 由于运动降压易付诸实施且见效快，因此，专家们建议凡有正常生活能力的高血压患者都应该积极参加运动。

（6）由于没有蔬菜，许多人的嘴角都烂了。

有的句子正句在前，偏句在后。例如：

（7）云南泸沽湖近些年吸引了大量的游客，因为它被声称是世界上最后一个母系社会。

用"既然"的是推论关系的因果复句，偏句提出理由或根据，正句推出结论。例如：

（8）既然这种产品很多人都需要，我们就一定能打开销路。
（9）既然他那么有钱，为什么还捡垃圾？
（10）你们既然找到了房子，就尽快结婚吧。

7.2.2.5 目的复句

目的关系复句偏句表示行为，正句表示这种行为的目的。目的复句分为两种，一种正句说的是要达到什么目的，另一种正句说的是要避免什么。常见的关联词语有：

达到目的	以	以便	用以	
避免什么	以免	以防	免得	省得

（1）科技部决定组织实施12项重大科技专项，以提高我国重点科技产业核心竞争力。
（2）微软开始将一些美国本土的工作向印度转移，以便降低技术支持和开发成本。
（3）英国试验存储夏天热量，用以融化冬天道路冰雪。
（4）洗衣机、空调等大的家用电器一定要接地，以免漏电发生危险。
（5）不要在网吧、电脑室等公共场合使用网上银行，以防账号被窃。
（6）多练太极拳，免得病来缠。
（7）冬季常开窗，省得开处方。
（8）我还是自己学一学使用电脑吧，省得总是麻烦别人。

7.3 多重复句

以上举出的复句绝大多数是简单复句，它们都是在一个层面上组合起来的。人们实际使用的语言中，大多数复句包含着多个分句，而且它们是在两个或两个以上的层面上组合起来的，这种在两个或两个以上层面上组合起来的复句就是多重复句。例如：

(1) 一般的茶叶由于带有咖啡因成分 (a)，喝过后可能会影响睡眠 (b)，而普洱茶茶叶中的咖啡碱和黄烷醇类化合物可以增加消化道的蠕动 (c)，饮用后不仅有助于入睡 (d)，而且能提高睡眠质量 (e)。

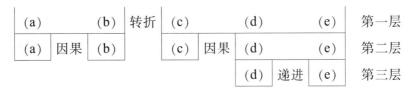

(2) 中国的经济在发生变化，妇女有时找工作更容易，因为服务业发展得很快，而这个行业更需要女性。

(3) 唯有民族魂是值得宝贵的，唯有它发扬起来，中国才有真进步。（鲁迅）

(4) 其实地上本没有路，走的人多了，也便成了路。（鲁迅）

(5) 做一件事，无论大小，倘无恒心，是很不好的。（鲁迅）

(6) 牡丹江是著名的雪城，不仅仅因为有它的雪堡，还因为牡丹江所辖的双峰林场是中国著名的雪乡。

(7) 理想不抛弃苦心追求的人，只要不停止追求，你们就会沐浴在理想的光辉之中。（巴金）

(8) 赚钱之道很多，但是找不到赚钱的种子，便成不了事业。

(9) 人之所以有一张嘴，而有两只耳朵，原因是听的要比说的多一倍。

(10) 伟人之所以伟大，是因为他与别人共处逆境时，别人失去了信心，他却下决心实现自己的目标。

(11) 伟人所达到并保持着的高处，并不是一飞就到的，而是他们在

273

同伴们都睡着的时候，一步步艰辛地向上攀爬的。

(12) 如果你希望成功，以恒心为良友，以经验为参谋，以小心为兄弟，以希望为哨兵。

(13) 时间像海绵里的水，只要你愿意挤，总是有的。（鲁迅）

(14) 生命是以时间为单位的，浪费别人的时间等于谋财害命，浪费自己的时间等于慢性自杀。

(15) 社会上崇敬名人，于是以为名人的话就是名言，却忘记了他之所以得名是那一种学问或事业。（鲁迅）

7.4 紧缩复句

紧缩复句是一般复句紧缩的结果。"紧缩"一是句子紧凑，把原来句内的停顿取消了；二是有的紧缩复句关联词语缩减了。例如：

(1) 只有你去，我才去。→ (2) 你去我才去。
(3) 如果你喜欢，就拿去吧。→ (4) 你喜欢就拿去吧。

紧缩复句短小紧凑，是口语中比较常见的复句。紧缩复句看起来像一个一般的单句，但是它的组成成分之间具有复句的一些关系，大多数紧缩复句有一定的形式标志——关联词语。有的关联词语成对地出现，有的仅出现一个副词，有的一个关联词语也不出现，有的有一定的格式。

7.4.1 成对的关联词语构成的紧缩复句

7.4.1.1 "不……不……"

"不……不……"表示假设关系，意思上相当于"如果不……就不……"。例如：

(1) 咱们不见不散。
(2) 不打不相识。
(3) 我每天不运动一下不舒服。

7.4.1.2 "非……不可"

"非……不可"表示条件关系。例如：

(4) 他非来送你不可。

(5) 这样非出事不可。

7.4.1.3 "不……也……"

"不……也……"表示假设关系。例如：

(6) 你不去也好。

(7) 你不说我也明白。

(8) 你不要钱我也要给。

7.4.1.4 "一……就……"

"一……就……"表示条件关系。例如：

(9) 我一说你们就明白了。

(10) 他一回来就去上班了。

(11) 天一亮就出发。

7.4.1.5 "再……也……"

"再……也……"表示假设关系，相当于"即使……也……"。例如：

(12) 困难再大也要坚持下去。

(13) 药再苦也要喝下去。

7.4.2 单个关联词语构成的紧缩复句

7.4.2.1 "才"构成的紧缩复句

"才"可以构成条件关系的紧缩复句。例如：

(1) 多说、多练才能学好汉语。

(2) 你买我才买。

(3) 吃饱了才能干活。

7.4.2.2 "都"构成的紧缩复句

"都"可以构成条件关系的紧缩复句。由"都"构成的紧缩复句相当于"无论……都……"这样的无条件关系的复句。例如：

(4) 你什么时候都可以来看我。

(5) 想吃什么都买得到。

(6) 说什么他都不相信。

7.4.2.3 "又"构成的紧缩复句

有的副词可以构成多种关系的紧缩复句。"又"就可以构成多种关系的紧缩复句。例如：

(7) 她看了又看。（并列关系）

(8) 我想走又不敢走。（转折关系）

(9) 你做了他又能怎么样？（假设关系）

7.4.2.4 "也"构成的紧缩复句

"也"可以构成假设、条件和转折等关系的紧缩复句。例如：

(10) 你不说我也想得到是谁干的。（假设关系）

(11) 他没学过也做得不错。（转折关系）

(12) 照着画我也会。（条件或假设关系）

7.4.3 没有关联词语的紧缩复句

有的紧缩复句没有任何关联词语。例如：

(1) 面善心不善。（转折关系）

(2) 眼高手低。（转折关系）

思考与练习（26）

一、联合复句有哪些种类？偏正复句有哪些种类？

二、什么是多重复句？

三、在下面句子括号中填入适当的关联词语。

1. 生活中若没有朋友，（　　）像生活中没有阳光一样。

2. 生活若剥去理想、梦想、幻想，（　　）生命便只是一堆空架子。

3. 你的选择是做或不做，（　　）不做就永远不会有机会。

4. 人生重要的不是所站的位置，（　　）所朝的方向。

5. 人只要不失去方向，（　　）不会失去自己。

6. 人总是珍惜未得到的，（　　）遗忘了所拥有的。

7. 如果你曾歌颂黎明，（　　）也请你拥抱黑夜。

8. 上帝从不埋怨人们的愚昧，人们（　　）埋怨上帝的不公平。

9. 世界上最倒霉的事不是你忘了带准考证，（　　）当你满怀信心昂首阔步抵达考场，你却发现你迟到了三天。

10. 如果苦难对一个人来说是个过程，（　　）经历就是一笔财富；如果苦难是最终的结果，（　　）其经历无异于一场场灾难。

11. 信念值多少钱？信念是不值钱的，它有时甚至是一个善意的欺骗。（　　），你一旦坚持下去，它就会迅速升值。

12. 做不了大江大河，就做一条小小的溪流吧；做不了参天大树，（　　）做一株小小的野草吧；做不了顶天立地的英雄，就做一个平凡的百姓吧。只要不停地奔流、生长、努力，也一样走过山高水远，（　　）一样走遍天涯，（　　）一样活得光明磊落。

四、请完成下列句子。

1. 尽管你很聪明，但如果你不＿＿＿＿＿＿＿＿＿＿。
2. 不论你多么有钱，＿＿＿＿＿＿＿＿＿＿。
3. 既然你已经决定了，＿＿＿＿＿＿＿＿＿＿。
4. 假如天空中没有太阳，＿＿＿＿＿＿＿＿＿＿。
5. 只要你按照老师要求的去学习，＿＿＿＿＿＿＿＿＿＿。
6. 无论你走到哪儿，＿＿＿＿＿＿＿＿＿＿。
7. 读书不仅使人增长了知识，＿＿＿＿＿＿＿＿＿＿。
8. 打雷时不要站在树下，以免＿＿＿＿＿＿＿＿＿＿。
9. 他既喜欢游泳，又＿＿＿＿＿＿＿＿＿＿。
10. 这家饭店不仅＿＿＿＿＿＿＿＿＿＿。
11. 与其买这种颜色的，＿＿＿＿＿＿＿＿＿＿。
12. 虽然他年纪还小，＿＿＿＿＿＿＿＿＿＿。
13. 明天即使下雪，＿＿＿＿＿＿＿＿＿＿。
14. 我们或者去吃饺子，＿＿＿＿＿＿＿＿＿＿。
15. 只有这个时候去，才＿＿＿＿＿＿＿＿＿＿。
16. 尽管你不爱听我唠叨，＿＿＿＿＿＿＿＿＿＿。
17. 除非他同意我带一个助手去，＿＿＿＿＿＿＿＿＿＿。
18. 除非让我坐飞机去，＿＿＿＿＿＿＿＿＿＿。

附录一

参考答案

思考与练习（1）

一、语法是语言基本单位的结构规则。

二、学习语法主要有以下三个目的：第一，帮助我们进一步了解汉语组词造句的规律，更快地掌握汉语，进一步提高汉语水平；第二，使我们能提高辨别正确的汉语和错误的汉语的能力；第三，为我们为其他人讲解汉语语法打下基础。

三、语法有语素、词、短语和句子四级单位。

四、句子与词和短语的区别不在长短或词的多少，最短的句子可以由一个音节的词构成。词有的比句子长、包含的音节多；短语也可能比句子长、包含的词多，句子去掉语调以后就成了短语或词。句子是能够表达一定意义，能单独成立，具有一定语调，末尾具有一个较大停顿的语法单位，是最高一级的语法单位。词是能够独立运用的最小的语言单位，是比语素高一级的语法单位。短语是两个或两个以上的词按照一定的方式组成的语言单位，短语是比词高一级的语法单位。

五、成词语素是该语素本身就是一个词的语素。不成词语素是本身不是词，仅只是一个构词的语素。

六、请在下面句子中的词下面划横线。
1. 这 是 我们 新 来 的 厂长。
2. 孔子 是 中国 古代 一 位 伟大 的 思想家 和 大 教育家。
3. 中华民族 是 一 个 古老 的 民族，具有 四千 年 文字 可 考 的 历史。我们 勤劳、勇敢 而 智慧 的 祖先，在 漫长 的 历史 发展 过程 中，创造 了 灿烂 的 古代 文化，为 丰富 人类 的 科学、文化 宝库，做 出 了 很 大 贡献。
4. 艺术 应该 对 社会 改革、人类 进步 有 所 帮助，要 使 人们 变 得 善 一些、好 一些，使 社会 向 光明 前进，我 就 是 为 这 个 目的 才 写作 的。（巴金）

七、请用下列语素至少组出三个词。
1. 具：具体、具有、文具
2. 规：规定、规范、规格
3. 思：思考、思想、文思
4. 旅：旅客、旅行、军旅
5. 体：体现、体会、文体
6. 古：古代、古老、远古
7. 敌：敌人、敌对、仇敌
8. 必：必须、必定、势必

思考与练习（2）

一、汉语表示语法关系和意义不依赖严格意义的形态变化，而借助于语序、虚词等其他语法手段。

二、汉语的词类和句子成分不存在简单的对应关系，汉语词类与句子成分的关系是一对多的关系，一种词类的词常常可以充当多种句子成分。

三、他在唱歌。他喜欢唱歌。唱歌可以使人快乐。

四、汉语的"是"用在表示过去、现在、将来的句子中发音没有发生变化，这说明汉语缺乏印欧语普遍存在着的语法形态变化。

思考与练习（3）

一、给词分类主要目的是为了方便讲解词的用法，为了方便说明短语或句子的特点。

二、汉语划分词类主要是依据词的语法功能。所谓语法功能就是词与词的组合能力，词在句子中主要充当什么样的成分。因为汉语缺乏形态变化，大多数词从词的外部形态看不出它的词类。

三、介词、连词、助词、语气词是虚词。

四、说汉语充当主语和宾语的词是名词不对，因为动词、形容词也可以充当主语。

五、语音相同而意义上没有联系的词叫同音词。

六、一个语音相同，书写形式也相同，在不同语境中，分别具有两类不同的词类的语法特征，且意义上又有密切的联系的，是兼类词。

七、汉语缺乏形态变化，各类词做句子成分时没有词形变化，词类和句法功能不是一一对应的，所以词的兼类情况比较普遍。

八、一个词属于A类，但有时为了某种表达的特殊需要，临时被用作B类词，这就是词类的活用。

思考与练习（4）

一、主谓、述宾、中补、偏正（定中、状中）、复指、联合。

二、名词性、动词性、形容词性。

三、
1. 述宾　　　　　2. 状中/偏正　　　3. 中补
4. 中补　　　　　5. 述宾　　　　　　6. 主谓
7. 联合　　　　　8. 复指　　　　　　9. 复指
10. 状中/偏正　　11. 述宾　　　　　12. 中补
13. 主谓　　　　14. 定中/偏正　　　15. 主谓

四、
1. 干净衣服（定中/偏正）　　2. 买书（述宾）
3. 开药（述宾）　　　　　　　4. 听仔细/听得仔细（中补）
5. 大教室（定中/偏正）　　　6. 种的菜（定中/偏正）
7. 卖的书（定中/偏正）　　　8. 走得快（中补）

五、
1. 动词性短语　　2. 动词性短语　　3. 名词性短语
4. 名词性短语　　5. 形容词性短语　6. 形容词性短语
7. 动词性短语　　8. 名词性短语　　9. 形容词性短语
10. 形容词性短语　11. 名词性短语　12. 动词性短语

六、
1. 经济发展（定中/偏正），发展经济（述宾）
2. 卖的西红柿（定中/偏正），卖西红柿（述宾）
3. 理由充足（主谓），充足的理由（定中/偏正）
4. 学习认真（主谓），认真学习（状中/偏正）
5. 研究语法（述宾），语法研究（定中/偏正）
6. 好书（定中/偏正），书好（主谓）
7. 新闻报道（定中/偏正），报道新闻（述宾）
8. 信仰宗教（述宾），宗教信仰（定中/偏正）
9. 仔细看（状中/偏正），看仔细/看得仔细（中补）
10. 很漂亮（状中/偏正），漂亮得很（中补）

11. 年轻极了（中补），极年轻（状中/偏正）

12. 欣赏音乐（述宾），音乐欣赏（定中/偏正）

九、

1. 绘画技法
   定｜中

2. 难忘的春节
   定｜中

3. 生活富裕
   主｜谓

4. 关键时刻
   定｜中

5. 看 出来
   中｜补

6. 梦想的世界
   定｜中

7. 学习目的
   定｜中

8. 建立英语学习网
   述｜宾
   　　定｜中
   　　定｜中

9. 我们梦想的世界

10. 资金来源
    定｜中

11. 思考了一天
    中｜补

12. 进行了一系列探索
    述｜宾
    　　定｜中

13. 学习目的 不明确

14. 不能 实施
    状｜中
    状｜中

15. 不能 很 好地执行

16. 一本 喜欢看的 新 书
    定｜中
    　　述｜宾　定｜中

17. 掌握新 技术
    述｜宾
    　　定｜中

18. 密切观察他的 健康状况

19. 看新拍的电影

20. 对 孩子 不 放心

21. 教学方法与学习氛围

22. 孩子的性格 不 好

23. 学习 中国传统文化

24. 贯彻落实 领导的指示

25. 牢固树立服务意识

26. 我们都喜欢的菜

27. 没有丝毫寂寞和孤独

28. 有 广阔的世界眼光

29. 看 不 见 自己的影子

30. 没看清楚 他的脸

31. 孩子的学习兴趣 浓

32. 做了 很 多汉语练习

33. 文化差异 很 明显

34. 掌握市场动态

十、

1. 动词性短语、述宾短语
2. 名词性短语、复指短语
3. 动词性短语、状中/偏正短语
4. 名词性短语、定中/偏正短语
5. 形容词性短语、状中/偏正短语
6. 动词性短语、中补短语
7. 名词性短语、定中/偏正短语
8. 名词性短语、定中/偏正短语
9. 动词性短语、状中/偏正短语
10. 动词性短语、述宾短语
11. 动词性短语、述宾短语
12. 动词性短语、述宾短语

十一、

1. 发现了敌人的哨兵

A. 述｜宾（定｜中）

B. 定｜中（述｜宾）

2. 热爱人民的市长

A. 述｜宾（定｜中）

B. 定｜中（述｜宾）

3. 关心别人的孩子

A. 述｜宾（定｜中）

B. 定｜中（述｜宾）

4. 我们三个一组

A. 主｜谓（主｜谓）

B. 主｜谓（复指）

5. 骑了三年的自行车

十二、

1. A. 我发现了小王在房顶上　　B. 我站在屋顶上发现的小王
2. A. 坐在床上绣花　　B. 把花绣在床上
3. A. 这是他送来的蛋糕　　B. 他送蛋糕
4. A. 小李的这个发型理得好　　B. 小李理发理得好
5. A. 恨他的老师被调走了　　B. 他恨他的老师
6. A. 关于他的笑话说不完　　B. 他很会说笑话，他的笑话说不完
7. A. 他写的小说看不完　　B. 他买的小说看不完

思考与练习（5）

一、

1. 我们去的地方‖找不到水。
2. 你要的书‖买到了。
3. 这本书‖对我来说太难了。
4. 我们‖永远也忘不了在中国待的这些日子。
5. 《红楼梦》‖是中国四大名著之一。
6. 二十世纪初发生的"五四"运动‖是中国近代史上的一件大事。
7. 儒家的政治主张‖是推行仁政。
8. 她‖躺在床上沉思着。
9. 我们‖都不知道她心里想的是什么。
10. 她的精彩表演‖赢得了一阵热烈的掌声和欢呼声。

五、

1. 他喜欢游泳。

2. 我喜欢看别人下象棋。
3. 鱼有很高的营养价值。
4. 他忘了明天要考试。
5. 我还以为你们已经走了。
6. 中国唐代出现了一大批优秀的诗人。
7. 孔子认为人和自然是一体的。
8. 锻炼身体并适当节制饮食是最好的减肥方法。

思考与练习（6）

一、句型是根据整体结构的特点划分出来的。

二、句类是根据语气划分出来的。

三、句式是在句型的基础上根据句子某一部分特点划分出来的。

四、

1. 祈使句　　2. 陈述句　　3. 陈述句
4. 疑问句　　5. 感叹句　　6. 感叹句
7. 祈使句　　8. 疑问句

思考与练习（7）

一、

1. 湖边/路边　　　2. 桌子下面/桌子上面
3. 到北京来之前　　4. 天亮（之）前
5. 同学之间　　　　6. 北京市，路上

二、

1. 停车场在商店的东边，电影院在商店的西边。
　　商店在 停车场和电影院 的中间，商店在电影院的 东边 ，商店在停车场的 西边 ，停车场的西边是 商店 ，电影院的东边是 商店 。

2. 林平的 __后面__ 是王刚，王刚的 __前面__ 是林平，王刚的 __后面__ 是张华，张华的 __前面__ 是王刚。

三、

1. 看头　　　　　2. 盖子/盖儿　　　3. 塞子/塞儿
4. 垫子/垫儿　　 5. 学者　　　　　6. 梳子
7. 想头　　　　　8. 空子　　　　　9. 强者
10. 弱者　　　　 11. 胖子　　　　 12. 尖儿

六、

1. 王东明是我们班**上/里**英语口语最好的。
2. 在生词表**中/里**查不到这个词。
3. 我们终于爬**上**长城了，大家高兴得在长城上欢呼了起来。
4. 一千多年以前，我们两国**之间**就有过许多往来。
5. 你用完字典后，请把它放在我的书桌**上/里**。
6. 你的汽车可以停在留学生楼**前面/后面**。
7. 请您帮我把这个包放在行李架**上/里**。
8. 22路公共汽车从路**那边**开过来了。
9. 我们最好到房子**里**说，外面冷。
10. 这家工厂试制出一种新型电视机。
11. 今天的电视新闻**中/里**有一个重要的经济新闻。

思考与练习（8）

一、

1. 下来　　2. 下来　　3. 上　　4. 下来　　5. 来

二、

1. 应该/应当　　2. 想/要　　3. 会/能　　4. 可能
5. 能　　　　　 6. 应该　　 7. 能　　　　8. 能
9. 会　　　　　10. 会/能　　11. 会

四、
 1. 这种布料摸**上去/起来**很柔软。
 2. 你吃完后，把饭菜盖**上/起来**。
 3. 这本字典你拿**去**用吧，反正放在我这儿也没用。
 4. 妈最近从国内给我寄**来**一件毛衣（或"……寄了一件毛衣来"）。
 5. 那本小说你拿**来**没有，我明天就要还了。
 6. 我想打个电话给她，你把她的电话号码记**下来**了吗？
 7. 你回忆**起**他的样子**来**了吗？

五、
 1. 在他离开英国前，我已试着写小说。
 2. 没有人会懂的，又何必研究呢。
 3. 也许我能帮助你，你不妨说说看，看我有没有办法。
 4. 工作失误总是难免的，我不是已经批评马青了吗？
 5. 瑞风想了一会儿才说："他没对我讲什么。"
 6. 我晚上不听一听音乐（或"听音乐"）不能入睡。
 7. 分析一下原因，为什么没我不行，没你可以，孩子？
 8. 我要跟你商量一件事。
 9. 他星期天常出去看朋友，逛街。
10. 星期天为了去看朋友，他一大早就起来了。

六、
 1. 这幅画你能认出来（或"认出"）是谁画的吗？
 2. 埃及的金字塔还有人们不能解释的一些神秘现象。
 3. 医生检查了他的身体，说他很健康。
 4. 我刚来北京，你妈妈让我给你带来一些家乡的特产。
 5. 他喜欢文学，读过许多文学名著。
 6. 你要的书我寄来了（或"寄去了"）。
 7. 我每天练一个小时武术。
 8. 他病了，但他又不想去医院看病。
 9. 这种蘑菇不能生吃，要炒熟了才能吃。
10. 我明天要见一个朋友。

七、

1. 起来	2. 能	3. 起来	4. 能
5. 起来	6. 下来,下来	7. 下来	8. 要,要/应该
9. 上	10. 下来	11. 下来	12. 下去
13. 能/会	14. 上/上来	15. 要	16. 会
17. 下来	18. 下去	19. 要/应该	20. 来
21. 出来	22. 会	23. 下来	24. 会
25. 要/会,要/会	26. 下来	27. 出来	28. 下来
29. 来	30. 出来		

思考与练习（9）

一、非谓形容词不能做谓语和补语，大多数也不能被"不""很"修饰。它们只能做定语，或与"的"组合，它们常常进入"是……的"句中。

二、状态形容词不能被程度副词"很、太、非常"修饰，也不能被否定副词"不"修饰，其双音节重叠形式为ABAB。

三、大多数形容词可以受程度副词"很、太、非常"修饰，也可以受否定副词"不"修饰（状态形容词和非谓形容词不能受这两种词的修饰）。

四、

1. 雪白雪白	4. 漂漂亮亮	5. 干干净净	6. 鲜红鲜红
7. 老老实实	8. 大大方方	10. 整整齐齐	11. 笔直笔直
12. 高高	13. 好好	14. 高高兴兴	15. 痛痛快快
17. 通红通红	18. 认认真真		

五、

1. 很白	2. 很伟大	3. 很富裕	5. 很机灵
6. 很直	8. 很聪明	9. 很红	11. 很愉快

12. 很大方   13. 很可笑   15. 很仔细   17. 很困难

十、

1. 我们学校前面的那条路笔直笔直的。
2. 医生说他的病是急性的，只要好好治疗很快就会好的。
3. 这里的水不凉，你用手试一试就知道了。
4. 外面马路上没有灯，漆黑漆黑的。
5. 这家商店很大，要逛几个小时才能逛完。
6. 这两本书内容一样。
7. 那两件衣服颜色一样。
8. 这幅画不如那幅画。
9. 北京春天的风比其他季节大多了。
10. 骑摩托比骑自行车快多了。
11. 我的这本书没有你的那本书好。
12. 我们学校的校园比他们的大多了。

思考与练习（10）

一、十进制。

二、一万。

三、
1. 13567   2. 5023   3. 1824   4. 67815941
5. 450000   5. 6003

四、
1. 两千   2. 三十万
3. 三万六千五百四十二   4. 六百万
5. 两千零三十七   6. 四百七十八万九千六百一十二
7. 八亿七千六百二十四万三千一百九十八   8. 五万四千二百零一
9. 八万七千零九十二   10. 三分之二

11. 四分之三 12. 一又四分之三
13. 六分之五 14. 五分之四
15. 七分之二 16. 百分之二十三
17. 百分之九十八 18. 百分之九十九

五、
1. 三五个 2. 五人左右 3. 八年左右
4. 十件左右/十件上下 8. 近一百个/九十七八个 9. 三十二三条
10. 七八台 11. 七十个左右/七十个上下 12. 三十四五岁
13. (接)近六十岁 14. 七十八九岁 15. (接)近九十年

六、
1. (两) 千人 2. (两/二) 斤 3. (两) 台电视机
4. (二) 分之一 5. (两/二) 倍 6. (两) 次
7. (二) 百 (二) 十 8. (二) 十 (二) 斤

七、
1. 二十 几/来 岁 2. 两分钟/几分钟
3. 百 八十人/把人 4. 两/几 天
5. 一百 来/多 块钱 6. 个把 月
7. 五十 来/多 人 8. 三十 来/多 年
9. 四个 多/来 小时 10. 一个小时 多/来

八、
1. 爸爸的 大 哥叫 大伯
2. 妈妈的 大 姐叫 大姨
3. 第一 名叫状元，第二 名叫榜眼，第三 名叫探花。

九、
1. 1990年（农历庚午年）出生的人属马。
2. 2008年（农历戊子年）出生的人的属相是鼠，这一年出生的人的三个本命年分别是2020年、2032年、2044年。

思考与练习（11）

一、

1. 三 __件/套__ 衣服
2. 四 __只__ 小鸟
3. 五 __张__ 桌子
4. 一 __间/幢/套/所__ 房子
5. 六 __碗/两__ 饭
6. 七 __个/位__ 朋友
7. 六 __双__ 袜子
8. 九 __个/位__ 旅客
9. 两 __座__ 山
10. 一 __瓶/滴__ 墨水
11. 三 __场__ 雨
12. 一 __袋/箱/勺__ 洗衣粉
13. 四 __匹__ 马
14. 两 __封__ 信
15. 四 __块/箱__ 香皂
16. 一 __口__ 井
17. 三 __两/瓶/箱/杯__ 酒
18. 八 __两/碗/粒__ 米
19. 一 __束/朵__ 鲜花
20. 三 __本/册/套__ 书
21. 六 __支__ 枪
22. 十 __棵__ 树

二、

1. 趟/次　　2. 眼　　3. 遍　　4. 声　　5. 遍
6. 趟/次　　7. 遍　　8. 趟　　9. 阵　　10. 枪
11. 分钟/下　12. 口　　13. 阵　　14. 遍　　15. 场

三、

1. 他们家有**两辆**自行车。
2. 大理有一**个**湖，当地人称它洱海。
3. 这**两**年来，我在中国交了不少朋友。
4. 我觉得这篇文章有（一）**点儿**难。
5. 学校食堂的菜我**有点儿**吃腻了，今天我想自己做韩国菜吃。
6. 我认识这**个**人，他是一个医生。
7. 我的那**顶**帽子是我的朋友送给我的。
8. 我想这**次**有意义的旅游我会永远记住。

9. 这个菜**有（一）点儿**油腻，我不喜欢。

10. 到了大理你应当再到丽江去玩一趟，从大理到丽江只要三个小时**多（一）点儿**就到了。

11. 这里光线**有（一）点儿**暗，咱们到那边去看吧。

12. 你给我买的这双鞋**有（一）点儿**大（或"大了一点儿"），明年才能穿。

思考与练习（12）

一、人称代词、指示代词、疑问代词。

二、不是，有的是非疑问用法，如任指、虚指，还有一些其他活用法，如"哪里哪里"谦辞的用法。

三、"咱们"包括听话人在内，不能和"你们"前后同时出现，"我们"可以不包括听话人，可以和"你们"前后同时出现；"咱们"用于口语。

四、在下面句子的括号中填上适当的代词。
1. 哪儿/怎么　　2. 怎么样　　3. 我们/咱们，哪儿
4. 为什么/怎么　5. 怎么　　　6. 什么
7. 怎么　　　　8. 哪　　　　9. 这么/那么
10. 怎么　　　11. 怎么，怎么　12. 谁，谁/你，你
13. 谁　　　　14. 哪儿　　　15. 谁
16. 咱们/我们，哪儿　17. 怎么，怎么　18. 怎么，怎么
19. 谁，什么　20. 什么

五、
1. 你们在<u>哪儿</u>学习汉语？
2. 你们上星期天去北京大学<u>干什么/干啥</u>？
3. 你们<u>什么时候</u>去逛书店？
4. a. 你<u>什么时候</u>去上海？ b. 你假期要去<u>哪儿</u>？
5. 你每天<u>几点</u>起床？

6. 王立平昨天去看谁？
7. 她每天早点要吃几个鸡蛋？
8. 这张照片是在哪儿照的？
9. a. 你以前当过什么？/你以前做过什么工作？
10. 你在从西安回北京的火车上怎么了？
11. 你是怎么回北京的？
12. 这儿的服务员态度怎么样？

六、

1. 你找的是老李呀，他修车技术可好了，谁都认识他。
2. 她昨天出去吹了冷风了，今天什么都没吃。
3. 她看了家里来的信以后，什么都没说，跑到里屋关起门哭了起来。
4. 刚来中国时，她觉得什么都新鲜。
5. 教练教你怎么做，你就怎么做。

七、

1. 这些手表怎么这么贵？
2. 怎么回事？他们为什么不在这儿吃饭？
3. 我几乎每个月都要去图书大厦，那儿经常都会有新书。
4. 这本字典哪个书店都可以买到。
5. 你来这里旅游，应当买点儿什么东西回去送给朋友。
6. 他做的菜不怎么好。

思考与练习（13）

一、副词在句子中主要充当状语。

二、个别副词可以充当补语。

三、不对。因为有少数副词可以出现在名词谓语句的名词前，少数副词还可以在应答句中单独回答问题。

四、
(一)
1. 都　　2. 才，就　　3. 就　　4. 还　　5. 也/才，也
6. 也　　7. 才　　　　8. 才，就　9. 才，就
10. 才，就　　　　　　11. 都

(二)
1. 又　　2. 更　　　　3. 可，更　4. 越，越　5. 只
6. 又　　7. 只　　　　8. 更　　　9. 可　　10. 越，越

(三)
1. 最，最　2. 稍微　　3. 比较，最　4. 最
5. 稍微　　6. 更　　　7. 比较

(四)
1. 没　　2. 不　　　　3. 不，没有　4. 没有
5. 不　　6. 没有　　　7. 不

五、用"不"和"没"填空。
1. 不　2. 没　3. 不　4. 不　5. 不　6. 没
7. 不　8. 没　9. 不　10. 没　11. 不　12. 不

六、
1. 今天我出来得太急，**没**把伞带来。
2. 那么简单的题我**难道**还做不出来吗？
3. 等你下一次来的时候，我们**再**好好谈一谈。
4. 不知道她是怎么了，说着说着**突然**哭了起来，我也不知道该怎么劝她。
5. 你**也**知道，我并不喜欢吃肉，今后我来吃饭不要做那么多肉。
6. 我们立即**就**出发，你快一点儿。
7. 我每天早晨**都**要锻炼一下身体。
8. 不论怎么困难，她**都**决心把汉语学好。
9. 你们想去长城，我**也**想去。
10. 天都黑了，你**还**不快回家。

七、

1. 你们先走一步，我**就**去。
2. 他十五岁**就**参加了工作。
3. 他们说干**就**干。
4. 他这样的人，他**就**白给我干我也不要。（或：就他这样的人，他（就）白给我干我也不要。）
5. 你最好**就**着医生这会儿在，好好检查一下。
6. 早在儿童时期我们**就**认识了。
7. 书架上**就**有那几本书。
8. 看见他，那个小姑娘扭头**就**跑。
9. 我刚出门**就**碰上老李。
10. 这问题以前早**就**研究过了。
11. **就**专业知识来说，我远不如他。
12. 他一干起活来**就**什么都忘了。
13. **就**技术而言，我们厂的篮球队比你们强。
14. 他**就**再有钱我也不会嫁给他。
15. 再加一点**就**满了。
16. 那么难吃，你**就**请我吃我也不吃。
17. 这部作品**就**语言看来，不像宋朝的。
18. 小李**就**着医疗队来的机会，学了不少医学知识。
19. 他们**就**着宿舍周围砌了一个花坛。
20. 出去的时候**就**手关一下门。
21. 他**就**不来，我们也有办法。
22. 我们**就**不要她跟我们去。
23. 他不干**就**不干，要干就真像个干的样子。
24. 他不说**就**不说，一说就没完没了。
25. 这东西他**就**拿去了也没用。
26. 比赛**就**比赛吧，输了也没关系。
27. 小黄从小**就**肯学习。
28. **就**着这场雨，咱们赶快把这些小树栽上。
29. 咱俩才抬一百斤，人家一个人**就**挑一百二十斤。
30. **就**再便宜我也不想买。

31. 我**就**有一本，你别拿走。
32. 你们在那儿等一会儿，我这**就**走。
33. **就**着现在太阳好，你把被子拿出去晒一晒。
34. 老师一教我**就**会了。
35. 天很快**就**冷了，我得为你准备棉衣了。
36. 他的病几年以前**就**已经确诊了。（或：他的病几年以前已经**就**确诊了。）
37. 我**就**再胖，也赶不上你。
38. 你等会儿，他马上**就**回来。
39. 他讲完我们**就**明白了。
40. 他既然不同意，那**就**算了。
41. 你不让干，我**就**要干。
42. 老赵**就**学过法语，你可以问他。
43. 老两口**就**有一个儿子。
44. 老赵**就**学过法语，没学过别的外语。
45. 昨天**就**他没来，别人都来了。
46. **就**这样，我们来到了西安。
47. 他**就**要了三张票，没多要。
48. 老周**就**讲了半小时，下边就讨论了。
49. 如果他去，我**就**不去了。
50. 他就是爱下棋，一下**就**没完没了。

八、

1. 你去北京参观访问，我们**也**去北京参观访问。
2. 大人**也**好，孩子**也**好，没有不夸她的。
3. 来（也）可以，不来**也**可以，你总得给我个信儿。
4. 我说的话，听（也）由你，不听**也**由你。
5. 风（也）停了，雨**也**住了。
6. 昨天你**也**去颐和园了？
7. 将来我**也**去边疆工作。
8. 老师**也**讲课，**也**提问题。
9. 我们**也**划船，**也**游泳。

10. 天（也）亮了，风也停了。

11. 他的个儿（也）高，力气也大。

12. 地也扫了，玻璃也擦了，东西也整理了。

13. 他会英语，也会汉语。

14. 馒头我（也）吃，米饭我也吃。

15. 我们（也）唱中国歌，也唱外国歌。

16. 我们中间有南方人，也有北方人。

17. 他前天来了，昨天也来了。

18. 这里的气候我也喜欢，也不喜欢，看怎么说呢。

19. 他有人看着认真干，没人看着也认真干。

20. 虽然已经下起大雨来了，足球赛也要按时举行。

21. 你不说我也知道。

22. 拼命也要干好这项工作。

23. 跑最后一名也要坚持跑完。

24. 三十人也没这台打谷机快。

25. 你说了我当然知道，你不说我也知道。

26. 谁也不说话，眼睛都盯着黑板。

27. 说什么咱们也不能灰心。

28. 只要大家团结一致，什么困难也能克服。

29. 洗也洗不干净了。

30. 听也没听进去几句。

31. 再修理也只能这样了。

32. 最远也就远二十米左右。

33. 顶多也不过十公里。

34. 他永远也不知道什么是累。

35. 反正也是晚上了，你们就明天再回村吧。

36. 你大小也是个负责人，怎么一句话也不说？

37. 人们都下地干活儿去了，街上人影儿也没有。

38. 他一心扑在工作上，有时候饭也忘了吃。

39. 他头也不抬，专心学习。

40. 一颗粮食也不浪费。

41. 这儿一点儿也晒不着。

42. 树叶一动**也**不动。

43. 音量**也**就是这样了，不能再大了。

44. 这张画**也**还拿得出去。

45. 我看**也**只好如此了。

46. （**也**）难怪她不高兴，你**也**太不客气了嘛!

47. 情况**也**不一定会像你说的那样吧!

48. 你**也**不是外人，我都告诉你吧!

49. 节目倒**也**不错。

50. 写了几次，总**也**写不好。

思考与练习（14）

一、不能。

二、介词主要的功能是在后面加上名词或其他成分，构成介词短语。

三、

1. 从　　2. 向　　3. 关于　　4. 在　　5. 对于
6. 从　　7. 向　　8. 向　　9. 对　　10. 在/从

四、

1. 他们出去时没**对**你说什么吗？
2. 你**从**什么时候开始学汉语的？
3. 我**在**报纸上看到了你说的那篇文章。
4. 你读过**关于**鲁迅散文的评论文章吗？
5. 他走的时候有话想**对**你说，但没说出来。
6. 我们应当**向**他这样的人学习。
7. 他**从**小就喜欢唱这些歌。
8. 你**在**他的家里看到了谁？
9. 我们再也不能**对**荒漠化的问题视而不见了。

五、

1. 他连他的亲生父亲都（或用"也"）没有见过。
2. 我连一句法语都（或用"也"）不会说。
3. 连老师都（或用"也"）觉得这道题很难。
4. 这个字连幼儿园的孩子也认识。

六、
1. 我**从**我朋友那儿借了一笔钱。
2. 你不**在**你走之前把这些手续办了吗？
3. 他一不小心**从**楼梯上摔了下来。
4. 你**对于**这个问题还有什么意见？
5. **对于**你的住房，领导会认真考虑的。
6. 车站上没有多少人。
7. 路那边开过来一辆公共汽车了。
8. 我**对**他说了你的意见了。
9. 你能不能**向**他要一些鲜花来。

七、请在括号内填上适当的介词：
1. 连   2. 关于   3. 就   4. 关于   5. 向
6. 向   7. 向   8. 就   9. 向，向   10. 连
11. 关于   12. 连   13. 连   14. 对   15. 就
16. 对于   17. 关于   18. 关于   19. 对于   20. 对/对于
21. 对/对于   22. 关于   23. 关于，关于   24. 关于

思考与练习（15）

一、不能。

二、连词常常和副词配合使用。

三、
1. 你和他的关系现在怎么样？
2. 你们学校和他们学校都是综合大学吗？

3. 我二十年前就认识你们的父母**和**你们的老师了。
4. 中国古代文学**和**当代文学你更喜欢哪一种？
5. 小王的主意**和**老李的主意都很有价值。
6. 中国的长城**和**埃及的金字塔一样都是人类智慧的结晶。

四、
1. 工程师找出了机器的毛病**并**制定了修理的方案。
2. 他1999年毕业**并**留在了学校附属医院工作。

六、
1. 与/和　2. 与/和　3. 和　4. 和　5. 和　6. 并/和
7. 虽然　8. 虽然　9. 就　10. 如果　11. 对/对于　12. 对/对于

思考与练习（16）

一、结构助词"的"的主要功能是定语的标志，"地"的主要功能是状语的标志，"得"的主要功能是补语的标志。

二、
1. 地　2. 得　3. 得　4. 的，地，的

思考与练习（17）

一、语气词一般出现在句末。

二、可以分为四类：表示陈述语气的，表示疑问语气的，表示祈使语气的，表示感叹语气的。

三、请在下列句子括号中填上适当的语气词。
1. 吧　2. 吗/吧　3. 呢　4. 罢了　5. 吗
6. 吗　7. 罢了　8. 吧　9. 着呢　10. 嘛
11. 来着　12. 呢　13. 嘛　14. 啊　15. 吧

思考与练习（18）

一、

1. 你上星期去看展览了吗？
2. 他在北京住了三天就走了。
3. 你们学校的游泳池开了吗？
4. 他昨天起床后去图书馆看了一早晨的书。
5. 那本书我看完马上还给他（了），又借了一本（了）。
6. 那天从你家出来以后，我打了一个电话给他。
7. 我在这里待了三年（了），我明年准备回国（了）。
8. 昨天我吃了饭就去图书馆（了）。
9. 当他来的时候，我已经离开家了。（或"我已经离开了家"）
10. 到下个月的今天，他离开故乡就已经有三年了。

三、

1. 我很早以前就盼望来中国留学。
2. 开始学汉语时我感觉汉语语音太难（了）。
3. 老太婆请金鱼为她造了一所新房子。
4. 我去你们家找你了。（或：我去你们家找过你。）
5. 过去我学过汉语。
6. 昨天吃晚饭以前，我去了语言学院。（或：昨天吃晚饭以前，我去语言学院了。）
7. 这是一个很好的机会，我决定要去中国南方旅游。

思考与练习（19）

一、

1. 他从小就喜欢听着音乐学习。
2. 你看着他一下，别让他跑了。
3. 你好好听着，我们不会让你在这儿害人的。
4. 他们还在那儿等着你呢，你快去！

5. 老师让你们等着,他有话跟你们说。
6. 我们正说着这事,他就进来了。
7. 你拿着这些药,我去倒水。
8. 昨天晚上,我看着书就睡着了。
9. 你别开着车打手机,这样很危险。
10. 她说着说着忍不住笑了起来。
11. 你看着路走,别只顾说话。
12. 你们先走着,我现在手上还有点儿活。

二、

1. 墙上挂着一幅山水画。
2. 你把书放在桌子上。(或"书你放在桌子上!")
3. 路两旁种着一些银杏树。
4. 孩子们在院子里玩(着)。
5. 那盲人站在商店门口拉(着)手风琴。

三、

1. 那老人握着我的手激动地说:"太感谢你了,年轻人!"
2. 晚会上,有的人跳舞,有的人谈话,有的人喝酒,有的人唱歌,大家玩得很开心。
3. 他激动地看着我,一句话也说不出来。
4. 那两个星期,他病了,没有来上课。
5. 他离开了心爱的岗位,心里怪难受的。

思考与练习 (20)

一、

1. 过, 了, 了	2. 过	3. 过, 过	4. 了, 了, 了
5. 了, 了	6. 过	7. 过	8. 了, 了
9. 过	10. 过	11. 了	12. 过
13. 过, 了	14. 过, 了		

二、
1. 他以前学过语法。
2. 这次事故伤了好几个人。
3. 你没去过八达岭长城吧?
4. 他好几年前弹过这首曲子。
5. 他唱的那首歌我以前听过。
6. 听他唱了几遍那首歌,我现在都会唱了。
7. 他学过画国画,现在还能画几笔。
8. 他写的小说我每一篇都读过(或"了")。
9. 那些农民正在地里收麦子。
10. 孩子睡觉了,你别去影响他们。
11. 我去的时候,他们还没吃(完)饭呢。
12. 昨天他打电话来的时候,你在干什么?

三、
1. 正　　2. 着　　3. 着　　4. 着　　5. 着
6. 着　　7. 过　　8. 过

思考与练习 (21)

一、汉语表示动态主要用动态助词"了、着、过"。

二、汉语除了用动态助词表示动态之外,还可以用副词"正、正在、在",用虚化的趋向动词表示动态。

三、在以下句子中适当的位置上填上适当的表示动态的词:
1. 我从没见过这样的怪事。
2. 他这人学习特别刻苦,学起来就很难停下来。
3. 我们都喜欢下象棋,有时下起来就一连下一个晚上。
4. 现在的人比以前的人讲究生活的情趣,有点儿经济条件的人家玩起来很舍得花钱。
5. 他们说起以前的事来没完没了。

6. 他看着电视哭了起来,看样子那部电视剧太感人了。
7. 他进来的时候,我们大家正讨论那篇小说。
8. 李大夫在(或"正")给那个孩子检查身体,你们先在外面等一会。
9. 看了你的信,我们都为你所获得的成绩感到十分高兴。
10. 他在那么差的条件下写了那么多文章,我非常钦佩他自强不息的精神。
11. 这是我见过的最好的车。
12. 你们在新疆一定吃过烤羊肉吧?(或:你们在新疆一定吃烤羊肉了吧?)
13. 你用着家里给你寄来的钱而又不认真学习,你难道没有一点内疚吗?
14. 我相信,只要坚持干下去,你一定会成功的。

四、在下列句中的括号中填上适当的表示动态的词语。
  1. 正(在) 2. 正 3. 正 4. 正 5. 正
  6. 着   7. 正 8. 正 9. 在

思考与练习(22)

一、补语一般在充当谓语中心语的动词或形容词后面,少数的在宾语后面。

二、补语从语义上来分可以分为结果补语、状态补语、程度补语、趋向补语、可能补语、动量补语、时段补语、时点补语、处所补语。

三、带补语的是动词性或形容词性成分。

四、
  1. 你把那些书收〈起来〉。
  2. 我看〈不完〉那本书。
  3. 你走〈得动〉吗?
  4. 我们已经晚了〈半小时〉了。
  5. 听〈到〉那个消息,他气〈坏〉了。
  6. 电脑被他拿〈去〉修了。

7. 去年北京热得〈不得了〉。

8. 他叫什么名字，我想〈起来〉了。

9. 他今天送了一封信〈来〉。

10. 昨天晚上，我实在难受得〈要命〉。

11. 他那天带〈回〉一个陌生人〈来〉。

12. 如果你接〈到〉一些熟人或素不相识的人发来的暧昧短信，你别太当回事。

13. 冬春换季，不少人显〈出〉"春乏"的懒散，加之节日期间整天饱食少动，许多人感觉腹胀。

14. 自己"高姿态"了〈几回〉，妻子也有汗颜流露，从此，家庭"战事"逐渐消〈去〉。

15. 夫妻间输了不失〈去〉什么，赢了也得〈不到〉什么，结果不是矛盾激化夫妻反目，就是双方心存芥蒂。

五、修改下列病句。

1. 我一进家就看见（或"到"）桌上有一封信。

2. 你听到（或"见"）什么声音了吗？

3. 他一说完这句话，就出去了。

4. 来中国之前，我学过三年汉语，但还是不会说几句汉语。

5. 我上大学时，曾经去中国五岳中的华山玩过一趟。

6. 我们在那儿谈一会儿话。

7. 再过两个月，我该回韩国去了。

8. 他把衣服放在床上。

9. 对不起，我给你们带来了一些麻烦。

10. 说完，他又喝起酒来。

11. 你们把那些书拿下来（下去）。

12. 他走进那家饭店去。

13. 我爱我女儿爱得不得了。

14. 它好像掉进那个洞里去了。

15. 海龟说："我很想把你带回龙宫去。"（或：我很想把你带回龙宫。）

16. 他的妻子病得很严重（或"重"）。

思考与练习 (23)

十五、

1. 你的眼镜被我打坏了。
2. 房间被我打扫干净了。
3. 抢劫者抢劫的全过程被银行的监视器拍下来了。
4. 我过去给她写的所有信件被她烧了。
5. 我的心被他伤透了。
6. 他被大家嘲笑，被大家看不起。
7. 我的那个精美的花瓶被他摔坏了。
8. 我爸爸被韩国的总公司派来北京的分公司工作。
9. 我工资的一大半被他一个月花了。
10. 他儿子躲着抽烟被我看见了。

思考与练习 (24)

一、

1、2、3、4、5均填"把"。

二、

1. 你把护照拿出来。
2. 你把孩子带回老家去。
3. 他把昨天发生的事情记下来了。
4. 老师把大家的考试分数告诉了大家。
5. 他把洗得干干净净的衣服收了起来。
6. 他把房间搞得乱七八糟的。
7. 他把他的工作辞了。
8. 他儿子的成绩把他气坏了。
9. 打扫房间、洗衣服、做饭把她累得腰都直不起来。
10. 她打算把那块丝绸料子做一件旗袍。

思考与练习（26）

三、

1. 就　　2. 那　　3. 但　　4. 而是　　5. 就
6. 而　　7. 那么　　8. 却　　9. 而是　　10. 那么，那么
11. 然而（但是）　　12. 就，也，也

附录二

标点符号的用法

第一节 标点符号的种类及作用

标点符号是书面语言的重要辅助工具，是书面语不可缺少的组成部分，它用来表示句子的停顿、语气，标明词语和句子的性质和作用。它可以帮助读者分清句子结构，确定句子的语气，从而进一步帮助读者理解句子的意义。

1990年3月，中国国家语言文字工作委员会和新闻出版署联合发布了重新修订的《标点符号用法》。常用的标点符号有16种，标号的作用主要是标明语句的性质和作用。

16种标点符号表

点号	分类	句末点号			句内点号			
	名称	句号	问号	叹号	顿号	逗号	分号	冒号
	写法	。	？	！	、	，	；	：
标号	名称	引号	括号	破折号	省略号	着重号	连接号	间隔号	书名号	专名号
	写法	""	（）	——	……	.	—	-	《》	.

第二节 点号的用法

点号分句末点号和句内点号两种，句末点号表示一句话完了以后的停顿和句子的语气，句内点号表示一个句子内部的停顿。点号共有七种。

一、句号

句号的基本形式是小圆圈（。）。句号还有一种补充形式，即一个小圆点（．）。小圆点句号只用在科技文献和外文辞书中，这是为了避免句号与字母 O 和数字 0 相混。

（一）句号的用法

1. 句号表示陈述句末尾的停顿，表示陈述语气。例如：

(1) 哪里有天才，我是把别人喝咖啡的工夫都用在工作上的。（鲁迅）

(2) 如果说，科学上的发现有什么偶然的机遇的话，那么这种"偶然的机遇"只能给那些学有素养的人，给那些善于独立思考的人，给那些具有锲而不舍的精神的人，而不会给懒汉。（华罗庚）

2. 语气舒缓的祈使句末尾也用句号。例如：

(3) 你好好休息一下。

(4) 请尝一尝这种点心。

（二）使用句号要注意的问题

1. 一个句子完了，该用句号就应当用句号；句子没完，就不应当用句号，否则会隔断句子的语气，影响文意的表达。例如：

* (5) 丝绸之路始于汉初，盛于唐朝，强大的唐朝政府不断向外部增派使者，加强与外界的联系，各国商贾争相前往大唐经商，古道驼铃不绝于耳，丝绸之路上的商贸活动日益活跃。

这段文字不是一个句子，它由三个句子组成。第一个句子说的是丝绸之路起始和兴盛的时代，第二个句子说的是唐朝政府怎么样，第三个句子说由于各国商贾前往大唐，使商贸活动日益活跃。所以第二个逗号应改为句号，"联系"后的逗号也应改为句号。

* (6) 随着科技发展，人为的噪声越来越多，越来越强。终于成为今天举世公认的一大公害。

例（6）应该只是一个句子，从"终于"开始的部分是这个复句的第二个分句的谓语，主语与前面相同，所以承前省略了，主语是第一个分句的"人为的噪声"。这里用了句号断开了这个句子是不对的，应改为逗号。

2. 句号有一定的灵活性。

有些地方，既可以用逗号，也可以用句号。如果着眼于分，就用句号；如果着眼于连，就用逗号。在这种两可的地方，用不用句号要注意文体特点和读者对象。一般说来在论说文中，由于文章语句连接比较严密，读者文化程度相对高一些，可以少用句号；而在文艺作品、通俗读物中，由于语句连接有一定的随意性、风格明快，同时要考虑能适应各种文化程度的读者，所以在这种地方应多用句号。

二、问号

（一）问号的用法

1. 问号表示疑问句末尾的停顿，表示询问语气或反问语气。反问句尽管是无疑而问，不需作答，但它是一种比较特殊的疑问句，末尾也要用问号。例如：

(1) 你是什么地方人？
(2) 你喜欢喝绿茶，还是喜欢喝红茶？
(3) 年轻人难道不应当把主要精力放在工作和学习上吗？

2. 叹词表达了疑问语气时，后面也用问号。例如"啊、嗯、咦、哦"有时就表达了疑问语气。例如：

(4) 咦？你怎么还没走？
(5) 嗯？你说的是哪家商店？

3. 问号外面用括号括起来可以表示对某事不清楚或对某一说法有疑问。例如：

(6) 某些艺术家（？）很少考虑他们奉献给人民的是什么艺术品，一心考虑的是如何从人民的包里掏出更多的钱。

例（6）中的问号表示对"艺术家"的疑问。

（二）使用问号需注意的问题

1. 疑问句末尾才能用问号，有些句子中虽然出现了疑问词或者出现了常见的疑问格式 VP 不 VP 或者句末有疑问语气词，但并不是疑问句，这样的句子不能用问号。例如：

*（7）你说一说你为什么来晚了？

*（8）你去问问他还要酒吗？

这两个句子都是祈使句，都不能用问号，例（7）用叹号，例（8）语气舒缓些，可以用句号。

2. 选择问句的问号放在句子末尾，选择项间如有停顿，应用逗号。其他疑问句几个句子连用，便可以每个句子都用问号。例如：

（9）你喜欢红色的，还是喜欢黄色的？

（10）你们什么时候放假？你们的成绩什么时候能知道？假期你回国吗？

3. 不宜并用两个或三个问号。有人为了表达强烈的疑问语气，喜欢并用两个或三个问号，这是不应提倡的，应严格限制。因为强烈的疑问语气可以用词语来表达，另外你用两个，我用三个，他用四个，会把标点符号的规范弄乱了。

三、叹号

（一）叹号的用法

1. 叹号表示具有强烈感情的句子之后的停顿。叹号主要用于感叹句末尾。

（1）这里的景色多么神奇呀！

（2）祖国万岁！人民万岁！

感情强烈的插入语后面也可以用叹号，用了叹号后，便由插入语变成了独立的句子。例如：

（3）啊！他手中拿着枪。

(4) 砰,砰!一个青年身子晃了一下,倒在血泊中。

(5) 同志们!上级派人给我们送来粮食了。

例(5)中"同志们"本是插入语中的呼应语,在感情激动或声音大时,它后面可以用叹号,这样就成了独立的句子。

2. 叹号也可以用在语气强烈的祈使句和反问句末尾。例如:

(6) 滚!拿着你的东西滚!

(7) 他们怎么会干出这种伤天害理的事来呢!

3. 个别感情特别强烈的陈述句末尾也可以用叹号。例如:

(8) 李先生在昆明被暗杀,是李先生留给昆明的光荣!也是昆明人的光荣!

(二) 使用叹号需注意的问题

1. 不可滥用叹号。只有个别感情特别强烈的陈述句末尾才能用叹号,不能因为句子表达了一定的感情便滥用叹号。例如:

*(9) 艰苦奋斗的精神我们什么时候也不能丢!

2. 成分倒装的感叹句,感叹号应放在句子末尾。例如:

(10) 多么迷人啊,故乡的山山水水!

3. 不应并用两个或两个以上叹号。表达感叹语气的加重可以用词语和一个叹号来表达,若感情强烈用增加叹号来表达,那么叹号并用的数目就没有限制了。

4. 少数句子可以并用问号和叹号,但不宜多用。带有强烈感情的反问句和带有惊异语气的疑问句可以并用问号和叹号,但不是一定要用。例如:

(11) 难道你不需要一点真正的感情,真正的爱?!

(12) "我表哥说,如果我肯到那个厂里去工作,每月给我一万块钱的工资。""一万?!"我惊呆了。

例（11）是带有强烈感情的反问句，例（11）是带有惊异语气的疑问句。

四、逗号

（一）逗号的用法

逗号表示句子内部的一般性停顿。如何理解这个"一般性"呢？表示句子内部停顿的点号共有四种：逗号、顿号、分号和冒号。和逗号相比，顿号、分号和冒号表示的都是句内某种特殊结构之间的停顿，所以逗号表示的是一般性的停顿。凡是句内不适合用顿号、冒号和分号的地方都可以用逗号。

1. 用于主语和谓语之间。主要用在比较长的主语后表示说话时的停顿；用在短主语后，为的是通过停顿来强调主语；主谓倒置的句子，中间也用逗号隔开。例如：

(1) 积极发展农业社会化服务体系，是深化改革的一个重要任务。

(2) 哲学，是时代的旗帜。

(3) 快起来吧，孩子们！

2. 用在句首状语之后。例如：

(4) 对于这种好大喜功，只考虑眼前利益不考虑长远利益的坏风气，我们一定要善于识别，坚决抵制。

3. 用在动词和宾语之间。一般是动词是表示心理活动的词或建议等的动词，而后面宾语较长，就应用逗号隔开。例如：

(5) 我认为，人只要能在自己所处的环境中最大限度地发挥了自身的才智和潜能，即便最终并没有青史留名，也可以说是成功的人生。

例（5）中心理动词"认为"后面的宾语是一个复句形式，所以后面用了逗号。

4. 用在并列短语中。有两种情况，一是并列短语较长时要用，另一种是短语内部已经用了顿号，再与其他短语并列时就要用逗号。例如：

(6) 她朴素而入时的衣着，秀丽而庄重的仪表，傲岸而洒脱的风度，再加上流畅、悦耳、宛如小溪出涧似的声音，使所有学生和前来旁听的同事们折服了。

5. 用在分句之间。复句里分句之间的停顿，除有时用分号外，其他地方多数用逗号。例如：

(7) 中国幅员辽阔，人口又多至13亿之众，你在此一方为一些人仰若星辰，换了地界就可能陨石般被人冷落在某个山旮旯。

6. 用在独立语前后。有时也用在某些关联词语之后。例如：

(8) 这瓶茅台酒，依我看，也是假酒。
(9) 虽然，黑夜笼罩着他，但我仍看到了他脸上的忧伤。

7. "首先"、"其次"、"第一"、"第二"等表示序次的短语后的停顿也用逗号。例如：

(10) 老年人身体要好要做到以下几点：第一，生活要有规律；第二，根据自己的身体状况，适当进行体育锻炼；第三，要有一个良好的心态，一方面要心情愉快，另外要服老，不做不适合自己身体的事；第四，饮食要科学合理；第五，定期检查身体，有病的话在医生的指导下进行科学的治疗。

(二) 使用逗号应注意的问题

切忌一逗到底，该用逗号则用，不该用就不用。

五、顿号

(一) 顿号的用法

1. 顿号表示句子内部并列的词语或并列短语之间的停顿。顿号的停顿小于逗号。例如：

(1) 丝绸之路开辟后，除丝绸外，中国的蚕桑技术、烤烟技术、造纸术、活版印刷术、冶铜术和火药、指南针等先后传到中亚、西亚、罗马等地。

(2) 美国的乡村歌曲多以赞美家乡、歌颂母亲、诉说工作的艰辛和人生的烦恼为内容。

2. "一"、"二"、"三"等表序次的数词后面常用顿号。例如：

(3) 让我们依次来讨论这两个问题：
一、怎样防止塞车？
二、是否要限制私人轿车？

(二) 使用顿号需注意的问题

1. 语气紧凑的并列词语之间没有停顿，不能用顿号。如"工农商学兵"、"兄弟姐妹"等在语音上没有语音停顿，不能在中间加上顿号。

2. 并列词语中间用了连词"和、跟、与、同、而"等，连词前不能再用顿号。例如：

(4) 约翰·丹佛的歌曲结构别致，曲调简洁、优美而流畅，歌词质朴、亲切而富于人情味。

3. 相邻的两个数表示概数，中间没有停顿，不能用顿号。如"七八个人"、"二十五六岁"。

4. 句中词语之间的停顿有层次的差别，各个层次内部若有了顿号，层次之间的停顿不能用顿号。例如：

*(5) 实用工体钢笔书法特别适合文秘、档案工作者、中、小学生使用。

例 (5) 中"文秘、档案工作者"是一个层次的组合，"中小学生"又是一个层次的组合，两个层次中都有了顿号，两者之间不能再用顿号，所以"工作者"后应改为逗号。

六、分号

(一) 分号的用法

1. 分号用在复句中，用来表示并列分句的停顿。分号表示的停顿比逗号大，其主要功能是分清结构层次。例如：

(1) 秋天的空气，是澄明的；秋天的溪水，是清澈的；秋天的白云，是温柔的；秋天的红叶，是迷人的；而秋天的明月更是特别皎洁。

例（1）中，分号用在并列分句中，而且这些并列分句都是类似的，各分句内都用了逗号把主语和谓语隔开。

有的并列分句，只有一个层次，一个分句内有逗号，另一个分句内无逗号，由于分号的停顿大于逗号，所以两个分句之间也可用分号。例如：

(2) 这一年的清明，分外寒冷；杨柳才吐出半粒米大的新芽。

并列的多重复句中的第一层要用分号。例如：

(3) 镇上的人们也仍然叫她祥林嫂，但音调和先前很不同；也还和她讲话，但笑容却是冷冰冰的了。

2.非并列关系的多重复句之间的停顿有时也可以用分号。例如：

(4) 教也好，学也好，研究也好，这些都在实践之内；尤其是关于语言的事，没有人有理由说自己应该站在圈子以外。

例（4）中第一层是递进关系，中间用分号把两边分开，如果不用分号这两层之间的关系不会那么明显，如果用句号就会把两层意思割断，所以选用分号为宜。

3.单句内由多重复句形式充当宾语，如果宾语前面使用了冒号，充当宾语的复句形式内可以使用分号。例如：

(5) "东虹轰隆西虹雨"这句谚语的意思是：虹在东方，就有雷无雨；虹在西方，将会有大雨。

(二) 使用分号需注意的问题

1.由两个分句构成的复句，如果分句内没有逗号，分句不能使用分号，例如：

＊(6) 语言是人类最重要的交际工具；语言是人类的思维工具。

2. 处于第二层次内的并列分句之间不要使用分号，否则就会搞乱复句的层次。

七、冒号

（一）冒号的用法

1. 冒号主要表示提示性话语之后的停顿，用来提起下文。

A. 提示性话语前有时有"说、想、是、证明、认为"等动词，当使用这些动词而后面的宾语较长时，动词后有一个停顿，这时使用冒号，目的是引起读者对宾语内容的注意。例如：

(1) 我们有一种冲出樊篱之感，让自己去想：草是绿的，太阳和星辰在没有人感知它们时，也是存在的；多元永恒的柏拉图理念世界是存在的，曾经是空洞的、逻辑的世界突然变得丰富多彩、充实完整了。

当然，如果这些动词后没有停顿没有长宾语，不能用冒号，如果停顿不大就应用逗号。

B. 有许多提示性话语并不用以上动词，但只要是提示性话后面有停顿，就可以用冒号。例如：

(2) 许多地方都有这个风俗：冬至那天要吃汤圆。

例（2）前面部分提示了"有这个风俗"后面对它进行解释说明。

C. 前面总说性的话语带有提示性，后面的内容对它分别解释说明，在总说性话语之后就用冒号，提示下文将分别解释说明前面。例如：

(3) 人们一般都叫他做软硬人：碰见老虎他是绵羊；如果对方是绵羊呢，他又变成了老虎了。

(4) 北京紫禁城有四座城门：午门、神武门、东华门和西华门。

例（3）是一个解说关系的复句，后面的分说部分对前面总说部分进行解释说明。例（4）是一个单句。

D. 前面列出一个词语，后面用上冒号，对前面的词语内容作具体的限定或解释说明，这样的冒号也是提示性的。例如：

(5) 本公司展销期间全部商品优价销售。
　　时间：1月10日—1月25日
　　地点：北京国际会展中心

E. 发言稿、书信的称呼语后面用冒号，举例说明部分前面也用冒号，这也是具有提示作用的。例如：

(6) 【卡车】kǎchē　载重汽车（卡：英语 car 音译）

2. 冒号还可以用在总括性话语之前，表示下文是对上文的总结。例如：

(7) 他知道露水怎样洒在草叶上，露水的味道怎样香甜；他知道星星怎样眨眼，月亮怎样笑；他知道夜间的田野怎样沉静，花草树木怎样酣睡；他知道小虫们怎么样你找我，我找你，蝴蝶们怎样恋爱：总之，夜间的一切他都知道得清清楚楚。

(8) 张华考上了北京大学，在化学系学习；李萍进了中等技术学校，读机械制造专业；我在中国电信当业务员：我们都有光明的前途。

例 (7)、(8) 中前面的分句都是分说，冒号表示下面是对上面的总结。

(二) 使用冒号需注意的问题

1. 句中没有较大的停顿不要用冒号。例如：

* (9) 我们下一步有必要总结一下：我们在前段时间的工作中有哪些成绩，有哪些不足之处。

2. 非提示性的话语后面不要用冒号。例如：

* (10) 当地群众送给这个部队一块刻着："最可爱的人"几个金灿灿的大字的匾。

* (11) 墙上贴着："此处禁止小便"的告示。

例 (10) 中的"刻着"没有提示性，后面也没有停顿，不能用冒号。例 (11) 中的"贴"也没有提示性，后面也没有停顿，也不能用冒号。

对话中"××说"放在直接引用的话的中间或者句末不能用冒号。例如：

*（12）"你看清刚才喝茶的那个人了吗？"我问一个摆茶摊的汉子："他穿着什么样的鞋？"

*（13）"有啊！有这事。"他说：

3. 同一个句子中不要使用两个冒号。

*（14）根据大家的要求，现将这一案件的调查情况公布于众：据广大群众反映：该公司所出售的药品有一部分是假药，已有三人服药后产生不良反应。经调查……

第三节 标号的用法

一、引号

（一）引号的用法

1. 标明行文中直接引用的话。例如：

（1）歌德说："光有知识是不够的，还应当运用；光有愿望是不够的，还应当行动。"

（2）"满招损，谦受益"这句格言，流传到今天至少有两千年了。

直接引用是把别人的话照原样说一遍，这要用引号引起来，为的是与自己的话区别开来。另外有一种引号是间接引用。间接引用是把别人的话用自己的话转述一遍，这就不需要用引号。

2. 标明需要着重论述的对象或具有特殊含义的词语。这里所说的特殊含义指不同于人们一般理解的含义，而是表示讽刺、否定、强调或者某种特定的意义，有一定的修辞作用。例如：

（3）好个国民党政府的"友邦人士"！是些什么东西！（鲁迅）

（4）实际上，任何人，在自己所不熟悉的环境里，都有可能变成"土包子"的。所以，出言讥讽他人为"土包子"时，能不为自己留一条后路吗？（尤今）

例（3）是鲁迅先生《"友邦惊诧论"》中的一句话，文中用了引号，表示了鲁迅先生对国民党反动派把日本帝国主义分子称为"友邦人士"的讽刺。例（4）是尤今的小品文《土包子》一文最后一段话，作者用引号把"土包子"引起来，表现了对这种说法的否定。

3. 文章中人物的绰号、用以借代其他人物事物的词语、事物的简称、某些特殊的专名号以及拟声词、部分音译词等，也可以用引号。例如：

(5) 到底读了几年的"人之初"，这字写得多秀气，多有劲。

(6) 中国人民中间，实在有成千成万的"诸葛亮"，每个乡村，每个市镇，都有那里的"诸葛亮"。（毛泽东）

(7) 我孩子时候，在斜对门的豆腐店里确乎终日坐着一个杨二嫂，人都叫伊"豆腐西施"。（鲁迅）

例（5）中的"人之初"是《三字经》中一开头的话，这是用来借代旧时的启蒙识字读本，所以用了引号。

(二) 使用引号需注意的问题

1. 引号里面还要用引号时，外面一层用双引号，里面一层用单引号。例如：

(8) 一个学生问老师："老师，'不速之客'中的'速'怎么解释？"

2. 要注意引文末尾引号的位置：凡是把引用的话作为完整独立的话来用的，原话末尾的标点放在引号里边，不另加其他标点，如例（1）、例（8）；凡是把引用的话作为作者自己的话的一部分，标点在引号之外，标点属作者写的这句话的标点，如例（3）、（5）、（6）、（7）。

二、括号

(一) 括号的用法

括号主要用来标明行文中注释性的话语。例如：

(1) 古时候河西三郡（凉州、甘州、肃州），都是边塞地方，常常有战争。

(2) 一般认为汉藏语系除汉语外还有藏缅、苗瑶、壮侗（侗台）三个语族。

(3) 领导是什么？领导就是服务。(邓小平《各级党委和政府要把教育工作认真抓起来》)

(4) 陶渊明（公元365？—427年），字元亮，又名潜，浔阳柴桑（今江西九江市附近）人。

(5) 北京是中国七大古都（西安、洛阳、开封、杭州、南京、北京、安阳）之一，也是世界闻名的至今仍保存比较完整的古老都市。

(6) 同志们！我们胜利了！（欢呼声）

(7) 舆前部的横木可以凭侍扶手，叫做式（轼）。

括号中注释性的话语种类很多，有的是进一步说明文中某个词语所指内容的，如例（1）；有的补充某些词的别称的，如例（2）；有的是注明引文出处的，如例（3）；有的注明某人的生卒年代的，如例（4）；有的是解释地名的，如例（5）；有的是举例补充说明的，如例（4）后面的括号；有的是注明周围环境的，如例（6）的括号中注明了听众的反应；有的是订正词语文字的，如例（7）订正"式"的正确字形。另外还有的注出外文原文，注出读音等等。

(二) 使用括号需注意的问题

1.括号可以分为句内括号和句外括号两种。这是从注释的范围分出来的。只注释句中的一部分词语的叫句内括号，如例（1）至例（7）除了例（3）和例（6）外其他的都是句内括号。句内括号应紧贴在被注释的词语之后，括号内的文字如果要使用标点，则最末一个标点（除问号、感叹号和省略号外）应省去。句外括号是注释整个句子的括号，句外括号要放在句末标点之后，句外括号内也可以用标点。

2.括号还可以括住表示次序的词。如："（一）"、"（二）"，表示次序的词用了括号后不能再加顿号和逗号。

3.括号除了最常用的形式圆括号（()）外，还有方括号（[ ]）、尖括号（< >）、方头括号（【】）和花括号（{ }）。括号内还要使用括号，一般要用不同形式的括号。

三、破折号

(一) 破折号的用法

1.破折号主要标明行文中解释说明的语句。例如：

(1) 计算机技术的发展，使一门新兴的尖端技术——模式识别应运而生。

(2) 蝉的幼虫初次出现于地面，需要寻求适当的地点——树、篱笆、野草、灌木枝等——脱掉身上的皮。

如果注释的话语比较长，又是插在句子中的词语之间，在语义上有联系，为便于阅读，可以在前面后面都用上破折号。如例 (2)。

用在文章的副标题前和歇后语前后两部分之间，属于解释说明性的。

2. 标明话题的突然转变。例如：

(3) "年年春节都这样过，真没劲儿。——你怎么样了？"张力对王萍说。

3. 表示声音的延长或话语的中断。例如：

(4) "呜——"火车离开了车站。

(5) 小王哭出几个字："这都是他——"

(6) 这让我在中间怎么办呢？我——只有什么都不管。

例 (5) 话中断后就没再说了，例 (6) 话中断了片刻，又接着说。

4. 表示列举事项。例如：

(7) 根据研究对象的不同，环境物理学分为以下五个学科：

——环境声学；

——环境光学；

——环境热学；

——环境电磁学；

——环境空气动力学。

(二) 使用破折号需注意的问题

1. 破折号与括号用法不同：破折号引出的解释说明部分是正文的一部分，括号中的解释说明不是正文只是注释。

2. 如果前面的话说完了，破折号前面要加标句末标点。

四、省略号

（一）省略号的用法

1. 省略号主要用来标明行文中省略了的话。例如：

(1) 刚走到楼口，我便听到她那十分熟悉但好久没能听到的歌声"亭亭白桦，悠悠碧空……"

(2) 尤今小品处处见真情：友情、家情、母子情、国情、旅情、异乡情、文字情、师生情、大自然情……

例（1）是引文的省略，例（2）是列举的省略。

2. 省略号还可用来表示说话的断断续续。例如：

(3) 你要……把孩子……培养……成人。

3. 省略号还可以表示沉默不语。例如：

(4) "你怎么了？谁让你受委屈了？"
"……"秀云低着头，眼泪直往下掉。

4. 表示重复词语的省略。例如：

(5) "看一看，瞧一瞧，最新款式的衬衣……"街头摊点上的小贩不停地吆喝着。

（二）使用省略号需注意的问题

1. 省略号与点号连用需注意：

A. 省略号前面若是一句话，它前面的句末点号要出现。

B. 省略号前如不是一个完整的句子，前面的句中点号一般不用，如例（3）。

C. 省略号后面的句号不再用，因为文字已省略了；省略号如果出现在未说完的疑问句或感叹句中，可以在省略号之后再用上问号或叹号。例如：

(6) "你怀疑……？"老李小声地问。

2. 引用别人的话，如果原话的整个句子都引用了，它前后即使有未引的部分，也不应用省略号；而如果没引完整的话语，只引了其中一部分，就用省略号表示未引的部分。

3. 用了"等"、"等等"就不应再用省略号。

4. 省略号的形式是占两个格子的 6 个小圆点儿。表示几个词的省略或表示整段话的省略都可以用这种形式，没有必要用占四格的 12 个小圆点儿来表示大段的省略。

五、着重号

着重号表示要求读者特别注意的字、词、句。例如：

(1) 象刚停落下来的鸟儿似的，他东张张西望望，心里极不安。（老舍）

使用着重号应注意：一般引用别人的话，如果自己认为某个词句需强调，要加着重号，应在括号内注明"着重号是笔者加的"。

六、连接号

（一）连接号的用法

连接号的基本作用是把意义相关的词语连接成一个整体。具体说来主要有这几种：

1. 连接意义上有一定联系的名词，构成一个意义单位。

(1) 为证实他提出的这一理论，他打算做一系列生理—心理实验。

2. 连接相关的数目、时间、地点，表示起止。例如：

(2) 黑格尔（Hegel，1770—1831）德国哲学家。

(3) "昆明—北京"特快列车

(4) 价格 800—1000 元不等

3. 连接相关的字母、阿拉伯数字等，组成机电设备等产品的型号。例如：

(5) 幻影—2000 战斗机

(6) BCD—120 电冰箱

4. 连接相关的项，表示不同的发展阶段。例如：

(7) 人类的发展可以分为古猿—猿人—古人—新人这四个阶段。

（二）使用连接号需注意的问题

1. 一般连接号是占一个字位置的一个短横。特殊情况下可以用占两个字位置的长横。在科技文献或外文、汉语拼音中用占半个字位置的"半字杠"连接号，例如"L- 蛋氨酸"、"yǒngwǎng–zhíqián(勇往直前)"、"drinking-water(英文：饮用水)"。在某些情况下可以使用波浪式连接号。例如"–10℃~–8℃"。

2. 读文章时连接号怎么处理？有三种情况：
A. 不读出来。如"氧化—还原反应"、"秦岭—淮河以北地区"。
B. 不读出来，但中间稍停顿一下。如例(7)。
C. 需要读出来。

连接号读作"至"或"到"。例如，连接相关的数目、时间、地点，表示起始。例如：

李白（701—762）唐代诗人。
北京—纽约航班

部分机电设备等产品的型号中的连接号可以读作"杠"（gàng），也可以不读。如"IBM 6282-36D 计算机""F-16 战斗机"。

七、间隔号

（一）间隔号的作用

1. 主要用来表示外国人或某些少数民族的名和姓的内部分界。例如：

(1) 伊曼努尔·康德
(2) 班禅额尔德尼·确吉坚赞

2. 表示月份和日期间的分界。例如：

(3) "一二·一"运动

3. 表示书名与篇（章、卷）名之间的分界，也可表示书名篇名并列词语之间的分界。例如：

(4) 《周礼·夏官·大司马》

(5) 《辞海·历史》

(6) 《猫·狗·鼠》

八、书名号

书名号主要用来标明书名、篇名、报刊名等。如《三国演义》、《人民日报》、《读者》、《阿Q正传》。

书名号也用来标明戏剧名、影片名、电视剧名、歌曲名和文件名。

书名号里面还要用书名号时，外面用双层书名号，里面用单层书名号。例如"《读＜阿Q正传＞有感》"。

九、专名号

专名号标明人名、地名、朝代名等。专名号只用在古籍或某些文史著作和辞书中。作用是把这些专名与一般的词语区别开来。例如：

(1) 杜甫，字子美。祖籍襄阳（今属湖北），生于河南巩县。

有的书中用了专名号后，书名号改为波浪线。例如：

(2) 唐，王勃王子安集五滕王阁诗序："老当益壮，宁移白首之心；穷且益坚，不坠青云之志。"

某些行业还有一些使用范围比较小的符号没有列入《标点符号用法》。语文界常用的有：

1. *，一般称为"星号"，也有的叫"注释号"。它有两个作用，第一是放在语句首表示该语句不能成立；第二是放在文章标题右上角表示注释。

2. ×，称为"隐讳号"，表示隐讳。如有些骂人的脏话用它来表示。

3. □，称为"虚缺号"，表示无此汉字或缺此字。

第四节　标点符号的灵活性

任何规范都有一定的灵活性。具体的言语是千变万化的，标点符号的用法在千变万化的言语中当然也会体现出一定程度的灵活性。标点符号的灵活性主要体现在以下几方面：

一、标点符号在运用中有时具有可选择性

标点符号的可选择性，一方面表现为标点在句中在有的位置上有时有一定限度的灵活性，或是句末，或是句中某处；一方面表现为在同一位置，有时既可以用符号A，也可以使用符号B；另一方面是在同一位置上有时用，有时不用。例如：

（1）时间会磨掉一切痕迹。
（2）时间，会磨掉一切痕迹。

例（2）中主语"时间"后用了逗号是为了强调主语。

（3）历史会告诉人们什么是最珍贵的。
（4）历史会告诉人们，什么是最珍贵的。
（5）历史会告诉人们：什么是最珍贵的。
（6）历史，会告诉人们什么是最珍贵的。

例（3）语速较快，中间没有停顿，比较起来是很平常的说法；例（4）中间用逗号，着重强调前面；例（5）用了冒号，强调的是后面的部分；例（6）强调的是"历史"。

在同一个位置上有时可以使用不同的标点符号，常见的主要有这几种情况：

1. 祈使句末尾要用叹号，但语气舒缓的祈使句末尾可以用句号。
2. 反问句末尾主要用问号，但语气强烈的反问句末尾也可以用叹号。
3. 陈述句末尾一般用句号，但个别含有强烈感情的陈述句末尾可以用叹号。
4. 提示性的话语之后，可以选用冒号或逗号。提示性比较强、较强调后面的部分则选用冒号。

5.并列词语之间可以选用顿号或者逗号。并列词语不太长,各项内部没有顿号,各项间选用顿号;并列词语较长,或者各项内部有顿号,各项之间选用逗号。

6.需要强调的词语用着重号或引号都可以。用着重号单纯表示强调,强调的用意很明确;用引号强调的用意不是很突出,有时附带有某种特殊的含义。

7.解释说明的语句,可以用括号,也可以用破折号,但两者不同,括号里的不是正文,破折号后的是正文。

二、句中的有些点号有一定的层级关系

标点符号的灵活性另外表现为句中的有些点号有一定的层级关系,它们可以递升或递降使用。句中的点号:分号、逗号、顿号分为三级,停顿的大小依次递减:分号>逗号>顿号。一方面三种点号相互之间有一定的制约,有时如果改变其中某个点号,其他点号也要相应地调整;另一方面,这也体现出某个地方有时不一定非使用某种点号,有时有一定的灵活性。例如:

(1) 木板旁边,水缸,脏水桶,盘、碗、碟、匙,各种瓶子,煤,柴,堆得乱七八糟,遍地皆是。

例(1)中的顿号如果去掉,那么做主语的联合短语中的逗号就要改为顿号。

三、达到特殊的表意效果、修辞效果

标点符号的灵活性还体现在,有时可突破常规的用法,用标点符号取得特殊的表意效果、修辞效果。标点符号的超常用法比较丰富,下面介绍一种。

把标点符号作为表意的手段,用它来表达人的内心活动;用标点符号这一视觉形象来代替声音,起"无声胜有声"的特殊的修辞效果。例如:

(1) 司长:"老高,你们的目的看来要跨河东进,建个新车间,彻底改变目前生产的布局,是吗?"
"是的!"高树回答得很干脆。
"能不能气魄大一点?"

"……"高树愕然。

"搞一个配套的大工厂，使你们厂翻一番！"

"！"高树怦然心动。

"不过，不给你们人民币。"

"？"高树惊讶。

"你们可以用美元！"

"！！"高树的呼吸急促起来。

(张小兵《事业之树》，载《新华文摘》)

例（1）引的是报告文学《事业之树》中纺织部出口司司长与南通国棉二厂副厂长高树的谈话，在这段对话中，作者四处把标点符号用引号引起来，用来表现高树在与司长对话中愕然、心动、惊讶、激动的心理活动，这样做比用语言经济、含蓄、形象生动，使当时的场景跃然纸上，起到了"此时无声胜有声"的修辞效果。

需要注意的是：标点符号的灵活性并不是没有限度的。不能把灵活使用标点符号与标点符号的错用混为一谈。使用标点符号首先要强调规范，有时在有限的范围内可有灵活性。当然，使用标点符号要考虑文体风格的差异，对于公文语体来说灵活性要小一些，对于论说语体来说灵活性要比公文语体大一些，而对于文艺语体，灵活性相对来说最大。

第五节 标点符号的位置

一、标点符号所占的位置

点号占一个字的位置。标号中引号、括号和书名号前后两部分各占一个字的位置，如果它们与点号连用时可以共占一个字的位置；省略号、破折号各占两个字的位置。

二、转行要注意的问题

1.点号以及标号中引号、括号、书名号的后一半，都不能在开头第一个格子里，只能挤在上一行的末尾。

2.引号、括号、书名号的前一半不能单独出现在一行的末尾，只能把它放在下一行开头的位置上。

思考与练习

1. 标点符号可以分为哪两大类，它们各自的作用是什么？
2. 句号、问号和叹号各自的主要作用是什么？
3. 句号除主要用于陈述句末尾外，还可以用于什么句子末尾？
4. 叹号除了用于感叹句末尾外，还可以用于哪三类句子末尾？
5. 顿号、逗号、分号总的来说各自的主要作用是什么？
6. 冒号主要用在哪两种情况下？
7. 表示解释说明的话语有时用括号，有时用破折号，两种用法有什么区别？
8. 请给下面的句子加上标点。

(1) 才美不外露＿① 已属难能可贵＿② 大智若愚＿③ 更是难上加难＿④

(2) 历史是幽默的＿① 只要有足够的时间和空间＿② 它常愿意把其内在规律向人们再现一次＿③

(3) 她的作品不但有深度＿① 富哲理＿② 而且轻松＿③ 活泼＿④ 诙谐＿⑤ 诙谐＿⑥ 常常使人莞尔一笑＿⑦

(4) 骄傲犹如烈酒＿① 会冲昏理智的头脑＿② 灰心犹如醋酸＿③ 会软化精神的钙质＿④

(5) 在众多的汉字输入技术开发者中＿① 那些集发明人＿② 开发者＿③ 实业家于一身＿④ 融研究＿⑤ 生产＿⑥ 贸易为一体＿⑦ 兼具学者＿⑧ 活动家＿⑨ 组织者素质的人物最为活跃和突出＿⑩

9. 改正下列句子中使用不当的标点符号。

(1) 喜欢吹嘘的人犹如一面大鼓。响声再大也是腹中空，谦虚扎实的人好像一个秤砣。体积虽小却压着千斤重。

(2) 不用背单词、不用学语法、只要在人的大脑里植入一个输入了外语生词和语法规则的生物芯片。就能听懂外语，就能说出外语。这是人类的一个美好愿望。

(3) 用事实说话，就是要通过具体的情况；具体的数字；具体的做法；具体的经验；具体的问题，来说明主旨。揭示规律。

(4) 你给他讲一讲这台电脑是怎么操作的?

(5) 我明天会准时来的!

(6) 领导怎么交代的我不知道?

(7) 时间：是最宝贵的；比金钱还宝贵!

(8) 直尺以自己的行动向人们揭示了一条做人的准则："要想衡量别人，自己先要正直。"

(9) "出门在外、有什么事要多动脑筋思考一下"妈妈叮嘱道："可不能老是直来直去的。"

(10) 西藏资源十分丰富：有丰富的矿藏，木材，药材等等……

(11) 《"红楼梦"的艺术特色》一文对你写论文有一定的参考价值。

(12) 关于如何提高企业的经济效益？文章提出了五条措施。

(13) 他提出："我们一起去上海旅游"，大家都表示赞成。

附录三

常用名量词搭配表

名词	量词
A	
阿姨	个，位
爱好	个，种
B	
白菜	棵
班	个
板	块
办公室	个，间
办法	个，套
包子	个，笼，屉
报社	家，个
报纸	张，份
杯子	个
碑	块，个，座
被单	床
被面	床，幅
被子	床
鼻子	个，只

名词	量词
比赛	场，项
笔	枝，支，管
鞭炮	个，挂，串
鞭子	条，根
边	条
扁担	根，条
标语	条，幅
表(表格)	张，个
表(手表)	只，块，个
宾馆	家，个
冰	块，层
饼干	块，包
病	场，种
玻璃	块
布	块，幅，匹
布告	张，个
部队	支
C	
材料	份，包，袋，一些

333

名词	量词	名词	量词
菜	棵，盘，碗，份，种，样	磁带	盒，盘
餐厅	家，个	葱	棵，根
苍蝇	只，个	醋	瓶，勺，碟
草	棵，株，根，丛，片	错误	个
草地	片，块	错字	个
铲子	把		

D

名词	量词
产品	种，个
唱片	张，套
钞票	张，沓，叠
车	辆
车床	台
车厢	节，个
车站	个，座
成分	种
城	座
城市	座，个
秤	杆，台
尺子	把
翅膀	只，个，对，双
虫	条(长形的)，个(非长形的)
锄头	把
厨房	个，间
处分	个
船	条，只，艘
窗户	扇，个
窗帘	块，个
床	张，个
词(语词)	个，条
词(诗词)	首

名词	量词
答案	个
答卷	份，张
大陆	块
大米	粒，斤，碗，袋
大使馆	家，个
大衣	件
大夫	个，位，名
代表	个，位，名
袋儿	个
单词	个
单位	个，家
蛋糕	个，块，牙
刀	把
岛	座，个
稻草	根，捆
稻子	株，捆
道	条
道路	条
道理	条，个
灯	盏，个
灯管	根，支
凳子	张，个，条(长形的)
笛子	枝，支，管
地	块，片

334

名词	量词	名词	量词
地雷	颗，个	饭	顿，餐，份，口，碗，两，斤
地图	张，幅，本，册		
点心	块，盒，包	饭店	家，个
电冰箱	台，个	方法	个，种
电池	节，对	方向	个
电话	部，个，(打一)通	房间	个
		房子	所，间，栋，幢，套
电脑	台	飞机	架
电视机	台，个	飞行员	位，个
电视剧	个，部，集	肥皂	块，条
电视台	个，家	费用	笔，些
电梯	部	粉笔	支，根，盒
电线	根，条，段，截，卷	风	阵，场，股
电影	个，场，部	风景	处
电影院	个，家	蜂蜜	罐，瓶，勺，斤
钉子	个，颗，枚	夫人	位，个
东西	件，样	服务员	个，位
动作	个	斧子	把
洞	个		
豆腐	块，盒，斤	**G**	
豆子	粒，颗，斤	甘蔗	根，节
读者	个，位，群	感觉	种
对象	个	缸	口，个
队伍	支，路	钢笔	支
		港口	个
E		膏药	张，块，贴，盒
耳朵	个，只，对，双	胳膊	条，只，个，双
耳环	个，只，对，副	歌	首，支，个
		哥哥	个
F		革命	场，次
翻译	个，位	工厂	个，家，座

名词	量词	名词	量词
工具	件，样，套	合同	份，个
工人	个，名，群	黑板	块
工序	道	狐狸	只，个
工资	份，笔	胡子	撮，绺，把
工作	件，项，个	湖	个
功课	门	蝴蝶	只，个，对
公共汽车	辆	花儿	朵，枝，瓣，束
公寓	个，座	花生	粒，颗，斤，包
宫殿	座，个	话	句，段，
沟	条，道		（一）席，（一）番
狗	条，只，群	画	张，幅，轴，套
姑娘	个，位，群	黄瓜	条，根，斤
骨头	根，节，块，堆	黄油	块，筒
鼓	个，面	护照	本
故事	个，段，篇，则	灰	层，撮
瓜	个，斤	会话	段
瓜子儿	颗，粒，包，袋，斤	活动	项，个
挂面	把，包，斤	火	团，把
关口	道	火柴	根，盒，包
棺材	口，个，具	火车	列，节
管子	根，段，截	火箭	支，枚
罐头	盒，听	货物	件，批
光	道，（一）线，束	婚姻	段，次
广告	则，个，条		
规律	条，个	**J**	
锅	口，个	机场	个，座
		机器	台
H		鸡	只，个，群
汗	滴，把	计划	个，项
汗珠	滴	技术	门，项
河	条	记忆	（一）段

名词	量词	名词	量词
记者	个，名，位	剧院	家，座，个
家具	件，组，套	锯子	把
家庭	个	决定	个，项
假条	张，个	军队	支
剪子	把	军舰	艘，只，条
剑	把		
箭	支，枝		

K

名词	量词
建筑	座，个
江	条
姜	块，片
讲座	个，场
酱油	瓶，勺，斤，桶
交易	笔，宗
饺子	个，盘，碗，斤
角	只，个，对
脚	只，双
轿子	顶，乘，抬
教训	个，条
教室	个，间
街	条，道
解释	个，种
劲儿	把，股
京剧	出，段，场
经验	条
精神	（一）种，（一）股
井	口，眼，个
镜子	面，块，个
酒	瓶，杯，碗，罐，坛，两，斤，口
橘子	个，瓣，斤，堆
剧场	个，家

名词	量词
咖啡	杯，袋，听
看法	个，种
科学	门
客人	位，个
课	堂，节，门
课程	门
课文	篇，段
口袋	条，个
口号	个，句
裤子	条
快餐	份
筷子	枝，支，根，双，把
筐	个，副（两个）
矿山	个，座
困难	个，一些

L

名词	量词
垃圾	堆，袋，筒
喇叭	个，支
蜡烛	枝，支，根
来信	封
篮子	只，个
狼	只，条，个
老虎	只，个

名词	量词	名词	量词
老鼠	只，个，群，窝	馒头	个，两，斤
烙饼	张，块，牙	猫	只，个
雷	个，声，阵	毛	根，绺，撮
篱笆	道	毛巾	条
礼堂	个，座	毛线	根，支，团，股
礼物	件，份	矛盾	个，对
理论	种	帽子	顶，个
理由	个，条	眉毛	道，双，对
力量	股，种	门	扇，个，道
历史	段	米	粒，袋，斤
例子	个	蜜蜂	只，窝，箱，群
粮食	颗，粒，袋	秘密	个
邻居	个，位，家	棉花	团，株，棵，斤
楼	层，栋，幢	面	团，袋，斤
楼房	座，栋，所，幢	面包	个，片，袋，斤
路	条	面条	把，包，斤，碗
路线	条，个	名胜	处
录像	段	命	条
旅馆	家，个，座	命令	条，道，个
轮船	艘	模样	个，种
轮子	个，只	母亲	位，个
锣	面，个	木头	根，块
骡子	匹，个		
骆驼	匹，个，峰		

M

名词	量词
麻袋	条，个
马	匹
马达	台，个
码头	个，座
麦子	棵，株，斤

N

名词	量词
能力	种
泥	块，滩，坨，层
鸟	只，个，窝，群
尿	泡
年级	个
牛	头，条
牛奶	杯，袋，斤

名词	量词	名词	量词
女士	位	旗	面，杆
女人	个	企业	个，家
O		气	股，团，缕，口
		汽车	辆
藕	节，根，斤	汽油	桶，升
P		铅笔	支，根
		钱	笔，沓，元（块），角，分
牌	副，张		
盘子	个，摞	枪	枝，支，杆，条
螃蟹	个，只	墙	面，堵，垛，道
炮	门，尊	锹	把
炮艇	艘，只	桥	座，个，架
皮	张，块，层	亲戚	个，门，家
琵琶	面，个	琴	把（胡琴、提琴），个，架（钢琴、风琴）
劈柴	块，捆，担		
乒乓球	个，盒	青蛙	只，个
品种	个，种，样	蜻蜓	只，个
瓶子	个	情况	种，（一）些
盆	个	球	个
朋友	个，帮，群，一些	球场	个，块
啤酒	杯，瓶，听，扎	蛆	条
票	张	裙子	条
苹果	个，斤	群众	个，一些
坡	个，道	**R**	
葡萄	颗，粒，串，棵，架，斤	热水瓶	个
		人	个，帮，伙，口
Q		人才	个，（这）种
妻子	个	人家	个，户，家
棋	副，盘	任务	项，个
棋子儿	个	日记	篇，段，本

名词	量词	名词	量词
日期	个	石头	块
肉	块，片，斤，盘	市场	个
		事业	项，种，个
S		试验	个，项
嗓子	副，个，（这）种	试卷	份，张，套
扫帚	把	收入	笔，项
森林	个，片，处	收音机	台，个
砂子	粒，把，撮，堆	手表	块，只
山	座	手巾	块，条
山口	道，个	手榴弹	颗，个
山脉	条，道	手术	个，台
闪电	道	手套	副，双，只
扇子	把	手镯	个，只，对，副
伤	处，块	手指	个
伤疤	块，条，道	书	本，册，部，
商场	家，个，座		卷，套，摞
商店	个，家	书包	个
商品	个，件，批	书店	个，家
上衣	件	梳子	把
烧饼	个，块	蔬菜	种，捆，一些
勺子	把，个	树	棵，株，行，排
少年	个，群	树林	片
舌头	条，个	树枝	根，枝
蛇	条	刷子	把，个
神经	根，条	霜	场
牲口	头	水	滴，汪，滩，口，瓶
生日	个	水泵	台
生意	笔	水车	台，架
绳子	条，根	水果	种，斤
尸体	个，具	水库	个，座
诗	首，句，行	水桶	个，只，副

名词	量词	名词	量词
水闸	道，座	通知	个，份
说明	份，段	图	张，幅
司机	个，位	图书馆	个，座，家
思想	种	土	把，撮，层，堆
塑像	个，座，尊	土地	片，块
宿舍	间	土豆	个，斤
蒜	头，瓣	兔子	只，个
算盘	把，个	腿	条，只，双
隧道	个，孔	拖拉机	台，辆
唢呐	个，支		
锁	把		
速度	种		

T

W

塔	座，个	瓦	块，片，垄
台阶	级，个	袜子	双，只
态度	种	碗	个，摞
痰	口	围巾	条
坦克	辆	尾巴	个，条
毯子	条	味儿	股，种
汤	碗，锅，勺，口	卫星	颗，个
糖（糖果）	块，颗，斤	文件	份，个
梯子	个，架	文物	件
题	道，个，组	文章	篇，段
田	块	文字	种，段
田野	片	蚊帐	个，顶
铁丝	根，段，条，截，卷	蚊子	个，只，群
		屋子	间
铁路	条，段	武器	件，批，种
头发	根，绺，撮	午饭	顿
头巾	块，条	物质	种

X

西餐	份，套
西瓜	个，块，牙，斤

名词	量词	名词	量词
席子	领，张，卷	眼睛	只，个，双，对
洗衣机	台，个	眼镜	副
戏	出，台，个，场	眼泪	滴，串，行
虾	个，斤	雁	只，行，队，
弦	根	秧苗	根，棵，株，亩
线	条，根，股，支，团	羊	只，头，群
香	盘（盘香），支，柱	腰带	根，条
香肠	根，斤	药	副，服，剂，味，
香蕉	根，个，把，斤		丸（以上中药），
香烟	支，根，盒，条		片，粒（以上片剂）
香皂	块	钥匙	把
箱子	个，口	叶子	片
相片	张，帧，	衣服	件，身，套
消息	则，条，个	医院	所，家，个，座
形式	种	仪器	台，架，件
形象	种	仪式	项，种
形状	个，种	椅子	把，个
行动	个，种，项	意见	个，条，点
兴趣	种，个	银行	个，所，家
学费	笔	影片	部，个
学问	门	影视剧	部
学校	所，个	影子	个
学院	所，个	邮票	张，枚，套
		鱼	条，尾

Y

名词	量词	名词	量词
		渔网	个，副，张
鸭子	只，个	雨	阵，场，滴
牙齿	颗，个，排，口	鸳鸯	对，只，个
牙膏	支，管，条	原则	个，项，条
牙刷	把，支	月饼	个，块，牙，斤，盒
烟	股，缕	乐器	件
颜色	种	乐曲	首，支，段

名词	量词	名词	量词
云	朵，块，片，团	制度	条，项，个
运动(体育)	场，项	钟	个，座
运动(政治)	场，次	中药	付，味，剂，碗
		种子	颗，粒，把，斤

Z

名词	量词	名词	量词
		珠子	粒，颗，串，挂
杂志	本，份，期，卷	猪	口，头
灾荒	场，次	竹子	根，节
早晨	个，（一）天	主意	个
炸弹	颗，个	主张	项，个
债务	笔	柱子	根
展览	个，届	砖	块，摞
站	个	专业	个，种
战斗	场，次	锥子	把
战线	条	桌子	张，个
战争	场，次	子弹	粒，颗，发
账	本，笔	字	个，行，笔
针	根，个，枚	钻	台，把
枕头	个，对	钻石	粒，颗
政策	项，个，条	嘴	张，个
政府	届	作品	部，篇（散文作品），个
证明	份，个		
知识	（一）些，（一）点儿	作者	个，位
职业	个，种，项	座位	个，排
纸	张，片，刀，沓，卷，令，捆，页	做法	个，种

附录四

常用离合词表

爱国	报仇	补课	逞能	出气	打牌
碍事	报到	补票	吃饭	出去	打破
安家	报失	裁员	吃惊	出事	打拳
安心	背债	参军	吃苦	出题	打仗
把关	背书	参战	吃亏	出院	打针
罢工	备课	操心	吃素	除名	打字
摆阔	逼债	插话	充电	触电	带路
败家	比武	插手	抽空	传话	带头
败兴	毕业	插嘴	抽签	传球	担心
拜年	闭幕	掺假	出榜	闯祸	当面
拜师	避难	唱戏	出差	吹牛	倒车
搬家	避暑	超车	出厂	辞职	捣鬼
办案	贬值	吵架	出丑	凑钱	道歉
办公	变卦	撤兵	出国	搭话	得病
办学	变心	撤职	出海	打败	得分
帮忙	变样	称心	出嫁	打的	点名
包车	变形	撑腰	出口	打赌	点头
保本	标价	成材	出来	打工	调头
保密	表态	成婚	出力	打架	跌跤
保命	播音	成名	出门	打开	订婚
报案	补假	乘凉	出名	打雷	定型

定性	服药	换班	解渴	聊天	亲嘴
定罪	复婚	换钱	借款	留心	请假
丢脸	付款	回话	借债	留学	请客
丢人	负伤	回来	进货	留影	求婚
动工	改道	回去	进来	露面	求情
动情	干杯	回信	进去	录音	取景
动手	赶车	汇款	晋级	落脚	劝架
读书	干活儿	会客	尽力	冒险	缺课
赌钱	搞鬼	集邮	经手	冒雨	缺货
夺标	告状	记仇	敬酒	免费	让步
发病	革命	记分	敬礼	免税	让路
发财	耕地	记功	就业	摸底	让座
发愁	弓腰	加班	救命	纳税	饶命
发呆	估价	加价	鞠躬	念书	绕道
发疯	鼓掌	加热	举例	拍手	惹祸
发火	刮脸	加薪	捐款	拍照	忍心
发热	挂号	兼职	开车	排队	认罪
发誓	关门	减产	开工	跑步	任课
发言	逛街	减价	开会	赔本	入门
发音	过冬	见面	开口	赔钱	撒谎
罚款	过关	讲话	开门	碰杯	塞车
罚球	过节	讲价	开刀	碰壁	散场
翻身	过夜	讲课	开票	碰面	散会
返工	害病	降价	开头	拼命	散心
贩毒	害羞	降级	看家	评理	扫地
犯病	合影	降温	看病	签名	扫兴
犯法	滑冰	交差	看见	签字	刹车
犯罪	画图	交税	考取	破财	伤心
放假	画像	交心	旷课	破案	上班
放心	化妆	教书	离婚	起来	上菜
放学	怀孕	接班	理发	起床	上当
分工	还手	结婚	练功	潜水	上街

上课	授课	停业	献礼	有名	执政
上来	梳头	通话	献花	有数	中标
上去	输血	通信	像样	遇到	中毒
上色	输液	投标	消毒	阅卷	中奖
上锁	摔跤	投稿	消气	越过	种地
上台	睡觉	投票	卸货	遭难	注音
上学	说话	推倒	行礼	遭灾	住院
上药	说谎	推翻	醒酒	造句	祝酒
射门	送礼	退休	休假	造谣	抓紧
升学	诉苦	完成	压倒	增产	转车
生气	谈话	晚点	压价	扎针	转弯
省事	谈心	违法	延期	眨眼	转账
省心	算命	问好	演戏	站队	走路
失业	探路	误点	验光	站岗	组团
试车	探亲	吸毒	养病	张嘴	坐牢
收场	烫发	洗手	摇头	掌权	作案
收回	提高	洗澡	咬牙	涨价	做饭
守门	提价	下班	要饭	招工	做工
受罚	调味	下课	要命	招生	做梦
受骗	跳舞	下来	引路	着急	做主
受气	听话	下令	用功	照样	
受伤	听课	下棋	用心	争气	
受罪	停车	下去	游泳	值班	

附录五

英汉语言学术语

acquisition 习得
action verb 动作动词
adjective 形容词
adhere to 附着
adverb 副词
adverbial modifier 状语
assistant 辅助
affix 词缀
agent 施事
ambiguity 歧义
ambiguity resolution 歧义消除
animate 有生的
A-not-A question 正反问句
apparent 显性
apposition 同位语
appositive construction 同位结构
approximate number 概数
auxiliary 助动词
attributive 定语
ba-construction "把"字句
bound 附着（的）

bound morpheme 附着语素[黏着语素]
cardinal number 基数
capacity 能力
comparison 比较
causative verb 使令动词
case 格
complement 补语
complex sentence 复句
component 成分
compound 合成
comparison 比较
condition 条件
conjoin 连接
conjunction 连词
constraint 限制
content word 实词
context 语境
co-ordinate clauses 并列分句
co-ordinate conjunction 并列连词
degree adverb 程度副词

347

decimal system 十进制
disyllabic 双音节的
echoism 拟声
ellipsis 省略
emphasize 强调
empty word 虚词
exception 例外
epithet 性质形容词
exclamation 感叹
exclamatory sentence 感叹句
exist and occur 存现
existential sentence 存现句
feature 特征
figures of speech 修辞格
free morpheme 自由语素
frequency 频率
frequently 屡次
function 功能
gender 性
govern 支配
grammatical category 语法范畴
grammatical function 语法功能
grammatical relation 语法关系
head 中心语
holophrase 独词句
homophone 同音词
honorific title 尊称
IC (immediate constituent) 直接成分
idiom 成语[熟语]
immediate constituent 直接成分
imperative 祈使句
impersonate 拟人

inanimate 无生命的
indirect object 间接宾语
Indo-European language 印欧语言
humble words 谦辞
inflection/inflexion 屈折变化
interlink 套合
interrogative 疑问
intonation 语调
intransitive verb 不及物动词
junction 连接
lexical category 词类
lexical ambiguity 词汇歧义
linguistic unit 语言单位
localizer 方位词
locution 惯用语
main clause 主句
manner 状态
match (correspond) 对应
M-D (modifier-head) construction 偏正结构
measure word 量词
measure 计量
modifier 修饰语
modify 修饰
mood 语气
morpheme 语素
morphology 形态
multiple 倍数
negation 否定
negative sentence 否定句
number 数
numberal 数词

nominal 名词性
non-subject-predicate sentence 非主谓句
noun 名词
noun phrase 名词性短语
object 宾语
onomatopoeia 拟声词
parallel construction 并列结构
part of speech (POS) 词类
passive 被动
personal pronoun 人称代词
phrase 短语[词组]
pivotal phrase 兼语句
place (position) 地点(位置)
postposition (direction) 方位词
position phrase 方位短语
prefix 前缀
predicate 谓语
predication 谓词
preposition 介词
pronnun 代词
proper name 专有名词
punctuation 标点符号
purpose 目的
reduplication 重叠词[重复]
reference 关涉
sentence 句子
sentence pattern 句型
serial verb construction 连动结构
simple word 单纯词
speech 口语
statement 陈述句
stative adjective 状态形容词
structural ambiguity 结构歧义
structure 结构
subclass 小类
subject 主语
subcategorization 次类划分[下位范畴化]
subjunctive 假设的
subordinate clause 从属子句[从句;子句]
substantive 实词
suffix 后缀
synonym 同义词
syntactic constituent 句法成分
syntactic rule 语法规律[句法规则]
syntax 句法
transitive verb 及物动词
topic 主题[话题]
transfer 变换
uncertain deixis 虚指
urge 敦促
verb 动词
verb phrase 动词短语
verbal 动词性
V-O construction (verb-object) 动宾结构
word 词
word order 词序[语序]
Yes / No questions 是非疑问句

附录六

主要参考文献

白梅丽：现代汉语中"就"和"才"的语义分析，《中国语文》1987年第5期。

北京大学中文系现代汉语教研室：《现代汉语》，北京：商务印书馆，1995。

陈爱文：《汉语词类研究和分类实验》，北京大学出版社，1986。

陈　绂：谈汉语伴生性物量词的由来及其应用原则，《语言文字应用》1998年第4期。

丁崇明、沈建明、薛才德：《实用语法修辞》，云南大学出版社，1993。

丁崇明：语法、词汇与功能结合的教学模式刍议，《云南师范大学学报·对外汉语与研究教学版》2003年第2期。

丁崇明："连……都……"结构句法封闭考察分析，《北京地区第三届对外汉语教学学术讨论会论文选》，北京大学出版社，2004。

丁崇明：说"V得好"，《语言学及应用语言学研究》（第一辑），北京：中国社科出版社，2005。

丁崇明：留学生副词"也"语序的考察及其习得顺序，《汉语学刊》，北京大学出版社，2007。

邓守信：汉语动词的时间结构，《语言教学与研究》，1985年第4期。

范芳莲：存在句，《中国语文》1963年第5期。

方　梅：宾语和动量词的词序问题，《中国语文》1993年第1期。

房玉清：《实用汉语语法》（修订本），北京大学出版社，2001。

郭　锐：《现代汉语词类研究》，北京：商务印书馆，2002。

胡明扬（主编）：《词类问题考察》，北京语言文化大学出版社，1996。

黄伯荣、廖序东：《现代汉语》（增订三版），北京：高等教育出版社，2002。

李劲荣："很雪白"类结构形成的动因和基础，《汉语学习》2007年第3期。

李临定：《现代汉语句型》，北京：商务印书馆，1986。

李晓琪：《现代汉语虚词讲义》，北京大学出版社，2005。

刘月华、潘文娱、故　韡：《实用现代汉语语法》（增订本），北京：商务印书馆，2003。

陆俭明：关于现代汉语的疑问语气词，《中国语文》1984年第5期。

陆俭明："对外汉语教学"中的语法教学，《语言教学与研究》2000年第3期。

陆俭明、沈　阳：《汉语和汉语研究十五讲》，北京大学出版社，2003。

陆俭明、马　真：《现代汉语虚词散论》，北京大学出版社，1985。

陆俭明：《现代汉语语法研究教程》（第三版），北京大学出版社，2004。

吕叔湘、饶长溶：试论非谓形容词，《中国语文》1981年第2期。

吕叔湘主编：《现代汉语八百词》（增订本），北京：商务印书馆，1999。

马庆株：《汉语动词和动词性结构》，北京语言学院出版社，1992。

马庆株：自主动词和非自主动词，《中国语言学报》第3期，商务印书馆，1988。

孟　琮、郑怀德等：《汉语动词用法词典》，北京：商务印书馆，1999。

荣　晶：汉语省略、隐含和空语类的区分，《新疆大学学报》1989年第4期。中国人民大学书报资料中心复印报刊资料《语言文字学》1990年第3期。

邵敬敏：关于疑问句的研究，《语法研究入门》，吕叔湘等著，马庆株编，北京：商务印书馆，1999。

邵敬敏主编：《现代汉语通论》，上海教育出版社，2001。

吴竞存、梁伯枢：《现代汉语句法结构与分析》，语文出版社，1992。

邢福义：说"NP了"句式，《语文研究》1984第3期。

邢福义：复句的分类，《句型与动词》，语文出版社，1987。

邢公畹、马庆株：《现代汉语教程》，天津：南开大学出版社，1994。

徐通锵：《基础语言学教程》，北京大学出版社，2001。

张伯江：关于动趋式带宾语的几种语序，《中国语文》1991年第3期。

张谊生：《现代汉语副词研究》，上海：学林出版社，2000。

赵金铭：教外国人汉语语法的一些原则问题，《语言教学与研究》1994年第2期。

赵金铭：对外汉语语法教学的三个阶段及其教学主旨，《世界汉语教学》1996年第3期。

赵金铭：论汉语的比较范畴，《中国语言学报》第10期，北京：商务印书馆，2001。

周小兵：汉语"连"字句，《中国语文》1990年第4期。

朱德熙：《现代汉语语法研究》，北京：商务印书馆，1980。

朱德熙：汉语句法中的歧义现象，《中国语文》1980年第2期。

朱德熙：《语法讲义》，北京：商务印书馆，1982。

朱德熙：《语法答问》，北京：商务印书馆，1985。

后　　记

　　1999年年底，北京师范大学对外汉语教学教育学院（2000年更名为"汉语文化学院"）常务副院长陈绂教授让我2000年春季学期开始为留学生汉语言本科专业四年级学生讲授《现代汉语》下半段，由于市面上没有专门为外国留学生写的《现代汉语》教材，陈院长要求我边开课边为留学生写一本汉语言专业的本科现代汉语教材。由于下学期给留学生讲《现代汉语》只讲授语法，不讲授修辞，故把书名定为《现代汉语语法教程》。

　　我2000年春天开始本书的写作时，可恨的CIH病毒肆虐全球，我辛辛苦苦写成的初稿和一些其他文稿电子版被毁于一旦，使我中断了本书的写作。我重新开始本书的写作还要感谢北京大学出版社的编辑邓晓霞女士。她听说我在北师大用自己写的语法教材初稿为留学生开语法课讲授了6遍之后与我约稿，并希望我尽快写完本书后交给北京大学出版社出版。我也要感谢沈浦娜主任非常支持出版这本语法书。她们的决定促使我把精力和时间重新投入到本书的修改与扩充上来。

　　现在这本书在我在北京师范大学为汉语言本科专业留学生讲授了17遍之后，终于与读者见面了，有很多人是我必须感谢的。我首先要感谢陈绂教授，如果不是陈老师交给我这项任务，我是不会主动写这本书的。我还要再次感谢本书的责任编辑邓晓霞。她非常认真地编辑本书，提出了很宝贵的修改意见。我还要感谢北京师范大学我的一些同事和我的一些研究生。我刚接受这门课的讲授任务时，向原先讲这门课的汝淑媛老师了解学生学习的情况。1999年年底，我写出教材大纲后，向赵清永老师、白荃老师、卢华岩老师等征求过意见，他们提出了很宝贵的意见。2005年尚平老师替我上过十周课，我的研究生薛杨两次在我短期出国时替我上课，她们都给指出了一些疏漏。我已经毕业的研究生曹晋、路云、廖庆睿、邹工成、侯芳、张则顺、甄珍、刘梦彬以及在读研究生王健、柳美英、张丽丽、怀雅楠、孙素清、刘一杉、张金锐以及在读博士生薛杨都曾帮助我校对这本书，他们都提出一些非常宝贵的意见。我在欧洲和国内各类汉语教师培训班进行教师培训时，中外汉语教师也给我提出了一些宝贵的意见，特别是国家汉办清华科技园出国教师培训三班的老师们提出了一些十分有益的意见。我还要感谢我的夫人荣晶博士，书中很多地方我征求过她的意见并和她一起讨论过。我还要感谢我的博士导师山东大学的钱曾怡先生和我的早已过世的硕士导师山东大学的马松亭先生。马先生为我研究语法打下了基础。钱老师指导我进行方言语法的研究，他的治学方法与严谨的精神使我受益匪浅。

我还必须感谢我敬爱的母亲和我已经仙逝的父亲。我身上或许有些许坚韧和认真，让我能把这本书写完。这应该是他们作为医生的那种令人感佩的敬业精神与认真态度潜移默化影响的结果。2005年在我腿部受伤，夫人在美国做访问学者，八十多岁的母亲只身一人从遥远的故乡春城昆明赶来北京照顾我和女儿，使我有时间能撰写修改并扩充本书。我还要感谢我的岳母，在我受伤之初她老人家从河北赶来照顾我和女儿。最后，我要感谢我的两位姐姐，她们一直在故乡昆明代我尽孝道，使我能专心进行学习与研究。

尽管我从1999年在中文系教授了10年《现代汉语》课程后到北京师范大学转行从事对外汉语教学已经接近9年了，但是我自己在以汉语为第二语言的语法研究方面还只是刚刚开始，研究得还很不够。本书有的地方还不深入，有的地方可能有更好的表述的角度和方法，有的内容还有待于今后进一步地深入研究并不断地吸取时贤成果之后修改完善。恳请海内外各位专家、各位同仁及各位读者提出宝贵的意见，以便日后修订再版时加以改进。

丁崇明

于北京师范大学励耘10楼

2008年10月